独禁法講義

第10版

白石忠志

有斐閣

SHIRAISHI Tadashi
An Introduction to the Competition Law of Japan, 10th ed.
YUHIKAKU PUBLISHING CO., LTD., 2023

第10版はしがき

　本書は、独禁法の基本をおさえ、先端を垣間見ようとする概説書である。

　平成8年（1996年）のベータ版や翌年の初版から、多くの読者の皆様のご支援とご教示に育てられ、25年を超える年月のうちに版を重ねて、このたび第10版となった。感謝の気持ちを新たにしているところである。

　第9版から早くも3年近くが経ち、様々な事例や状況が新たに現れた。第10版には、令和4年11月までに確認できた事例等を盛り込んでいる。

　第9版の執筆・編集は新型コロナウイルス感染症の蔓延より前に行ったが、その後、読者の側でも著者の側でも、オンライン受信・発信の環境が進化した。そこで、第9版をもとに簡単なYouTube講義を試みたところ、幸い多くの反応をいただいた。その際、ここは『独禁法講義』にこう書いてあればさらに説明をしやすくなり、わかりやすくなるのではないか、と感じた点が多くある。第10版にはそういった数々の点も盛り込んだ。業務提携について詳しく具体的に書いたのは、その代表的な一例である（本書127〜130頁）。

　編集を担当されている小野美由紀さんをはじめとする有斐閣の皆様や印刷・製本・流通など本書にかかわってくださる全ての皆様に御礼を申し上げたい。

　研究室では、田中孝枝さんによるサポートを引き続き受けている。

　カバーについては白石弥生（愛妻）に諮問することとしている。今回は、私どもから現在のデザインを提案し採用していただいた最初の版である第3版に近い色をお願いした。初心を忘れず、さらに進歩を重ねたいと思う。

令和5年1月

白　石　忠　志

目　次

略語一覧……………………………………………………………………… ix

第 1 章　独禁法の全体像━━━━━━━━━━━━━━━━━━━━ 1
　　1　独禁法のイメージ (1)
　　2　違反要件と法執行 (4)
　　3　独禁法・競争法・経済法 (6)
　　4　国際的な広がり (7)
　　5　本書の基本方針 (8)

第 2 章　法執行の概要━━━━━━━━━━━━━━━━━━━━━ 11
　　1　はじめに (11)
　　2　公正取引委員会 (11)
　　3　平　時 (12)
　　4　被疑事件 (13)
　　5　企業結合審査 (20)
　　6　民事裁判 (21)

第 3 章　違反要件の基本構造━━━━━━━━━━━━━━━━━ 26
　　1　行為要件・因果関係・弊害要件 (26)
　　2　弊害要件論の準備作業 (27)

第 4 章　弊害要件総論━━━━━━━━━━━━━━━━━━━━ 31
　第 1 節　反競争性 I ……………………………………………… 31
　　1　伝統的な原則論 (31)
　　2　他者排除事案における考え方の対立 (32)
　　3　形成・維持・強化 (33)

第2節　市　場 ……………………………………………………… 33

　　1　総　説（33）

　　2　市場概念の内容（33）

　　3　市場画定（40）

第3節　反競争性Ⅱ ………………………………………………… 51

　　1　単独行動と協調的行動（51）

　　2　反競争性の成否判断における考慮要素（53）

　　3　市場画定と反競争性の総合的理解（58）

第4節　正当化理由 ………………………………………………… 63

　　1　総　説（63）

　　2　条文における位置付け（64）

　　3　立証責任（65）

　　4　具体的判断基準の骨格（66）

　　5　目的の正当性（66）

　　6　手段の相当性（72）

　　7　事業法規制や行政指導と正当化理由（74）

第5章　因果関係 ───────────────────── 76

　　1　総　説（76）

　　2　並行的な行為（77）

　　3　市場に特殊な条件がある場合（79）

　　4　「counterfactual」について（81）

第6章　その他の総論的諸問題 ──────────────── 84

　　1　事業者（84）

　　2　誰が違反者となるか（88）

　　3　主観的要素（89）

　　4　日本独禁法の違反類型（89）

第7章　不当な取引制限 ─────────────────── 93

第1節　総　説 ……………………………………………………… 93

　　1　条　文（93）

    2　ハードコアカルテルと非ハードコアカルテル（94）

第2節　ハードコアカルテル ………………………………………… 95

    1　行為要件の条文の読み方（95）

    2　他の事業者と共同して（96）

    3　相互拘束・遂行（101）

    4　弊害要件（103）

    5　因果関係（105）

    6　違反要件の応用問題（105）

    7　課徴金（112）

    8　刑　罰（121）

    9　減免制度（124）

第3節　非ハードコアカルテル ……………………………………… 126

    1　総　説（126）

    2　事業の一部の共通化（競争者間の業務提携）（127）

    3　そもそも今後の競争変数に直接関係しない情報交換（130）

第8章　私的独占・不公正な取引方法——————————132

第1節　総　説 …………………………………………………… 132

    1　全体像（132）

    2　私的独占の定義規定の構造（137）

    3　不公正な取引方法の定義規定の構造（138）

    4　以下の解説の組立て（142）

第2節　垂直的制限行為 …………………………………………… 143

    1　どのような行為が問題となるか（143）

    2　条文の概略（144）

    3　行為要件（145）

    4　弊害要件（149）

    5　因果関係（154）

    6　応用問題（154）

    7　不公正な取引方法の条文の詳細（156）

第3節　他者排除行為（総論） …………………………………… 159

    1　総　説（159）

 2 排除型私的独占の定義規定（159）

 3 不公正な取引方法の定義規定（162）

 4 排除効果重視説と原則論貫徹説（162）

 5 排除者と被排除者との間の競争関係（163）

第4節 他者排除行為（取引拒絶系）……………………………… 164

 1 どのような行為が問題となるか（164）

 2 条文の概略（165）

 3 交通整理（166）

 4 行為要件（168）

 5 排除効果（168）

 6 競争変数が左右される状態（171）

 7 正当化理由（171）

 8 因果関係（171）

 9 条文の詳細（173）

第5節 他者排除行為（略奪廉売系）……………………………… 177

 1 どのような行為が問題となるか（177）

 2 条　文（177）

 3 言葉の整理（178）

 4 行為要件（178）

 5 排除効果（185）

 6 競争変数が左右される状態（186）

 7 正当化理由（187）

 8 因果関係（187）

第6節 他者排除行為（その他）………………………………… 188

 1 抱き合わせ（188）

 2 セット割引とマージンスクイーズ（194）

 3 一般指定14項（197）

 4 アフターマーケット（200）

第7節 優越的地位濫用行為 …………………………………… 203

 1 どのような行為が問題となるか（203）

 2 条　文（204）

 3 位置付け論（205）

 4 行為要件（206）

 5 優越的地位（209）

 6 濫 用（211）

 7 利用して（214）

 8 法執行（214）

 9 下請法（217）

第9章 事業者団体規制────────────────219

 1 違反要件と法執行（219）

 2 独禁法のなかでの位置付け（219）

 3 事業者団体の定義（219）

 4 8条各号（220）

第10章 企業結合規制────────────────223

 第1節 総 説 ……………………………………… 223

  1 どのような行為が問題となるか（223）

  2 条 文（223）

 第2節 違反要件 …………………………………… 224

  1 全体像（224）

  2 行為要件（226）

  3 弊害要件（228）

  4 因果関係（232）

  5 公取委がいう「結合関係」の概念（232）

 第3節 届出義務 …………………………………… 235

 第4節 企業結合審査手続 ………………………… 236

  1 総 説（236）

  2 第1次審査（237）

  3 第2次審査（237）

  4 排除措置命令に向けた手続（238）

  5 問題解消措置（238）

 第5節 一般集中規制 ……………………………… 240

第 11 章　国際事件と違反要件━━━━━━━━━━━━━━━━241

　　1　「国際事件と独禁法」の全体像（241）

　　2　国際法と各国法（241）

　　3　条　文（242）

　　4　効果理論（242）

　　5　自国所在需要者説（243）

　　6　自国所在需要者説のもとでの諸問題（245）

第 12 章　理論と実践━━━━━━━━━━━━━━━━━━━━249

　　1　理論とは（249）

　　2　理論と実践の役割分担（250）

事項・条文索引（252）

事例索引（258）

☕ jurisdiction（8）

立証責任（19）

平成 17 年改正以後の独禁法改正の概要（25）

不正手段と競争の実質的制限（28）

「theory of harm」について（30）

2 条 4 項の「競争」の定義の重要性（39）

SSNIP と SSNDQ（45）

二面市場と独禁法上の市場（49）

新幹線飛行機問題（62）

知的財産法による権利行使の適用除外（21 条）（69）

企業結合事例集や相談事例集の読み方（73）

事業法と独禁法（75）

地域特例法（地域銀行・乗合バス）（80）

「人材と競争」（85）

「3 条後段」（93）

意思の連絡と協調的行動（97）

24 条と不公正な取引方法（134）

累積違反課徴金（135）

一般指定の呼称（140）

垂直的制限行為と優越的地位濫用（143）

親子会社に関する流通取引慣行ガイドライン「付」（148）

著作物に関する再販売価格拘束の適用除外（23 条）（158）

間接ネットワーク効果（171）

デジタルプラットフォーム透明化法（176）

安値入札（187）

法的観点（190）

一般指定 8 項と一般指定 9 項（199）

組合の行為の適用除外（22 条）（222）

スタートアップ企業の買収（235）

ガンジャンピング（gun jumping）（239）

世界市場（247）

略 語 一 覧

　ほとんどのガイドラインは、法令と同様、全部改定でなく一部改定がされたに過ぎない場合、改定後も、最初の策定年月日・策定者によって表示される。本書中の記述においては、本書の内容を確定した時点までの改定内容を盛り込んでいる。

〔あ　行〕

一般指定

　　不公正な取引方法（昭和57年公正取引委員会告示第15号）であって平成21年公正取引委員会告示第18号による改正後のもの

　　（本書では平成21年の改正前のもののみを「昭和57年一般指定」と呼ぶ）

〔か　行〕

確約手続方針

　　公正取引委員会「確約手続に関する対応方針」（平成30年9月26日）

企業結合ガイドライン

　　公正取引委員会「企業結合審査に関する独占禁止法の運用指針」（平成16年5月31日）

〇〇年度企業結合事例△

　　公正取引委員会「〇〇年度における主要な企業結合事例」の事例△

企業結合手続方針

　　公正取引委員会「企業結合審査の手続に関する対応方針」（平成23年6月14日）

刑集

　　最高裁判所刑事判例集

高刑集

　　高等裁判所刑事判例集

公取委

　　公正取引委員会

高民集

　　高等裁判所民事判例集

告発犯則調査方針

　　公正取引委員会「独占禁止法違反に対する刑事告発及び犯則事件の調査に関する公正取引委員会の方針」（平成17年10月7日）

個人情報等優越的地位濫用ガイドライン

公正取引委員会「デジタル・プラットフォーム事業者と個人情報等を提供する消費者との取引における優越的地位の濫用に関する独占禁止法上の考え方」（令和元年 12 月 17 日）

個人情報保護法

個人情報の保護に関する法律（平成 15 年法律第 57 号）

〔さ　行〕

下請法

下請代金支払遅延等防止法（昭和 31 年法律第 120 号）

昭和 28 年改正

昭和 28 年独禁法改正法（昭和 28 年法律第 259 号）による改正

昭和 52 年改正

昭和 52 年独禁法改正法（昭和 52 年法律第 63 号）による改正

昭和 57 年一般指定

不公正な取引方法（昭和 57 年公正取引委員会告示第 15 号）であって平成 21 年公正取引委員会告示第 18 号による改正前のもの

（平成 21 年の改正後のものは本書では単に「一般指定」と呼ぶ）

審決集

公正取引委員会審決集（67 巻まで）

審決命令集

公正取引委員会審決・命令集（68 巻）

スポーツ移籍制限ルール考え方

公正取引委員会「スポーツ事業分野における移籍制限ルールに関する独占禁止法上の考え方」（令和元年 6 月 17 日）

○○年度相談事例△

公正取引委員会「独占禁止法に関する相談事例集（○○年度）」の事例△

〔た　行〕

知的財産ガイドライン

公正取引委員会「知的財産の利用に関する独占禁止法上の指針」（平成 19 年 9 月 28 日）

電力ガイドライン

公正取引委員会＝経済産業省「適正な電力取引についての指針」（令和元年 9 月

27 日）

独禁法（独禁法典）

　私的独占の禁止及び公正取引の確保に関する法律（昭和 22 年法律第 54 号）

〇〇年独禁法改正法

　私的独占の禁止及び公正取引の確保に関する法律の一部を改正する法律（〇〇年
　制定のもの）

独禁法施行令

　私的独占の禁止及び公正取引の確保に関する法律施行令（昭和 52 年政令第 317
　号）

〔な　行〕

入札談合等関与行為防止法

　入札談合等関与行為の排除及び防止並びに職員による入札等の公正を害すべき行
　為の処罰に関する法律（平成 14 年法律第 101 号）

〔は　行〕

排除型私的独占ガイドライン

　公正取引委員会「排除型私的独占に係る独占禁止法上の指針」（平成 21 年 10 月
　28 日）

判時

　判例時報

判タ

　判例タイムズ

不当廉売ガイドライン

　公正取引委員会「不当廉売に関する独占禁止法上の考え方」（平成 21 年 12 月 18
　日）

フリーランスガイドライン

　内閣官房＝公正取引委員会＝中小企業庁＝厚生労働省「フリーランスとして安心
　して働ける環境を整備するためのガイドライン」（令和 3 年 3 月 26 日）

平成 10 年改正

　平成 10 年独禁法改正法（平成 10 年法律第 81 号）による改正

平成 12 年改正

　平成 12 年独禁法改正法（平成 12 年法律第 76 号）による改正

平成 17 年改正

平成 17 年独禁法改正法（平成 17 年法律第 35 号）による改正

平成 21 年改正

平成 21 年独禁法改正法（平成 21 年法律第 51 号）による改正

平成 25 年改正

平成 25 年独禁法改正法（平成 25 年法律第 100 号）による改正

平成 28 年改正

環太平洋パートナーシップ協定の締結及び環太平洋パートナーシップに関する包括的及び先進的な協定の締結に伴う関係法律の整備に関する法律（平成 28 年法律第 108 号）1 条による改正

〔ま　行〕

民集

最高裁判所民事判例集

〔や　行〕

優越的地位濫用ガイドライン

公正取引委員会「優越的地位の濫用に関する独占禁止法上の考え方」（平成 22 年 11 月 30 日）

〔ら　行〕

流通取引慣行ガイドライン

公正取引委員会事務局「流通・取引慣行に関する独占禁止法上の指針」（平成 3 年 7 月 11 日）

令和元年改正

令和元年独禁法改正法（令和元年法律第 45 号）による改正

第1章
独禁法の全体像

1　独禁法のイメージ

(1)　はじめに

　競争は、多くの場合、人類の進歩の原動力である。ある程度の基盤の整った
社会においては、中央で計画的・一元的に進歩を目論むよりも、才能ある個々
の主体の自由な活動に任せたほうが社会が有益に進歩することを、経験は教え
ている。

　「選べる」ということが、大事である。競争とは、買う側の立場から見れば、
売り手を選べるということを意味する。選べることは、売る側にとっても、大
事である。何を誰に対してどのようにして売るのか、制約なく自分で選んでよ
いということが、自由な経済活動の根幹である。

　独禁法は、競争の機能を妨げる行為を禁止しようとする法律である。

　以下では、著名な独禁法事件をいくつか挙げて、そのイメージをつかむ。

(2)　石油カルテル事件

　独禁法の古典的有名事例に、石油カルテル事件と呼ばれるものがある（最判
昭和59年2月24日〔石油製品価格協定刑事〕など）。

　今は昔、昭和40年代後半に石油ショックというものが起こり原油の価格が
高騰した。重油やガソリンや灯油などの石油製品は、原油からつくられる。石
油製品を製造し販売する国内の石油元売会社は、原材料である原油が高くなっ
たため、石油製品の価格を一斉に引き上げることを合意した。

　このような競争者同士の合意によって競争を停止する行為は、独禁法違反行
為の典型例である。現行法なら、排除措置命令・課徴金納付命令の対象となり、
場合によっては刑罰の対象ともなる。競争による切磋琢磨が期待されているは

1

ずの供給者らが、合意のうえで価格を一斉に引き上げ、競争停止をしてしまったのでは、社会が競争の恩恵を受けることができない、という考えによる。

「カルテル」という言葉は、競争者同士の合意を指すことが多い。法律に出てくる言葉ではなく、様々な意味で用いられている。

(3)　インテル事件

他の供給者と手を組む競争停止だけでなく、他の供給者を排除する行為が独禁法によって問題とされることもある。

パソコンのCPUについてインテルがAMDなどのライバル会社を排除したとされた事件があった（公取委勧告審決平成17年4月13日〔インテル〕）。当時の勧告審決は、現行法でいう排除措置命令に相当する。

インテルは、CPUの需要者であるパソコンメーカーに対し、リベートを支払った。「需要者」とは、何かを買う者を指す。「リベート」とは、何かを売った者が事後にいくらかのお金を需要者に返す場合の、そのお金を指す。

このインテルの行為は、全体としてみれば、自由な競争の結果としての安売りであって、むしろ独禁法が奨励していることであるようにも見える。しかし、かりに、インテルが、「あなたのパソコンメーカーが製造するパソコンの全てにAMDでなくインテルのCPUを搭載したならば、それだけ高額のリベートを払いましょう」と約束していたならば、どうか。パソコンメーカーは、いずれにしても何割かはインテルのCPUを買う。それだけインテルの存在感が大きいからである。そのインテルが、上記のようなリベート戦略に出たならば、パソコンメーカーは、インテルのCPUばかり買い、AMDのCPUを全く買わなくなるかもしれない。

公正取引委員会は、インテルがこのような行為を行っていると認定して、排除措置命令を行った。現行法なら、課徴金納付命令の対象ともなる。他者排除を行って競争を避けるようなことが許されたのでは、社会が競争の恩恵を受けることができなくなってしまう、という考えによる。

「排除措置命令」というのは、違反行為を排除する措置をとることを命令する、という意味であり、つまり他者排除行為を排除せよというのである。少々ややこしいが、法律に規定されている言葉であるのでやむを得ない。

(4) 三井住友銀行事件

　競争停止をするわけでも他者排除をするわけでもなく、単独の者が取引の相手方から搾取する行為が問題となることもある。

　銀行が融資の際に余計なものをあわせて売ったという事件があった（公取委勧告審決平成17年12月26日〔三井住友銀行〕）。当時の勧告審決は、現行法でいう排除措置命令に相当する。

　銀行から融資を受けたい中小企業のなかには、他の銀行でなく三井住友銀行からでなければ融資を受けることのできないものが存在する。急に他の銀行を頼ろうとしても、他の銀行にとっては取引実績のない中小企業であるから断られることが多い。三井住友銀行は、このような中小企業に融資をする際、金利スワップという不要なものをあわせて売った。

　それに対して公正取引委員会は、独禁法によって、排除措置命令を行った。現行法なら、課徴金納付命令の対象ともなる。もはや競争にさらされない独占者が取引の相手方から不必要に多くの独占利潤を得ることを防ごう、という考えによる。

(5) 新日本製鐵と住友金属工業の合併

　以上に出てきた3つの例は、いずれも、既に行っている行為が問題となったものであった。それに対し、これから行おうとする行為が独禁法に違反するとされる場合がある。企業結合規制である。

　新日本製鐵と住友金属工業とが、合併を計画した。合併計画は事前に公正取引委員会に届け出られた。公正取引委員会は、詳細な審査を経て、条件を付けたうえでこれを容認した（平成23年度企業結合事例2〔新日本製鐵／住友金属工業〕）。この企業結合によって誕生した新日鐵住金という会社は、今では日本製鉄という会社となっている。

　新日本製鐵と住友金属工業は、合併を計画しただけである。他の鉄鋼会社との競争停止を既に具体的に行ったわけでもなく、他者排除を既に具体的に行ったわけでもなく、需要者からの搾取を既に具体的に行ったわけでもなかった。

　しかし公正取引委員会は、この合併計画を、合併の事前に、審査した。合併が実行されて2社の間の競争がなくなったならば、他の鉄鋼会社との競争停止、

他者排除、需要者からの搾取、などが起こりやすくなるかもしれない。もし本当にそのように見込まれるのであるのならば、そのような合併を未然に防ぐ必要がある、という考えによる。

　同じような問題は、合併だけでなく、一定以上の大量の株式取得などによっても起こり得る。合併や株式取得などを総称して「企業結合」と呼ぶ。

⑹　小　括

　独禁法による規制対象は、以上の４つのパターンでほとんどカバーできる。競争停止・他者排除・搾取・企業結合である。

　ところが、本書の章の組立では、そのような４分類になっていない。原因は２つある。

　第１に、これらが相互に重なり合っているからである。特に競争停止と他者排除は、重なり合っていることが多い。

　第２に、法律の条文が、弊害が起きるパターン（競争停止・他者排除・搾取）に即して組み立てられているというよりは、行為のパターン（水平的共同行為・企業結合行為・その他の行為）に即して組み立てられているからである。

　本書では、法律で定められた違反類型に即し、「不当な取引制限」「私的独占・不公正な取引方法」「企業結合規制」の３つに分けて、日本の独禁法の解説を行う。これらのなかで、競争停止・他者排除・搾取が入り乱れて登場する。

　入り乱れた独禁法における最大の救いは、どの違反類型においても基本的な考え方は共通している、ということである。本書では、それらを違反要件総論として早めにまとめて論ずる（本書第３章～第６章）。物事の基本は、各論に登場するたびごとに学ぶのも大事であるが、それらを総論としてまとめておけば、具体例を豊かに採集でき、議論が充実して、応用も利きやすくなる。

2　違反要件と法執行

　独禁法を理解するにあたっては、車の両輪のごとき２つの側面を常に頭に入れておくのがよい。ひとつは、「どのようなことをすれば独禁法に違反するか」であり、もうひとつは、「独禁法違反があった場合、どのような法執行が

施されるか」である。

　これらの2つは、相互に密接に関連している。

　サッカーを例にとってみよう。

　反則の違反要件を満たす同じ行為であっても、通常の場合と、自陣ペナルティエリア内で行われた場合とでは、法執行が異なる。通常の場合は相手チームにフリーキックが与えられるだけであるが、自陣ペナルティエリア内で反則行為を行えば相手チームにペナルティキックが与えられる。

　サッカーでは1試合の得点数が少ないので、ペナルティキックが与えられるか否かは重い意味を持つ。サッカー選手は、自陣ペナルティエリア内では反則をしないよう、通常よりは高度の注意をする。つまり、どのようなルールも、違反した場合にどのようなことになるかに応じて、効き目が異なるのである。

　そのような法執行の強弱は、違反要件論にフィードバックされ、違反要件論に変容を加える場合がある。少なくとも、ある時期までは、次のような現象が見られた。審判が、なかなか、守備側の自陣ペナルティエリア内のファウルをとらなかったのである。そのようなファウルをとるとペナルティキックとなり、高い確率で1点が入ってしまって、試合が決定づけられてしまう場合もあるからではなかったか、と推測される。競技規則では、ファウルの違反要件は、守備側の自陣ペナルティエリア内であるか否かにかかわらず同じである。それにもかかわらず、法執行の実際の運用によって違反要件に差が付けられていた、ということになる。

　ところが最近では、さらに異なる動きがある。ビデオ判定（VARによる判定）の導入もあって、守備側の自陣ペナルティエリア内のファウルも、きちんととる傾向が見られるようになってきた。現在では、少なくとも、ビデオ判定が導入されているプロの試合などでは、守備側の自陣ペナルティエリア内であるか否かによってファウルの違反要件に明確に差が付けられているとは言えなくなっている。これもまた、法執行の変化が違反要件論に影響を与えた一例である。

　以上のように、「違反要件」と「法執行」とは、相互に密接に関連し影響を及ぼしあいながら、全体としての規範を形作っている。

　本書は、独禁法の違反要件を中心に解説するものであるが、その際、法執行

の概要が頭に入っているほうがよい。そこで、まず法執行の概要を見て（本書第2章）、そのあと違反要件論に入ることにする。

3　独禁法・競争法・経済法

(1)　言葉の混在

　法執行や違反要件に入る前に、本書の書名になっている「独禁法」という言葉について確認する。「独禁法」を勉強する際に何となく出てくる「競争法」とか「経済法」といった言葉との位置関係を整理しておきたい。

(2)　「独禁法」

　「独禁法」とは、「私的独占の禁止及び公正取引の確保に関する法律」という名の法律を指す。これを略して「独占禁止法」ということもあるが、どうせ略称するのなら少しでも短いほうがよいから、本書では「独禁法」と呼ぶ。隣接する法令を含まず「私的独占の禁止及び公正取引の確保に関する法律」だけを指すのだということを強調したい場合、本書では、「独禁法典」という言い方をすることがある。本書で特に断らず「○○条○項」などと述べる場合は、原則として独禁法典の条や項を指す。

　この法律はネーミングがよくない。先頭に「私的独占」とあるが、「私的独占」は独禁法において最も頻繁に登場する違反類型ではない。そもそも、「私的独占」とは、「私的に独占すること」ではない。冒頭に掲げたインテル事件では、インテルがCPUの市場を独占していることそれ自体が問題となったのではなく、CPUの市場から競争者を排除したことが問題となった。つまり、独禁法は、独占を禁止しているわけではないのである。

(3)　「競争法」

　21世紀に入る前後あたりから、国際的には、日本の独禁法のような法律を「competition law」と呼ぶことが急速に増えた。これを訳して「競争法」という。つまり、独禁法とは、競争法の、日本における呼び名なのである。米国の競争法は「反トラスト法（antitrust law）」と呼ばれ、EUの競争法は「競争

法」と呼ばれる。

　競争法を所管する行政当局は「競争当局」と呼ばれる。日本の競争当局は公正取引委員会である。米国の競争当局は2つあって司法省反トラスト局と連邦取引委員会（FTC）であり、EUの競争当局は欧州委員会である。

　以上のようなわけで、日本に視野を限定した議論をするときは「独禁法」と呼び、国際的な文脈を意識する場合には「競争法」と呼ぶ傾向がある。

　本書は、競争法の基本的な考え方をつかみ、その日本における状況を語る。そこで、書名は『独禁法講義』としている。「どっきんほう」のほうが、かわいいと言う人もいる。

⑷　「経済法」

　「経済法」という言葉の現在の日本での意味合いは、突き詰めていうと、大学において独禁法のあたりを取り扱う場合の科目名であり、それが司法試験・予備試験の選択科目の科目名となっている、というに尽きる。有斐閣が『経済法判例・審決百選』を出版しているのは、大学の科目名や司法試験・予備試験の科目名と同じとしたほうが売れる本だからである。

　歴史的には、「経済法」という言葉は主にドイツ語から来ており、独禁法より広く経済の運営一般に関係する法分野を指すイメージを持っているが、そのイメージの具体的内容は十人十色である。そもそも、現在の日本で「経済法」というとき、そのような深いことが考えられていることはほとんどない。大学の科目名であり司法試験・予備試験の科目名である、と割り切ったほうが、現実を良く説明している。この言葉が法実務で用いられることはない。

4　国際的な広がり

　競争法の特徴のひとつとして、国際的な広がりを挙げることができる。どのような法分野も、外国に同様のものがあるのであるが、競争法は特に、各国の法における基本的な考え方がほとんど同じであって、共通の言葉で多くのことを語ることのできる分野であると言える。特定の事例が同時に各国の競争法にまたがって問題となる場合も多いので、競争当局相互間の交流も盛んであるし、

競争法弁護士や研究者の相互間の交流も盛んである。

　競争法専門家は、多くの場合は無意識のうちにではあるが、自国の競争法の条文から発想するというよりは、国際的にほぼ共通した枠組みによって実質的に検討し、それを自国の競争法の条文に当てはめていく、という発想をする傾向が強い。もちろん、直面する具体的事例においては、その国に独自の制度や文化に合わせた調整をするが、基本は、上記のような発想法である。本書は、日本の独禁法の状況を描くことを一応の目標としているので、最終的には日本の条文に関する解説も行う。しかし、最初に違反要件総論を置いたり（本書第3章〜第6章）、私的独占と不公正な取引方法をまとめて実質的な観点から並べ直して解説したり（本書第8章）しているのは、日本の独禁法の細かな条文より前に学ぶべきものがあり、日本の多くの優れた独禁法専門家が無意識のうちにそのような共通の枠組みに従っているからである。

 jurisdiction ►►►

　ここまで「国」と書いてきたが、それに相当する英語としては「country」より「jurisdiction」が使われることが多い。「jurisdiction」には「裁判管轄」などの意味もあるが、特定の法規範が及ぶ範囲、すなわち「国」のような意味で用いられることもある。むしろ競争法の英語では、「jurisdiction」と書かれていればこちらだと思ったほうがよいくらいである。

　そうしたところ、重要な「jurisdiction」として、EUがある。ドイツもフランスもベルギーもそれぞれ「jurisdiction」であってEUもまた別の「jurisdiction」である。そこで、日本語では、「国」でなく「法域」と訳されることも多い。

5　本書の基本方針

(1)　日本の独禁法の実際の状況を描く

　本書は、日本の独禁法は実際にどのような状況となっているのか、を描くことを目標としている。

　どのようにあるべきか、に例外的に触れる場合は、そのことを明示し、他の考え方も紹介する。

　本書の解説内容について、少数説である、実務を反映していない、などと言

われることもある。実際に存在する状況を解説しているだけであるのに、なぜそのように言われてしまうのか。自己診断してみると、本書に以下のような3つの特徴があるからではないかと思われる。

⑵　同じものはまとめる・異なるものは分ける

　本書は、わかりやすく本質に根差した解説となるよう、「同じものはまとめて論じ、異なるものは分けて論ずる」という基本方針を採っている。

　このことを、中学生でもわかる簡単な数式で表すと、次のとおりである。

$$px + qrx + qsx + tx = x\{p + q(r+s) + t\}$$

　よくある独禁法の解説は、左辺のような方法を採っている。それぞれの違反類型ごとに、基本的には更地から4回、解説していく。それに対して、本書は右辺のような方法を採る。xは共通しているのでまとめて論じ（違反要件総論）、異なるもののみを、違反類型ごとに分けて、論じていく。「私的独占」と「不公正な取引方法」は基本的には同じ行為を対象としているので、共通部分はまとめて論じ（上記のq）、そのうえで細かな話（上記のrとs）にも触れる。

　左辺のような方法にも、右辺のような方法にも、メリットはある。

　独禁法のうち特定の部分、例えばtxだけに関心のある人に講義をするのであれば、txだけを解説したほうがよいかもしれない。

　しかし、独禁法の全体に共通する基本的な考え方を理解できるようにするには、共通する考え方（x）を括り出してまとめて論じたほうが、あちこちに散在する具体例を総合しながら考察し、豊かな議論をすることができる。

　このようなことは、私による発明でも何でもない。例えば刑法では、xに相当するものを刑法総論と呼び、$\{p + q(r+s) + t\}$に相当するものを刑法各論と呼んでいる。

⑶　オモテだけでなくウラも見る

　本書は、公正取引委員会などが述べるオモテ向きの説明だけでなく、ウラ側も見て分析する。

　例えば、公正取引委員会が「□□なら違反」と述べていても、実際には正方

形の四隅は違反とされない場合がある。そのことを指摘して、「実際には◇◇のみが違反となる」と述べるのが本書である。

　その典型例が、本書の平成9年の初版から体系の柱として採用してきた「正当化理由」である（本書第4章第4節）。公正取引委員会は行政取締当局であるから、違反の範囲を広めに述べようとする。本当の違反の範囲を最初から説明してしまうと、境界線上で問い合わせや争いが増えてしまうからである。それよりも違反の範囲は広いことにしておいて、そのなかで実際には問題がなさそうなものがあれば黙って見過ごす。そのようにしておいたほうが、頭を悩ませる必要が少なく、役所としてはラクである。

　当局が「□□」と言っているのだからそれが「実務」だ、それをコピー＆ペーストした文献が多いからそれが「通説」だ、と言ってそれを丸暗記したいのか。それとも、実際に通用している規範を知り、その構造を理解したいのか。どちらが必要であるかは、読者それぞれの判断である。

⑷　無意識に行われていることを言語化する

　本書は、公正取引委員会や裁判所が無意識のうちに行っていることも、言語化して体系に組み込む。人間であるから、多くの重要なことを、無意識のうちに行っている。

　本書の最近の版で強調している例として、「因果関係」（本書第5章）がある。「因果関係」という概念を柱のひとつとして解説することに対しては、そのようなことが独禁法分野ではこれまで言われていなかったことであるために、抵抗も強い。公正取引委員会も、これが理論として確立すると裁判所で立証しなければならない要件がひとつ増えるような気がして、抵抗を示す。しかし、その公正取引委員会自身が、「因果関係」という概念で最もよく説明できるような事例を次々と生み出しているのである。いかに抵抗があっても、現実をありのままに描き出そうとするのが、本書である。

1　はじめに

　競争法の分野には国際的な広がりがあるが（本書7～8頁）、それは主に、違反要件論についてである。法執行（違反があったらどうなるか（エンフォースメント））は、基本的に、行政法・刑事法・民事法など、それぞれの法域ごとに法分野を跨いで共通して存在する制度を用いて行う。その意味で、多分にドメスティックな色彩を帯びている。

　もっとも、国際的な広がりと交流を特色とする競争法のことであるから、外国の良いもの・流行・標準といったものにも敏感である。法執行に関する「本邦初」の制度が独禁法に最初に導入されるということは、よくある。

　このように、競争法の法執行においては、既存の国内的枠組みと国際的な刺激とが混じりあい、新たな発想が芽生えやすい。

　以下の解説は、教科書の序盤としては少し重いかもしれない。ひととおり学んだ読者が再読する場合もあることを考えて、少し詳しくまとめている。初めて学ぶ読者は、見出しを中心に流し読みするのでもよい。

2　公正取引委員会

　日本の競争当局は公正取引委員会である。「公正取引委員会」を略記する場合は「公取委」とする。口頭では、「こうとりい」の最後のあたりの発音が面倒なので、「こうとり」と呼ぶのが通例である。

　公取委には職権行使の独立性があるとされている（28条、31条など）。

　厳密には、公正取引委員会とは、委員長と4名の委員からなる「委員会」のことであって（29条1項）、その下に、委員会の事務を処理する「事務総局」

が置かれている（35 条）。

　事務総局には、官房、経済取引局、審査局、が置かれている。官房はたいがいの役所に置かれている組織であり、それに加え、経済取引局が一般的政策立案を行って審査局が個別事件の処理をする。

　公取委は、法執行（エンフォースメント）に加えて、政策発信（アドボカシー）に力を入れている。以下では法執行を中心として解説する。

3　平　　時

(1)　ガイドライン

　独禁法の規定の解釈・運用について、公取委は、ガイドラインと俗称される各種の指針を公表している。これらは法令ではないが、公取委の考え方を推測するためには重要であり、また、裁判所も、実際上はガイドラインを参考としながら判決を書くことが少なくない。

　ガイドラインは、公取委ウェブサイトの「所管法令・ガイドライン」のページに掲げられている。それを見れば極めて多くのガイドラインがあることがわかるが、全てを見る必要はない。以下ではそのことを説明する。

　ガイドラインは、その内容に即して、概ね 2 種類に分けることができる。

　第 1 は、規範定立型ガイドラインと呼ぶべきものである。独禁法の違反類型ごとに、特定の業種に囚われず、一般論を示している。排除型私的独占ガイドライン、不当廉売ガイドライン、優越的地位濫用ガイドライン、企業結合ガイドライン、などである。流通取引慣行ガイドラインは、特定の事業分野を題名に掲げているが、実際上は、垂直的制限行為（本書第 8 章第 2 節）に関する規範定立型ガイドラインとして機能している。

　第 2 は、業界啓蒙型ガイドラインと呼ぶべきものである。電力ガイドラインや知的財産ガイドラインなどがこれに当たる。基本的には、新たに規範を定立するというよりは、既に存在する解釈を前提として、特定分野における具体例を掲げ、その業界等に注意を促すためのものである。

　以上のようなわけで、基本的理解のためには規範定立型ガイドラインを見ていれば足りる。しかも、その全てを読む必要はなく、規範定立型ガイドライン

のそれぞれの一部のみを見れば足りる。例外的に、業界啓蒙型ガイドラインであるとしたものが規範を定立している場合もあるが、そのような重要な箇所は、本書で引用する。基本を知るにはそれらだけで十分である。

　本書92頁の図は、独禁法の主要な違反類型の位置関係を示し、さらに、対応する主要なガイドラインの守備範囲を配したものである。

(2) 事前相談

　企業は、自社が計画している行為が独禁法に違反しないかどうかを事前に知りたいとき、公取委に事前相談をし、回答を得る場合がある。

　広義の事前相談には、公取委が定めた条件を満たして相談をしてきた狭義の事前相談と、それ以外の一般相談がある。狭義の事前相談は、公取委が回答すれば直ちに公表されるが、数は少ない（令和2年度・3年度はいずれも0件）。一般相談のほうが圧倒的に多く（令和2年度・3年度はそれぞれ2000件前後）、主要なものが、翌年度の6月頃、年度ごとの相談事例集として公表される。

　公取委は、被疑事件（後記4）では公取委が違反だと考える事件しか取り上げないが、事前相談においては、この行為を行っても違反でない、と答えることが多くある。相談事例集等は、規範のオモテだけでなくウラをも知るための重要な資料となる（本書9～10頁）。

　行為を行う前の計画段階で公取委が審査をするものとしては、他に、企業結合規制があるが、これは、事前審査をすることが法定されていることによるものであり、別枠で述べる（後記5）。

　企業法務としては、外部弁護士に相談するか否か、公取委に相談するか否か、などの選択肢のなかで、個々の案件をどのように処理するかを判断する。

4　被疑事件

(1) 総　説

　事前相談（前記3(2)）や企業結合審査（後記5）とは異なり、既に行われている行為について、違反ではないかと公取委が疑って取り上げるものを「被疑事件」と呼ぶ。

(2)　調　査

(i)　**用語**　　公取委は、独禁法違反被疑事件について情報収集を行う。これを独禁法典では原則として「調査」と呼んでおり、調査には、命令等のための行政調査と、刑事告発のための犯則調査とがある。犯則調査は平成17年改正によって導入された。そして、それ以前から存在し単に「調査」または「審査」と呼ばれてきたものを、本書では、犯則調査との対比のために、行政調査と呼ぶ。行政調査と犯則調査の両方が審査局の所掌事務となっているが、平成17年改正後も、行政調査だけが「審査」と呼ばれることが多い。行政調査を行う職員を「審査官」と呼ぶことは、法定されている（47条2項）。

法律での呼称	調査	
教科書的呼称	行政調査	犯則調査
実務的通称	審査	犯則調査
局の名称	審査局	
部の名称	—	犯則審査部
課長級分掌職の名称	審査長	特別審査長
公取委規則の略称	審査規則	犯則規則
事件担当者の名称	審査官	犯則事件調査職員

　企業結合審査（後記5）における「審査」という言葉は、被疑事件行政調査を指す「審査」より広い意味である（本書236頁）。

　行政法の分野で「行政調査」という場合には、上記の行政調査と犯則調査の両方を含むのが通常であるようである。

(ii)　**端緒**　　調査の端緒には、当然のことながら、様々なものがあり得る。

　公取委による職権探知もあり得るが、それ以外の主要なものとして、2つを例示する。

　第1が、申告である。Y社が独禁法違反行為をしている、と考えた者は、誰でも、公取委に申告することができる。45条には「報告」と書かれているが、公取委実務では「申告」と呼んでいる。ハードコアカルテル（本書94頁）の内部通報者、他者排除行為の被害者である競争者、優越的地位濫用行為の被害者

である取引相手方、などから申告がされる。

　第2が、減免申請である。ハードコアカルテルをしているY社自身が公取委に事実の報告・資料の提出を行うものである（本書125頁）。

　(iii)　**犯則調査**　端緒を得た公取委や検察当局が内偵をした結果、ハードコアカルテルの一部のものについては、刑罰を科するのが相当であるという認識に至る場合がある。

　そのような事件の場合は、まず犯則調査を行い（101条以下）、その結果、検察当局に対して刑事告発を行って（74条1項）、同時に、公取委内部では事件を犯則調査部門から行政調査部門に引き継いで排除措置命令・課徴金納付命令に向けた行政調査を行うことになる。犯則調査は、検察当局による捜査と共同・並行して行われることも多い。

　刑罰（89条、95条）は、法律上はハードコアカルテル以外にも科し得るが、実際上は、ハードコアカルテルだけに科されている。そこで、犯則調査と刑罰については、ハードコアカルテルの各論で述べる（本書121〜124頁）。

　ハードコアカルテル事件であっても刑罰の対象とされないもののほうが多く、また、独禁法全体に視野を広げると、ハードコアカルテル以外の事件も多くある。以下では、そのような大多数の事件での手続を念頭に置く。

ハードコアカルテル事件であって刑罰を目指す場合

それ以外の事件の場合

　＊ハードコアカルテル事件では、刑罰を目指さない場合でも、確約手続は用いないとされる。

⒤　**行政調査**　　行政調査は、排除措置命令・課徴金納付命令、または、それより緩やかな法執行（後記⑷、⑸）を行うか否かを決するための調査である。

大多数の被疑事件では行政調査のみが行われる。刑罰を視野に入れて犯則調査を行った事件では、犯則調査のあと、刑事裁判と並行して、行政調査が行われる。

行政調査については47条に規定がある。これは法定の調査手段に関するものであり、その外縁で、任意の行政調査が行われる。

法定の調査手段のなかでは、立入検査が中心的な存在であり（47条1項4号）、ほかに、物件の提出命令や留置（47条1項3号）、審尋や報告命令（47条1項1号）、などがある。供述聴取は、法定の審尋よりも、任意の供述聴取によって行われることが多いようである。

法定の調査手段は、実力行使によるものではなく、従わない場合に刑罰があり得るということ（94条）によって担保されているだけである。この意味で、間接的強制権限である、と言われることが多い。

行政調査には、憲法との緊張関係がある。令状が不要であるので憲法35条との緊張関係があり、審尋に応じないと刑罰があり得るという意味で自己負罪拒否特権がなく憲法38条との緊張関係がある。しかし、そのような行政調査も、行政による命令のための調査であるならば多くの場合は違憲でない旨の租税法分野の最高裁判決がある（最判昭和47年11月22日〔川崎民商〕）。

「弁護士・依頼者間秘匿特権」と呼ばれる手続問題がある。事業者と弁護士との間で法律違反の有無などについて秘密のうちに検討した内容を当局に見られないようにすべきである、という考え方である。日本では反対論も根強いが、令和元年改正によって独禁法を強化することに対する交換条件として、ハードコアカルテル（本書94頁）について、部分的に導入されている（公正取引委員会「事業者と弁護士との間で秘密に行われた通信の内容が記録されている物件の取扱指針」（令和2年7月7日））。

16

⑶　処理方法の選択

調査した事件について、法律に定められた処理を行うか、警告や注意などの法定外の処理を行うか、それとも全く取り上げないか、ということは、公取委

が裁量によって決める。45条1項に基づいて公取委に申告したのに公取委が取り上げないからといって、不作為の違法確認請求をすることはできないとする最高裁判決がある（最判昭和47年11月16日〔エビス食品企業組合〕）。公取委に取り上げてもらいたい側としては、現在では、行政事件訴訟法の義務付けの訴えの制度を活用する方法もあるが、行政事件訴訟法37条の2に規定された全ての要件を満たすのは容易ではないと思われる。

(4) 警告・注意・その他

違反被疑事件について法定の処理を行わない場合でも、公取委は、全く取り上げず沈黙するのでなく、以下のように、法定外の処理をする場合がある。

警告は、法定の処理をするに足る証拠が得られないが違反の疑いがある場合に行う、とされる。

注意は、違反行為の存在を疑うに足る証拠が得られないが違反につながるおそれのある行為がみられた場合に行う、とされる。

「○○に対する独占禁止法違反被疑事件の処理について」などの題名の公表文を発するのみとし、警告・注意をせずに済ませる例も多い。そのような公表文に、違反被疑事業者が改善措置をとる旨が盛り込まれている場合もある。

(5) 確約制度

警告・注意などに類似した制度として、平成28年改正により、確約制度が導入された（48条の2～48条の9、確約手続方針）。違反であるという結論を出せるより前の、違反の「疑い」の段階で、違反被疑事業者を促して、是正のための措置の計画を立案し提出してもらい、適切であればそれを認定して、調査を終わらせる、という制度である。排除措置命令と同等のことを、違反認定に要する人的・時間的なリソースを節約しつつ、実現できる。排除措置命令が一定程度において画一的となるのに対し、確約認定では違反被疑事業者が立案するものを認定するので実情に即した具体的なものとしやすい、とされる。

確約認定がされた事件では「疑い」のまま調査を終了するのであるから、当然、排除措置命令・課徴金納付命令はされない。48条の4・48条の8は、確約認定の後にさらに調査して違反の認定をすることはないという規定である。

　ハードコアカルテルは、確約制度の対象とはされない（確約手続方針 5）。

　確約認定と同様のことは、従来から、法定外の処理（前記(4)）によって行われてきた。公取委としては、確約認定をすれば、同様のものを法律の規定の適用実績とすることができる。他方で、違反被疑事業者との交渉等により、法定外の処理で終了する例も依然として存在する。

(6)　排除措置命令・課徴金納付命令

　(i)　**概要**　　命令がされる事件では、命令の事前手続である意見聴取手続（49 条〜60 条）を経て、排除措置命令・課徴金納付命令に至る（61 条、62 条）。

　排除措置命令は、違反行為を取りやめさせ（「排除」させ）、競争秩序を回復し、再発防止を図らせる命令である（7 条、20 条など）。

　課徴金納付命令は、違反者に対し、金銭的負担を課する制度である。全ての独禁法違反行為についてこの命令が行われるわけではない。ハードコアカルテル、私的独占、優越的地位濫用、に課されることになっている（7 条の 2、7 条の 9、20 条の 6）。もっとも、私的独占と優越的地位濫用の事件は、前記(4)、(5)の処理をされたり、直ちには課徴金がかからない不公正な取引方法として法律構成されたりして、課徴金が回避される確率も高い。

　会社が課徴金を納付した場合、役員等が会社に対する損害賠償を求められることがある（東京地判令和 4 年 3 月 28 日〔世紀東急工業課徴金損害賠償〕）。

　(ii)　**命令手続・抗告訴訟**　　排除措置命令・課徴金納付命令をめぐる手続については、これまで 2 度の大きな改正があり、これらの命令に関係する法的決定の呼称等も変遷した。これらの過去の枠組みも、過去の事例をみるとき驚かない程度には、理解しておいたほうが有益である。

　昭和 22 年の制定から平成 17 年改正までは、審決という名称で排除措置命令をすることになっていた。名宛人が争わない場合は勧告審決または同意審決、名宛人が争った場合は公取委の内部で行われる審判手続の結論として審判審決というものを行い、それらによって排除措置命令をした。審判審決を争う場も特殊であり、第 1 審裁判所は東京高裁であった。課徴金の手続は、排除措置命令をする審決をしたあとに初めて開始することになっていた。

　平成 17 年改正から平成 25 年改正までは、排除措置命令や課徴金納付命令と

いう名前そのものを冠する命令を最初に行ってしまい、名宛人が争う場合に審判手続をして、既に行った命令の当否を判断する審判審決をした。審判審決を争う第1審裁判所は、やはり東京高裁であった。

　平成25年改正によって、審判制度は廃止となった。公取委自身が命令の当否を判断するという仕組みについて、公正さの観点からの疑問を払拭できなかったためである。そこで、命令に対して不服がある場合には、審判手続でなく、85条によって専属管轄をもつ東京地裁で争い、命令の当否を判断する東京地裁判決がされることとなった。東京地裁では、民事第8部に公取委命令取消請求事件が集中される。民事第8部には、東京地裁に提起された24条の差止請求訴訟（後記6）も原則として集中される。

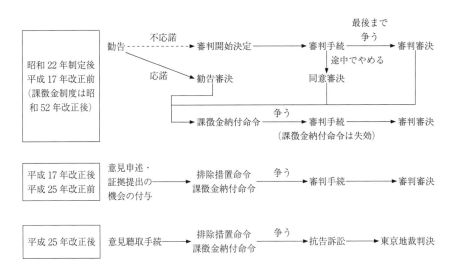

☕ **立証責任** ➤➤➤➤➤➤➤➤➤➤➤➤➤➤➤➤➤➤➤➤➤➤➤➤➤➤➤➤➤➤➤➤➤➤➤➤➤➤

　立証責任は、証明責任とか挙証責任などとも呼ばれるもので、訴訟法を学んでいれば常識であるがそうでなければほとんど知られていない、というテクニカルな概念である。AとBとが裁判で争う際、「ある要件の立証責任はAにある」という場合、その意味するところは、「裁判で最後まで争っても、ある要件の成否が不明である場合には、当該要件についてAに不利な結論をくだす」ということである。「当該要件についてBは立証活動を行う必要はない」という意味で

は、全くない。

　ボクシングのタイトルマッチに譬えると、わかりやすいかもしれない。ボクシングのタイトルマッチでは、判定にもつれこんでも引分けの場合は、チャンピオンがタイトルを防衛したことになる。これはつまり、ボクシングのタイトルマッチでは挑戦者に立証責任がある、ということである。そして、挑戦者に立証責任があるからといってチャンピオンが棒立ちでいれば、挑戦者の思うがままに殴られ、直ちに KO 負けであろう。

　立証責任は、要件ごとに別々に観念される。例えば、要件 α の立証責任は公取委にあるが要件 β の立証責任は行為者にある、ということもあり得る。正当化理由のような特別なものについては別であるが（本書 65 〜 66 頁）、通常、公取委に立証責任があるとするのが標準的な考え方である。

5　企業結合審査

　企業結合以外の独禁法違反類型は、いずれも、現在の行為により現在において弊害がもたらされていることに着目して違反の成否を論ずるものである。その意味で、事後規制と呼ぶこともできる。

　それに対して企業結合規制は、「計画されている企業結合が実行されれば弊害が起こりやすくなるという場合に、その企業結合を事前に規制する」という点に特色がある。つまり、事前規制である。

　なぜ企業結合規制を事前規制によって行うのかというと、合併などの企業結合行為は、実行したあとになって元に戻しなさいと命令しても、簡単には元に戻せないことが多いからである。

　事前規制をすべき重要な企業結合計画を見逃さず捕捉できるようにするために、大規模な企業結合計画については届出義務が課され、届け出られた企業結合計画について事前審査をする手続が法定されている。

　手続の詳細には各論で触れることとし（本書 236 〜 240 頁）、ここでは、違反要件総論を展開するために必要な重要点のみを指摘しておきたい。

　一言でいえば、違反の成否の判断というものは、時間軸上の特定の 1 点のみにおいて瞬間的に行われるのではなく、時間軸の上を流れながら段階的に行われるものである、ということである。企業結合計画の届出は多く行われており、

そのうち一部のみが詳細な企業結合審査の対象となる。それは、裏を返せば、弊害をもたらす可能性の少ない企業結合計画について問題なしとする判断が早期かつ大量に行われ、それがそれぞれの当事会社に示されている、ということである（令和2年度には届け出られた266件のうち258件が第1次審査においてクリアランスを得ており、令和3年度には337件のうち328件である）。

　以上のことが違反要件総論においてどのような意味を持つのかは、後ほど詳しく述べる（本書59〜60頁）。

　企業結合事例のうち、主要なものは、翌年度の6月頃に、年度ごとの企業結合事例集として公表される。

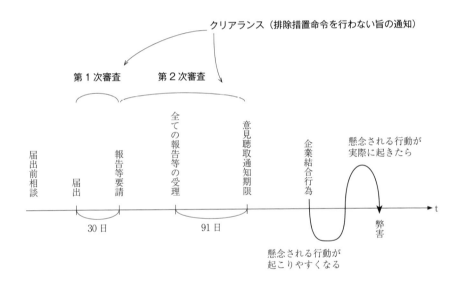

6　民事裁判

(1)　概　要

　公取委による法執行や刑罰などの公的な法執行のほかに、独禁法違反行為によって被害を受けたとする者と行為者との間での民事裁判を通じて独禁法の考え方が実現される私的な法執行がある。

　「この契約条項は独禁法違反であるから民法90条により無効である」とか、

「この行為は独禁法違反であるから民法709条により損害賠償を請求する」などといった主張がされることが頻繁にある。そこで直接適用されるのが独禁法以外の法律の規定であっても、このように、独禁法を説明道具として用いることによって民事裁判を有利に進めるということは常にあり得る。

独禁法典にも、民事裁判に関する若干の定めがある。

24条は、被害者が行為者を被告として差止請求訴訟を提起できることを規定している。対象となる違反類型は不公正な取引方法に限定されているが、それでも独禁法違反行為のかなりの範囲をカバーしている。被害者である原告は「著しい損害」を立証しなければならないが、被告の不公正な取引方法を立証し得たならば比較的簡単にこれが認められる事件もあり得る（後記(3)(ii)）。また、24条のような規定があるために、民事保全法によって、この差止請求権を根拠とした仮処分申立てをすることが可能となっている。

損害賠償については、民法709条と並んで、独禁法25条という規定もある。かつては、様々な特則があって異彩を放っていたが、累次の改正で「普通」の制度に近くなっている。しかしそれでも、公取委の排除措置命令が確定した日から3年間は訴えを提起できる（26条2項）など、事件によっては原告にうまみをもたらす規定である。

(2)　フォローオンとスタンドアローン

以上のように様々な条文が入り組んでいる民事裁判であるが、機能的な観点からは、次のように大きく2つに分けられる。

第1は、公取委が取り上げて命令をした事件について、民事裁判を提起し、自らの救済を得る、というパターンのものである。このようなものは、公取委について行く、という意味で、フォローオンの民事裁判と呼ばれている。

第2は、公取委が取り上げない事件について、私人が自ら主導してその事件を掘り起こすというものである。スタンドアローンの民事裁判と呼ばれる。

差止請求やその仮処分申立てはスタンドアローンが中心であり、他方、25条による損害賠償請求は、公取委の排除措置命令等が確定しなければ提起できないので（26条1項）、フォローオン専用の制度だということになる。その他のものは、いずれにも登場し得る。

(3) 諸論点

(i) **損害の存否・損害額の算定**　民法709条か独禁法25条かにかかわらず、被告の独禁法違反行為に対する損害賠償請求における損害の存否・損害額の算定は、議論の的となることが多かった。その頃は、請求を棄却する判決が多かった（有名な事例として、最判平成元年12月8日〔鶴岡灯油〕）。

少なくとも現在では、請求認容判決も多く見られるようになっている。

競争停止・優越的地位濫用によって高い価格で商品役務を買わされた者が原告となる場合には、現実価格と想定価格の差額が損害とされる。想定価格とは、違反行為がなかったならばこのような価格となったであろう、という価格である。

他者排除によって排除された者が原告となる場合には、その者が得べかりし利益（逸失利益）が損害とされる。これも、想定利益と現実利益の差額、とも言えるであろう。

これらの差額の算定のためには、違反行為の開始前の状況を用いたり（開始前価格（開始前利益）が想定価格（想定利益）であると推認する）、違反行為の終了後の状況を用いたり（終了後価格（終了後利益）が想定価格（想定利益）であると推認する）、など、様々な方法が採られる。いずれの方法も難しいが損害は確かにある、という場合には、民事訴訟法248条が活用されることもある。

かつて、「差額説」が消費者運動などの側から批判された時期があったが、差額を損害とする考え方それ自体が批判されたわけではない。鶴岡灯油最高裁判決などについて、損害（差額）が存在したことが立証されても差額が何円であったかまで厳密に立証されない限り請求を認容しない判決であると受け止められ、これが「差額説」と呼ばれ批判されていたものである。鶴岡灯油最高裁判決は、そもそも損害が存在したとはいえないとした判決である。損害の存在が立証されれば、前の段落のように、多くの場合、請求は認容される。

(ii) **独禁法24条における「著しい損害」**　差止請求を規定した24条のうち、原告にとっての壁であると言われるのが、「著しい損害」の要件である。24条には「利益（を）侵害」という要件もあるが、「著しい損害」が満たされれば「利益（を）侵害」も当然に満たされると考えられている。

「著しい損害」の成否は、違反行為や損害の、態様・程度等を総合考慮して

判断する、とされる（最近の例として東京地判令和3年9月30日〔ブラザー工業〕）。損害賠償が認められる場合より高度の違法性が必要であると言われることもあるが、つまり、差止めに値するだけの状況があるか否かである。

　いくつかの認容例もある（例えば、東京地決平成23年3月30日〔ドライアイス〕、大阪高判平成26年10月31日〔神鉄タクシー〕）。

　(iii)　**独禁法24条における著しい損害の「おそれ」**　24条の差止請求訴訟において、口頭弁論終結時に問題行為が終了しており、再発の可能性が立証できないために、「著しい損害を……生ずるおそれ」がないとして請求棄却とされる事例が多い（例えば、東京高判平成24年4月17日〔矢板無料バス〕、ブラザー工業東京地判）。

　(iv)　**独禁法24条において作為命令は可能か**　24条によって命ぜられる差止め、すなわち、「侵害の停止又は予防」には、作為命令も含む。例えば、取引拒絶行為に対し、取引せよという趣旨の判決がされることもあり得る（一般論として、東京地判平成26年6月19日〔ソフトバンク対NTT〕）。24条を明示的に掲げていない事例ではあるが、現に、取引することを命じた判決も存在する（岡山地判平成16年4月13日〔蒜山酪農農業協同組合〕）。

　(v)　**契約条項が独禁法に違反する場合の「私法上の効力」**　契約条項が独禁法に違反すると民事裁判所が判断した際、その契約条項は当然に無効となるか、という問題がある。

　結論としては、無効か否かは民法90条に基づいて決められるが、その際、その契約条項が独禁法違反であることは有力な説明道具となり、通常は無効とされる、というのが、現在の相場観である（一例として、札幌地判平成31年3月14日〔斎川商店対セコマ販促協力金〕（裁判所サイトPDF 46～48頁））。

　独禁法違反であるからといって直ちに無効となるわけではない、との旨を述べた最高裁判決がある。しかし、最終的に適用されるのは民法90条なのであるから、この判示それ自体は論理的に当然のことである。しかも、この判決は結局、独禁法違反とされた高い利息を利息制限法によって是正させようとするものであった（最判昭和52年6月20日〔岐阜商工信用組合〕）。独禁法違反でも有効、という考え方を採った判決であると強調されることがあるが、読み方として適切ではない。

平成 17 年改正以後の独禁法改正の概要

　平成 17 年改正以後の改正は、現代の独禁法を解説する際に頻出する。各改正の内容を、本書に出てくる範囲で、以下にまとめる。

　平成 17 年改正。減免制度を導入した（前記 4 (2)(ii)、本書 124 〜 126 頁）。それも含めて課徴金の規定が多彩となり、制裁的色彩もあることが広く受け入れられた（本書 112 〜 113 頁）。昭和 52 年改正から課徴金対象行為であった不当な取引制限に加え、支配型私的独占も課徴金対象行為となった（本書 134 頁）。命令について不服の場合は審判手続を経て審決という形式で命令していたのを改め、先に命令をしてから不服の場合に審判手続をし、命令の当否を決する審決をすることになった（前記 4 (6)(ii)）。犯則調査の制度が導入された（前記 4 (2)(iii)、本書 122 頁）。主に平成 18 年 1 月 4 日から施行されている。

　平成 21 年改正。課徴金対象行為が排除型私的独占や不公正な取引方法（特に優越的地位濫用）に広がり（本書 134 頁）、不公正な取引方法の定義規定が極めて複雑なものとなった（本書 138 〜 140 頁）。それとは別に、企業結合の届出義務が、企業結合集団の国内売上高合計額を中心的基準とする事前届出に統一された（本書 235 頁）。主に平成 22 年 1 月 1 日から施行されている。

　平成 25 年改正。審判制度が廃止された（前記 4 (6)(ii)）。平成 27 年 4 月 1 日から施行されている。

　平成 28 年改正。確約制度が導入された（前記 4 (5)）。平成 30 年 12 月 30 日から施行されている。

　令和元年改正。不当な取引制限の課徴金算定基礎の拡大（本書 119 〜 121 頁）、実行期間等の課徴金対象期間の長期化（本書 117 〜 119 頁、216 頁）、減免制度における協力を促進するための調査協力減算制度の導入（本書 125 頁）、などが行われた。あわせて、弁護士・依頼者間秘匿特権に関する制度が部分的に導入された（前記 4 (2)(iv)）。主に令和 2 年 12 月 25 日から施行されている。

　独禁法の基本を理解するにあたって重要なことは、以上のような改正によって変わったのは法執行の制度だけであり、違反要件は、実は昭和 28 年改正以来、実質的には改正されていない、ということである（平成 21 年改正によって、不公正な取引方法の規定が複雑となったが、違反の範囲は変わっていない（本書 140 〜 141 頁））。違反要件に関する、少々古びた、しかし肝腎の部分は抽象的で柔軟な規定を用いて、外国競争法との刺激や情報の交換も交えながら、違反要件論が発展している。本書では、以下、そちらに重点を置いて見ていくことになる。

第3章
違反要件の基本構造

1　行為要件・因果関係・弊害要件

　独禁法は、競争を制限・阻害する行為を禁止する。競争がないという状態が生じただけでは違反とならない。それが何らかの行為によって生じた場合だけ、違反となる。

　以上の数行には、独禁法の違反要件を形作る骨格が示されている。すなわち、行為・によって・弊害をもたらす、という場合に、独禁法違反となる。それぞれ4字で表せば、行為要件・因果関係・弊害要件、である。

　この3つのうち、行為要件には様々なバリエーションがあり、様々な行為類型ごとに各論の必要がある（本書第7章〜第10章）。

　それに対し、弊害要件と因果関係は、様々な違反類型をまたいで共通の議論をすることができる（本書第4章、第5章）。

　因果関係と弊害要件では、弊害要件のほうを先に見る。弊害要件のほうが政策的に重要性が高く、議論の蓄積も多いからである。弊害要件は「効果要件」などと呼ばれることもあるが、「効果」という言葉は望ましい結果を連想させることが多いため、本書では「弊害要件」としている。

　行為要件のない独占的状態規制というものがあるが（2条7項、8条の4）、発動の可能性はほとんどない。

2　弊害要件論の準備作業

(1)　弊害要件を表す条文上の文言

　日本の独禁法において弊害要件を表す条文上の文言は、2種類ある。

　第1は、「一定の取引分野における競争を実質的に制限する」である。後半は名詞化して「競争の実質的制限」と呼ばれることも多い。2条5項、2条6項、8条1号、10条1項、15条1項1号、などに見られる。

　第2は、「公正な競争を阻害するおそれがある」である。全体を略して「公正競争阻害性」とも呼ばれる。平成21年改正後は2条9項6号のみにこの文言があるが、同項の他の号においても意味のある概念である（本書140～141頁）。

　競争の実質的制限と公正競争阻害性は、かなり重なっている。なぜこの2つが同じ法律のなかに置かれているかというと、昭和22年に独禁法典を制定した際、米国の2つの法律を参考として、これらを1つの法律に合流させたからである、という身も蓋もない説明しかできない（本書90～92頁）。この2つの文言の違いは何か、などと考え込むより、取り敢えず、どういうわけか同じような意味を指す2種類の文言がある、と理解しておけばよい。

(2)　独禁法上の弊害の各種

　日本の独禁法が問題とする弊害には、反競争性・優越的地位濫用・不正手段の3種類がある。

　公正競争阻害性は、これらの3種類を全て守備範囲とする（本書142頁）。

　競争の実質的制限は、反競争性のみを守備範囲とする。

　すなわち、反競争性は、競争の実質的制限が要件となる条文でも問題となるし、公正競争阻害性が要件となると解釈される条文でも問題となる。そして反競争性は、どの法域においても、競争法の議論の中心にある。

　反競争性の詳細な内容はすぐに見ることになる（本書第4章）。暫定的なイメージとしては、反競争性とは、競争停止または他者排除により、複数の者が競い合う程度が低下してしまうことであると考えておけばよい。

　優越的地位濫用は、重要ではあるが別枠で議論できる。EUなどで搾取型濫

用と呼ばれているものと連続性のある内容であり、それらを包括して搾取規制
と呼ぶことができる（本書205〜206頁）。

　不正手段は、わずかであるから、他者排除の解説のなかに盛り込むことにする（本書197〜199頁）。

　反競争性・優越的地位濫用・不正手段、という本書の呼称は、多くの文献等で、自由競争侵害・自由競争基盤侵害・能率競争侵害、と呼ばれているものと同じである（本書142頁）。反競争性・優越的地位濫用・不正手段のほうが、わかりやすく、かつ、具体的内容をよく表しているように思われる。

☕ 不正手段と競争の実質的制限

　不正手段があるというだけで満たされるのは、公正競争阻害性であり、競争の実質的制限は、不正手段があるというだけでは満たされない。

　しかし、不正手段があるために、排除効果が生じ、価格等の競争変数が左右される状態に至れば、もちろん、競争の実質的制限を満たす。したがって、例えば、不正手段による排除型私的独占というものは、あり得る。

(3)　「市場」「反競争性」「正当化理由」

　以下では、反競争性の観点から弊害要件を満たす場合に重点を置いて、違反要件総論を展開することになる。

　そのような場合の弊害要件は、ひとことで言えば、「ある市場において正当化理由なく反競争性をもたらすこと」と表現することができる。つまり、「市場」「反競争性」「正当化理由」の3つの柱が重要である。

　競争の実質的制限と公正競争阻害性との間には、公正競争阻害性が反競争性の観点から満たされる場合に絞っても、差があるとされている。公正競争阻害性のほうでは、法律で、「おそれがある」ならば違反となるとされているので、違反の範囲が広めとされているからである。しかしそれは程度問題の差に過ぎない。本質をつかむにはまず、両者を区別せず一緒にまとめて、「市場」「反競争性」「正当化理由」の3つの柱で理解していくのがよい。

　3つの柱のうちでは、反競争性が中核となる。市場とは、反競争性の成否を判断するための土俵を設定する概念である。反競争性の成否の判断をするのが

最終目標であり、市場はその判断のための道具である。正当化理由は、反競争性を中心とした違反要件論では拾いきれない多様な価値に光を当てるための、裏方のような概念である。

　そこで、弊害要件総論（本書第4章）では、反競争性とはどのように解されているのかに関する抽象的基準を、まず見る。そのあと、市場と反競争性に関する具体的議論、そして最後に正当化理由に注目する。

反競争性（競争停止・他者排除）の観点から検討する場合の違反要件
　　・行為要件
　　・弊害要件
　　　　・反競争性
　　　　　　・原則論貫徹説（競争変数が左右される状態が必要）
　　　　　　・排除効果重視説（排除効果があれば足りる）
　　　　・正当化理由なし
　　・因果関係

優越的地位濫用の観点から検討する場合の違反要件（本書第8章第7節）
　　・行為要件
　　・優越的地位
　　・濫用
　　・利用して（優越的地位と濫用行為の因果関係）
　　・（公正競争阻害性）

（不正手段については省略）

(4)　企業結合規制が果たしてきた重要な役割

(i)　企業結合規制とそれ以外との異同

企業結合規制は、他の独禁法違反類型とは異なり、事前規制を中心とすることに特色がある（本書224頁）。しかし、問題とされる弊害の内容それ自体は、他の独禁法違反類型と同じである。違うのは単に、「計画されている企業結合が実行されれば弊害が起こりやすくなるという場合に、その企業結合を事前に規制する」というように、時間軸の上で特殊な位置取りをするという点だけである。事前規制であるから、弊害要件の成否を将来予測によって判断することになり、その点では他の独禁法違反類型

とは異なる。しかし、弊害要件の内容それ自体は同じである。

(ii) **弊害要件論のリード役**　　そうしたところ、実際問題として、弊害要件論においては企業結合規制が他の違反類型に先んじて議論をリードする役割を果たしてきた。

なぜなら、企業結合規制においては、「違反である」という結論となることももちろんあるが、数多くの届出等に対して「違反なし」という結論となることも多いからである。ハードコアカルテルは、事件数は多いが、行為要件を満たせばほぼ弊害要件を満たすと考えられているので、弊害要件はあまり議論されない。ハードコアカルテル以外の事後規制は、件数が少なかったので、議論が発展する余地が少なかった。

したがって、「市場」「反競争性」「正当化理由」を論ずる際には、企業結合事例や企業結合ガイドラインを参照することが多くなる。もちろん、企業結合規制以外においても、良い例があれば、あわせて取り上げる。

☕「theory of harm」について ⋙⋙⋙⋙⋙⋙⋙⋙⋙⋙⋙⋙⋙⋙⋙⋙⋙⋙⋙

比較的最近になって競争法の分野で強調されるようになった言葉として「theory of harm」がある。片仮名で「セオリーオブハーム」と書いた公取委公表資料を見かけることもある。

その意味は、行為がどのような過程を経て弊害をもたらすのか（行為が弊害をもたらすメカニズム）ということである。行為の外形だけをもとにした短絡的な議論を戒め、行為・因果関係・弊害に関する適切で具体的な考察を促すために、国際的な場でも頻繁に言及されるようになった。

本書では、平成9年の初版から、例えば、抱き合わせには他者排除型と不要品強要型があることを指摘し（本書188～190頁）、差別対価には取引拒絶系と略奪廉売系があることを指摘している（本書166～167頁）。最近の事例についても、表面的な説明に満足せず、例えば、戻り需要に対する電力会社の「差別対価」が具体的にはどのような形で弊害をもたらし得るのかを解説している（本書167～168頁）。本書にとっては、一貫した当然の心構えである。

したがって、本書としてはこの言葉を特に強調するつもりはないが、考え方それ自体は適切なものであり、この言葉が使われていればどのような意味であるかがわかったほうがよい、という趣旨で紹介する次第である。

⋙⋙⋙⋙⋙⋙⋙⋙⋙⋙⋙⋙⋙⋙⋙⋙⋙⋙⋙⋙⋙⋙⋙⋙⋙⋙⋙⋙⋙⋙⋙

第4章
弊害要件総論

第1節　反競争性 I

1　伝統的な原則論

(1)　概　要

　反競争性の抽象的基準をめぐる議論は、日本では、特に企業結合規制を舞台として、10条や15条などの「競争の実質的制限」の定義は何か、という形で論ぜられた。裁判例は、独禁法の草創期である昭和20年代に、次のように述べている。すなわち、「競争の実質的制限」とは、「競争自体が減少して、特定の事業者又は事業者集団がその意思で、ある程度自由に、価格、品質、数量、その他各般の条件を左右することによつて、市場を支配することができる状態をもたらすことをいう」（東京高判昭和26年9月19日〔東宝／スバル〕、東京高判昭和28年12月7日〔東宝／新東宝〕、引用は後者）。ハードコアカルテルの事案でも同様であることを、平成24年の最高裁判決が確認している（最判平成24年2月20日〔多摩談合〕）。

　自分が供給する商品や役務の価格・品質・数量などを短期的に自分で左右するのは、別に構わない。力がない者が価格を高くすれば、売れなくなり、中長期的には価格を下げざるを得なくなる。それが市場メカニズムである。この市場メカニズムが機能せず、市場全体の価格・品質・数量などが左右される状態となっているなら、それが問題だ、というわけである。そのような状態は、「市場支配的状態」と呼ばれることもある。

　以上のような考え方を、便宜上、原則論と呼ぶ。

　上記の「競争の実質的制限」の定義には、後記第4節の正当化理由の要素は登

場しない。昭和20年代の判決においてはそのような問題意識が言語化されていなかったからである。現代の知見から逆算すれば、上記の判示は、競争の実質的制限のうち反競争性の要素について定義したもの、と位置付けることができる。

(2)　競争変数

「価格、品質、数量、その他各般の条件」を総称して「競争変数」(competition parameter) と呼ぶ。総称する短い言葉があると便利であるし、同様の機能を果たす類似のものを取りこぼさずに済む。最近では、例えばインターネット上のサービスの競争を論ずる際に、個々のサービスにおける個人情報保護の程度や表現の自由の程度を指標として用いようとする議論が行われることがある。この企業結合が計画どおりに実行されると個人情報保護に力を入れようとする競争が行われなくなるかもしれないから企業結合を事前に禁止すべきである、といった議論である。あるサービスにとって、個人情報保護や表現の自由が適切に確保されているか否かも、ある種の品質ではあるが、サービスそのものの中身とは違うと感じる人もいるであろう。このようなものも取りこめる総称的な概念として、「競争変数」という言葉は有用である。

2　他者排除事案における考え方の対立

他者排除の要素を含む事案においては、前記1(1)のような原則論とは異なる基準が提唱されることがある。誰かに対する排除効果があるならばそれだけで反競争性があるとすべきだ、という考え方である（排除効果重視説）。

それに対して、他者排除事案においても通常の議論のとおりに、競争変数が左右される状態があって初めて反競争性があるとすべきだ、という考え方がある（原則論貫徹説）。

反競争性
- 原則論貫徹説
- 排除効果重視説

　独禁法の法目的も含めた重要な論点であるが、他者排除を具体的に扱うときまで先送りする（本書162〜163頁）。独禁法事例には、他者排除の要素が乏しい事例も多いので、当面は、原則論の内容を具体化することに力を注ぐ。

3　形成・維持・強化

　前記1(1)の東京高裁判決には「もたらす」という文言がある。これは、価格等の競争変数が左右される状態を新たに形成する場合だけでなく、そのような状態が既に形成されているときにこれを維持・強化する場合も含むと解されている（最判平成22年12月17日〔NTT東日本〕）。

　まとめると、「形成・維持・強化」となる。

　このことは、条文では、「により」や「によつて」という文言によって表現されており、本書では因果関係の問題として後述する（本書第5章）。

第2節　市　場

1　総　説

　競争変数が左右される状態があると言えるか否かを判断するための思考過程として、独禁法の世界では、長年にわたり、競争が行われる場としての「市場」という土俵を観念し、事例ごとに市場の範囲を画定したうえで、競争変数が左右されるか否かを論ずる、というかたちで、議論を視覚化してきた。

　以下では、まず「市場」とはどのような概念であるのかを確認したあと、個別の事例における「市場画定」の解説に移る。

2　市場概念の内容

(1)　議論の最大公約数

市場という概念は、世界の競争法の議論で頻出する基礎中の基礎である。

しかし、その内容が明確に定義されることは、ほとんどない。世界中の議論

を眺めて、そこで暗黙のうちに想定されている内容の最大公約数を、帰納的に自分で抽出するしかない。

　それによれば、「市場」とは、「複数の供給者が、同一の需要者に対して、商品役務を供給しようとする場」である。

　「複数の供給者が、同一の需要者に対して、商品役務を供給しようとする」状態が適切に確保されるならば、競争変数が左右される状態とは、ならないであろう。需要者が、供給者を「選べる」状態にあるからである。

　愛する妻への手みやげにおいしいケーキを買いたいＡ氏が、ＰとＱという2つのケーキ屋のなかから選べるとしよう。ＰとＱという複数の供給者が、Ａ氏という同一の需要者に対して、ケーキという商品を供給しようとしている。これが「競争」であり、この「競争」が行われる場が「市場」である。

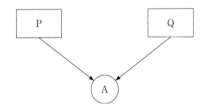

　「競争」には、複数の供給者の間の「売る競争」だけでなく、複数の需要者の間の「買う競争」もある。優れたスポーツ選手の獲得競争は、その一例であろう。選手Ｏと契約しようとしてチームＸとチームＹとが争う。そこでは、ＸとＹという複数の需要者が、Ｏという同一の供給者から、そのチームのためにプレイするという役務の供給を受けようとしている。

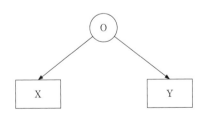

　売る競争に関する独禁法上の議論と、買う競争に関する独禁法上の議論は、原則として同じでよく、売りと買いを裏返して考えればよいだけである。

　そこで本書では、特に断らない限り、売る競争を念頭に置いて解説する。買う競争も大事ではあるが、毎度のように「供給者（買う競争では需要者）」などと注意書きをしていたのでは記述が煩雑となるからである。

(2)　条　文

　以上のようなことを条文にしたのが、日本の独禁法2条4項の「競争」の定義である。

> **独禁法2条4項**
> 　この法律において「競争」とは、二以上の事業者が……次に掲げる行為をし、又はすることができる状態をいう。
> 一　同一の需要者に同種又は類似の商品又は役務を供給すること
> 二　同一の供給者から同種又は類似の商品又は役務の供給を受けること

　1号は売る競争、2号は買う競争である。ケーキの例では、「二以上の事業者」はPとQであり、「同一の需要者」はAである（1号）。スポーツ選手の例では、「二以上の事業者」はXとYであり、「同一の供給者」はOである（2号）。

　2条4項にいう「競争」の行われる場が、「市場」である。

　公取委文書等の諸文献では、独禁法典のあちこちに現れる「一定の取引分野」という文言が「市場」に当たるとされることが多い。そのような理解でも大過はないのであるが、他方で公取委文書等の諸文献は、「一定の取引分野」という文言のない2条9項（不公正な取引方法の定義規定）においても、「市場」という言葉を用いた議論を行っている。そうであるのならば、「一定の取引分野」＝「市場」であると述べるのでなく、「競争」が行われる場が「市場」であるとしたほうが汎用性が高く、公取委文書の説明としても据わりがよい。「一定の取引分野」という文言が用いられている場合も、必ず続けて「競争」という言葉が現れて、「一定の取引分野における競争」となっている。「競争」が行われる場が「市場」であり、「一定の取引分野」という言葉それ自体

はさほどの意味がない添え物であると考えたほうが、不公正な取引方法と共通した議論をする条文上の根拠を明確にすることができる。

(3)　３つの構成要素

「市場」は、供給者、需要者、商品・役務、という要素によって構成されており、これらの言葉は２条４項にも現れる。売る競争（２条４項柱書きおよび同項１号）だけを見ると、供給者ではなく事業者と書かれているが、「事業者」は論理的には「需要者」の対概念ではない。買う競争を表す２条４項２号に現れる「供給者」が、論理的には需要者の対概念である。したがって、売る競争だけを論ずる場合でも、供給者、需要者、商品・役務、の３つの言葉に注目し、そのうえで、売る競争では「供給者」が「事業者」に該当することも同時に求められるのである（本書84〜85頁）、と理解したほうが、汎用的で据わりのよい議論をすることができる。

　商品・役務が必須の構成要素であるのに対し、それへの対価は、必須の構成要素ではない。ほとんど全ての事例では対価が支払われている、というだけである。無料取引の市場が独禁法の適用対象とされることもある（公取委公表令和元年10月24日〔エムスリー／日本アルトマーク〕）。

　事例が与えられたら、図を描いてみると、そこで問題となる競争が視覚化されるので、わかりやすい。□が供給者で、○が需要者である。

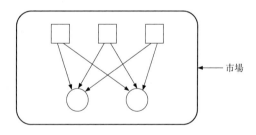

市場

　市場の図を描く場合には、供給者（□）だけでなく、需要者（○）も必ず描いたほうがよい。本書を読み進めていけばわかるように、「ここで登場する需要者とは、いったいどのような者か」という問題が、独禁法上の分析に大きな

影響を与えるからである（例えば特に、本書46〜48頁）。市場というと供給者のほうばかりを思い浮かべて議論する「業界市場観」はいまだに根強いが、売る者と買う者がいて初めて市場なのであって、それを直視して初めて的確な分析をすることができる。

　以上のようにきちんと市場の図を描けるということは、独禁法の基礎中の基礎である。「基礎」とは、「慣れてくればなおざりにしてよいこと」ではない。むかし、サッカー日本代表にとってワールドカップ出場が夢のまた夢であった時代の話であるが、外国の優れたコーチが教えたところ、基礎的な練習から始めたので、舐めてかかった選手も多かったらしい。そして、そのような選手は、やらせてみると、基礎練習をきちんとこなすことができなかった。野球でもサッカーでも、真の一流選手ほど、基礎がしっかりしているようである。

(4)　供給者と需要者

　供給者と需要者について、さらに若干のことを補足しておこう。

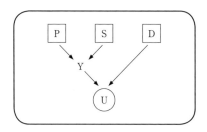

　第1に、供給者と需要者は、直接に取引するとは限らない。パソコンメーカーPとパソコンメーカーSは量販店Yを経由してパソコンをユーザUに供給しようとしているが、パソコンメーカーDは直販によってUに供給しようとしている。この場合も、P・S・Dはいずれも同一の需要者Uに同種の商品であるパソコンを供給しようとしているのであるから、2条4項の「競争」を行っていると言える。「市場は複数の取引段階を超えて成立する場合もある」などと言われるのは、このことを指す。

　第2に、同じ市場に属する複数の供給者は、「競争関係にある」と呼ばれる。

例えば、「Ｐ・Ｓ・Ｄは競争関係にある」のように言う。そして、独禁法の世界では、競争関係は「ヨコの関係」とか「水平的関係」などとも呼ばれる。英語でも「horizontal」と表現される。したがって私は、市場の図を描く際、供給者同士を横に並べるようにしている。これに対し、商品・役務を取引する関係にある者同士は「タテの関係」とか「垂直的関係」などと呼ばれる。英語でも「vertical」と表現される。独禁法関係者の中には、英語にあわせて「水平」とか「垂直」などと言いながら、図解を求められると、競争関係にある供給者らを縦に並べて商品・役務が右に流れていくような図を描く人が意外に多い。私とは感覚が異なるようである。

　第3に、「需要者」と「消費者」は、異なる概念である。「需要者」は、商品・役務を買う者全てを指す。その一部が、「消費者」にも該当する。例えば、Ｐ君が学生食堂でカレーを食べる場合、Ｐ君は、お金を払って商品・役務を買うのであるから需要者であり、消費者でもある。しかし、家電メーカーＱが部品メーカーＲから部品を買う場合、Ｑは、お金を払って商品・役務を買うのであるから需要者ではあるが、事業のために部品を買っているので、消費者と呼ばれることはない。英語文献では、「consumer」という単語を、「消費者」の意味で用いることもあれば、大企業を含めて「需要者」の意味で用いることもある。目の前の英語文献がどちらの意味で用いているのか、そのつど十分に注意する必要がある。

⑸　商品役務

「商品」と「役務」との違いは、何であろうか。

「商品」は有体物であり「役務」は無体物である。「役務」は「サービス」とも言う。さきほどの例では、ケーキが「商品」に当たり、スポーツ選手のプレイが「役務」に当たる。──これが優等生の答えである。

　しかし、専ら独禁法との関係において考えるのであるなら、次の2点を指摘しなければならない。第1に、「商品」と「役務」とを明確に区別することは不可能である。第2に、独禁法においては「商品」と「役務」とを区別する必要はほとんどない。

　第1の点については、例えば、宅配ピザを考えてみるとよい。宅配ピザ屋に

注文すると、指定された時間帯に原動機付自転車が走ってきてピザを配達して
くれる。これは有体物か無体物か。食べるピザは有体物である。しかし、おそ
らく料金のなかには、「指定された時間帯に自宅まで配達してあげる」ことへ
の対価も含んでいる。すなわち、宅配ピザは、有体物と無体物とを混合してお
金を取っているのである。突き詰めて考えれば、世の中にある品物はほとんど
全て、有体物と無体物との混合物である。例えば魚屋でサンマを買うと、サン
マそのものという有体物に加えて、「あなた自身が魚河岸まで行かなくても、
よいものを選んでご近所（魚屋の店先）まで運んできてあげる」という無体物
にもお金を払っているのである。

　「商品」と「役務」とを区別できないとしても、独禁法の世界で困ることは
ほとんどない。なぜなら、日本であれ欧米であれ、商品であるか役務であるか
によって取扱いを分けるような条文や理論は、基本的には存在しないからであ
る。したがって、「商品」と「役務」とを区別せず、需要や供給の対象となる
もの全てをまとめて1つの概念として頭に入れておけばそれでよい。本書では、
そのような意味で、「商品役務」と呼ぶことにする。

　残念なことに、日本の平成21年改正は、「商品」であるか「役務」であるか
によって課徴金の有無が変わるという条文を導入したが、幸い、その違いを無
視し得るような運用しかされていない（本書157～158頁）。

　独禁法は、ありとあらゆる商品役務を適用対象とする。この点が、特定の
商品役務のみを対象とする事業法との大きな違いである。独禁法は、居ながら
にして、最先端の商品役務をも適用対象におさめている。言い換えれば、この
点が、競争当局の権力の最大の源泉なのである。

2条4項の「競争」の定義の重要性

　2条4項は、需要者からみて選択肢となる供給者に注目するのであることを示
して（1号の場合）、需要の代替性を中心として市場画定を行うという世界的に定
着した考え方（後記3(3)(i)）につながるような形で「市場」（「競争」の場）を短く
言語化する優れた規定である。

　次のように述べて2条4項を「批判」する文献が、過去から存在し、現在も後
を絶たない。供給者が2名だけ残存し「競争」がある場合でも独禁法で規制すべ
き場合がある、逆に、特定の2名の間で「競争」がなくなっても他の供給者が存

在するために独禁法で規制すべきでない場合がある、などである。

そのようなことは、「（競争を）実質的に制限する」や「（競争を）阻害するおそれ」がどのような場合に成立するかに関する解釈の問題として検討すべき事柄であり、2条4項の「競争」の定義に対する批判とはならない。

独禁法では、「需要者」という言葉は2条4項のみに現れる。「需要者」が「競争」という概念を構成することを2条4項で明らかにしたため、後続の条文では、「競争」に言及すれば、「需要者」にも言及したことになるからである。独禁法の検討において「需要者」という概念がいかに重要であるかは、毎年度の企業結合事例集や相談事例集で「需要者」を検索すればわかる。

━━━

3　市場画定

(1)　前　提

(i)　**市場画定とは**　　以上に見てきたような市場概念を個々の事案に当てはめて当該事案での具体的な市場のイメージを得る作業を、市場画定と呼ぶ。市場画定は英語で「market definition」であり、「definition」は「定義」と訳されることが多い。しかし、普通、「定義」というと、その概念の一般的な意味を言葉にすることを指す（前記2）。以下で見るのは、個々の事案において市場の範囲を見定める作業であり、「定義」でなく「画定」と呼ばれている。

(ii)　**なぜ市場画定をするか**　　なぜ市場画定を行うのか。2つの側面がある。

第1に、弊害要件の成否を判断するために当該事案での登場人物の状況を視覚化する、という側面である。

第2に、違反の成否を検討する段階に入るよりも前の「入口」の段階で、大量の事案のなかから要検討案件を選別しようとして、供給者の市場シェアを算出するために市場画定をする、という側面である。

多くの人の注意は、第1の弊害要件の側面に向きがちである。しかし他方、企業結合審査においては特に、第2の側面の重要性が高く、しかも、企業結合規制は議論の発達において中心的地位を占めてきた（本書30頁）。

(iii)　**「検討対象市場」**　　個々の事案で弊害要件の成否が議論される市場のことを、本書では「検討対象市場」と呼ぶ。英語の「relevant market」に相当する。「relevant market」は、多くの日本語文献においては辞書の字面に忠実

に「関連市場」と訳されている。しかしこれは的確な訳語ではないように思われる。「関連市場」という日本語は、主たる関心対象となる市場が別にあって、それを検討するために参考とすべき別の市場を指す、という語感を与えるからである。「relevant」という言葉はもともと、そのようなオマケのようなニュアンスでなく、主たる関心対象そのもの、というニュアンスであろう。本書では「検討対象市場」とする。

(ⅳ) **検討対象市場となり得る市場は多数ある**　　検討対象市場となり得る市場は 1 つの事案につき 1 つだけしかない、というわけではない。

例えば、時折、「固定電話サービスと携帯電話サービスは、1 つの市場ですか、それとも別々の市場ですか」という質問を受けることがある。

私の答えは、「固定電話サービスだけの市場も、携帯電話サービスだけの市場も、両者をあわせた市場も、いずれも成立します」である。

このことは、図を描き、そこに需要者も書き込んで考える習慣を身に付けたならば、簡単にわかる。いかに携帯電話が普及しても、自宅では固定電話を使いたい、携帯電話では駄目だ、という図の●のような需要者は多く存在する。他方、外出先で手軽に通信をするために携帯電話を使いたい、まさかその際に線を引きずりながら固定電話を持ち歩くことはできない、という◎のような需要者も多く存在する。そして、固定電話サービスの価格がもし高ければ自宅でも携帯電話で済ませます、という○のような需要者も少なからず存在する。そうであるとすれば、●◎○のそれぞれの需要者からみた供給者の選択肢がそれぞれ異なるわけであるから、別々の市場が成立することになる。

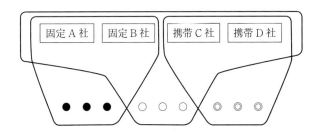

結局、需要者はどのような人たちなのか、が決め手なのである。

　そして、検討対象市場となり得る市場が多数あるうち、1つでも独禁法違反要件を満たせば、問題の行為は独禁法違反となる。

　●と◎は同一人物であることも多いであろう。同一人物が、家庭では固定電話に加入し、外出時は携帯電話を使う。同一人物が●と◎という2種類の需要を持っているのであって、「需要者●」「需要者◎」というより、「需要●」「需要◎」と呼ぶほうが、実は的確である。しかし、それでは顔の見えない抽象的な表現となってしまうし、条文も「需要者」という表現を用いている（2条4項）。そこで、同一人物が別々の市場で別々の需要を発揮することもある、ということを頭に入れつつ、しかし「需要者」という表現を本書では用いていく。「供給者」についても同様である。

　(v)　**全ての市場が言及されるわけではない**　　公取委や裁判所の諸事例を見ると、1つの事件において1つの市場だけに言及している場合が多い。

　このことは、「検討対象市場となり得る市場は多数ある」ということと、矛盾しない。例えば、多数ある市場のうち、違反要件を満たさないことが明らかな市場には、効率的思考という観点から、誰も触れないであろう。将棋の次の一手は、ルール上は極めて多数あり得るが、強い棋士も強い将棋アルゴリズムも、そのうち限られた数の選択肢しか検討しないようである。

(2)　市場画定の基本構造

　以上のことを前提として、市場画定の具体的内容に入っていこう。

　米国やEUで華々しく展開され日本のガイドラインにも記されている市場画定論は、ほとんど全て、供給者の範囲を画定しようとする段階に関するものである。そこでは、需要者は誰か、という問題が所与の前提とされてしまい、適切な重みを与えられていない。

　後記(3)で見るように、供給者の範囲は需要者からみて選択肢となるか否かによって画される。そうであるのならば、供給者の範囲を論ずるよりも前に需要者の範囲が画定され、どのような者が需要者であるのかがわかっていなければならない。実際には、どの独禁法関係者も、無意識のうちに、そのような思考過程を経ているはずである。つまり、市場画定は、①需要者の範囲の画定、②供給者の範囲の画定、の2段階の手順で行われている。

　以下では、しかし、①と②の順序を入れ替える。つまり、世界中で好んで議論されている「②供給者の範囲の画定」を先に解説し、実はその前提となるはずの「①需要者の範囲の画定」はそのあとで解説する。

(3)　供給者の範囲の画定

　(i)　**需要の代替性**　　供給者の範囲の画定は、主に需要者からみてどのような範囲の供給者が選択肢となるか、を基準として行われる。「需要の代替性」とか「需要者にとっての代替性」などとも呼ばれる。

　例えば、昼食の市場を考える際に、昼食をとろうとする需要者が、ラーメンに限定するか、カレーでも代わりになる（「代替性がある」）と考えるか、とか、歩いて 5 分以内に限定するか、地下鉄で 1 駅か 2 駅ほど行ったところでもよい（「代替性がある」）と考えるか、といったことである。

　需要の代替性は、需要者の側が努力することによって広げられる。それに対し、次にみる供給の代替性は、供給者の側が努力して変化することによって需要者の選択肢の中に入ってくる将来の可能性を、現在の市場画定のなかに盛り込もうとする考え方である。需要の代替性は、現存の選択肢の範囲に関するものであるので、供給の代替性よりも重視され、市場画定の中心的存在である。

　(ii)　**供給の代替性**　　供給の代替性とは、需要者は商品役務 α しか選択肢としておらず商品役務 β は選択肢とならない（需要の代替性がない）場合であっても、β の製造設備を切り替えるなどすれば容易に α を供給できるのであれば、α と β をまとめて 1 つの市場を画定する、という考え方である。

　ただ、公取委は、それによって α の供給者の市場シェアが低くなってしまう場合には、まとめて 1 つの市場とすることを認めず、β の供給者は隣接市場からの競争圧力などとして考慮するにとどめている（本書 60 頁）。

　結局、公取委が供給の代替性を根拠として α と β をまとめた 1 つの市場を画定するのは、α と β の両方で、供給者の顔ぶれやそれぞれの存在感が似通っており、別々に検討してもまとめて 1 回だけ検討しても弊害要件の結論は同じである、という場合だけとなっている。

　その意味では供給の代替性の考え方は形骸化しているが、「市場画定では需要の代替性と供給の代替性を見る」ということが教科書的お約束となっている

ことも確かである。少なくとも、供給の代替性は、細分化された需要に応じて検討対象市場の数が増えるのを抑え、検討を簡素化するのに役立っている。

(iii)　**小括**　　商品役務 α だけで市場が画定されるか、商品役務 β を含めた市場となるかは、次の手順で検討する。

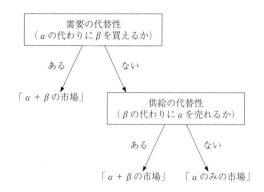

　供給の代替性が「ない」に近いとされて α のみの市場を画定する場合も、β の供給者に一定の存在感があるなら、β の供給者を、反競争性の成否の段階で、隣接市場からの競争圧力などとして考慮に入れる（本書60頁）。

(iv)　**商品役務の範囲の画定と地理的範囲の画定**　　世界中のどの教科書を見ても、市場画定には商品役務の範囲の画定と地理的範囲の画定がある、と書かれている。この2分類が金科玉条のように守られている。

　商品役務の範囲の画定とは、ラーメンに限るかカレーも含むか、である。

　地理的範囲の画定とは、歩いて5分以内に限るか地下鉄で1駅か2駅ほど移動してもよいか、である。

　商品役務市場と地理的市場という2つの市場があるわけではない。1つの市場について、商品役務という角度から眺めた場合にはどの範囲となるか、地理的な角度から眺めた場合はどの範囲となるか、を論じているのである。

　地理的範囲の画定というのは、例えば、「東北地方からの商品役務 α」と「関東地方からの商品役務 α」をまとめて1つの市場とするか否か、ということとなのであり、達観して割り切れば、商品役務の範囲の画定の一種である。

　したがって、論理的には、地理的範囲の画定においても、商品役務の範囲の画定と同様に、需要の代替性と供給の代替性が出てくるはずである。しかし実際には、企業結合事例集などでは、商品役務の範囲について需要の代替性と供給の代替性が詳細に語られ、地理的範囲の画定については簡潔な記載のみがされることが多い。多くの場合は、地理的範囲が大きな争点とならず、しかし、世界的な金科玉条も無視できず、地理的範囲の画定について形骸化した記述が施されているためである。

 SSNIP と SSNDQ ━━

　需要者からみた選択肢の範囲を認定する方法として持て囃されたのが、いわゆる SSNIP テストである（small but significant and nontransitory increase in price）。いま、商品役務 α を供給する全ての供給者が 5 ％の値上げ（SSNIP）を行ったと仮定した場合、それでも供給者らの利益が減少しないならば、需要者が他に選択肢を持っていないと考えて α だけで市場を画定する。供給者らの利益が減少するならば、需要者が α のほかに選択肢 β を持っていて β に逃げたからだと考える。そこで今度は、商品役務 α に商品役務 β を加えた「$\alpha + \beta$」について同様の作業を繰り返す。そのうちに、いつか、何らかの市場が画定される。これが SSNIP テストである。

　上記の「商品役務 α を供給する全ての供給者が」という部分は、気取った言い方をすれば「商品役務 α の独占者がいると仮想して、その独占者が」とも表現できるので、SSNIP テストは仮想独占者テストとも呼ばれる。

　しかし、5 ％の値上げがあったときに需要者がどう行動するかについて定かなデータを得ることができるのか、などについて、心許ないところもある。SSNIP テストが一世を風靡してブームになり、肥大化しすぎたので、市場画定不要論（本書58～59頁）などの揺り戻しも起きた。

　流行のさなかには、SSNIP テストが市場画定の指導原理であるなどと、原理と道具とを取り違えて逆立ちしたようなことを述べる論調も見られた。そうではなく、需要者からみた選択肢の範囲を認定する方法のひとつが SSNIP テストであると冷静に位置付ければ、一定の利用価値のある道具ではある。

　無料で多くのユーザを集める巨大デジタルプラットフォームが注目を集めると、無料なのだから「5 ％の値上げ」を観念できないなどと述べて、今度は SSNDQ（small but significant and nontransitory decrease in quality）が重要であるなどと囃されている。需要者からみた選択肢の範囲が供給者の範囲であるという基本を理解していれば、そのような流行を達観して眺めることができるであろう。

━━

45

⑷　需要者の範囲の画定

（i）　**特定の嗜好・制約を持つ需要者のグループ化**　　供給者の範囲の画定は重要であるが、それよりも前に、需要者の範囲の画定を行わなければならない。供給者の範囲の画定とは、需要者からみて選択肢となる範囲を画定することなのであるから、そうであるとすれば、そこに登場する需要者とはどのような者か、を知る必要がある。需要者グループ甲にとって選択肢となる供給者の範囲と、需要者グループ乙にとって選択肢となる供給者の範囲との間にズレがあれば、それぞれが別々の市場を構成することになる。固定電話サービスと携帯電話サービスの例は、まさにそのことを示している（本書 41 〜 42 頁）。

　実際の事例を見ると、需要者の範囲の画定が決定的な意味をもったものが多く存在する。

　最高裁判決では、光ファイバによるインターネット接続サービスである「FTTH サービス」が焦点となった事件で、「ブロードバンドサービスの中で ADSL サービス等との価格差とは無関係に通信速度等の観点から FTTH サービスを選好する需要者が現に存在していたことが明らかであり、それらの者については他のブロードバンドサービスとの間における需要の代替性はほとんど生じていなかったものと解されるから、FTTH サービス市場は、当該市場自体が独立して」成立する、と判示したものがある。FTTH でもよいが安いなら ADSL でもよいという者でなく、FTTH が必要であると考えている者を中心に、検討を行ったのである（最判平成 22 年 12 月 17 日〔NTT 東日本〕）。

　最高裁判決以外に目を転ずれば、需要者の範囲の画定が決定的意味をもった例はさらに多い。旧東京市内の映画館全体でなく丸の内・有楽町・銀座などの映画館だけの間の競争に着目した東京高裁判決は、場所にこだわらず新宿でも

浅草でもよいという客でなく、丸の内・有楽町・銀座の界隈に出かけることを前提として映画館を選ぶような客を需要者とする市場を検討している（東京高判昭和 26 年 9 月 19 日〔東宝／スバル〕）。ソニーのゲーム機「プレイステーション」と任天堂のゲーム機などとの間には互換性がないことを指摘しプレイステーション用のゲームソフトだけに絞ったうえでゲームソフト相互間の競争に着目した公取委審決は、何種類ものゲーム機を所有している家庭でなくプレイステーションのゲーム機だけを所有している家庭を需要者とする市場を検討している（公取委審判審決平成 13 年 8 月 1 日〔SCE〕）。その他にも、特定ブランドのエレベータを自分のビルに設置してしまったオーナーを需要者とするエレベータメンテナンスの市場を検討した事例（大阪高判平成 5 年 7 月 30 日〔東芝昇降機サービス〕など）、種子島地域や四万十地域の需要者を基準としてアマゾンが家電量販店と並ぶ選択肢となるか否かが判断されたと考えるべき事例（平成 24 年度企業結合事例 9〔ヤマダ電機／ベスト電器〕）、タクシーの競争が問題となった事案において、近隣の他の駅などで獲得できる乗客を度外視し、妨害行為が行われた駅で獲得できたはずの乗客のみを需要者とする市場を画定したために 24 条の「著しい損害」（本書 23 ～ 24 頁）が認定された事例（大阪高判平成 26 年 10 月 31 日〔神鉄タクシー〕）、新潟県内の需要者を「大企業・中堅企業」と「中小企業」とに分け、「中小企業」をさらに県内の 10 の経済圏ごとに分けて、それぞれにとって選択肢となる供給者の範囲を検討した事例（平成 29 年度企業結合事例 12〔第四銀行／北越銀行〕）、など多数ある。

　このように見てくると、需要者の範囲の画定とは、他の需要者とは嗜好・制約が異なっているような需要者を発見し、それと同様の考えを持つ需要者をグループ化する作業だ、ということがわかる。例えば、FTTH ユーザである A さんが「ADSL なんて遅くてダメですよ」と述べるのを聞いて、はたと気づくのが、特定の嗜好・制約を持つ需要者を発見する段階である。そして、A さんのような人は他にも多くいるはずだと考えて他の FTTH ユーザにも思いを致すのが、同様の考えを持つ需要者をグループ化する作業である。このような作業は、元気に商品役務を売って景気よく稼いでいる会社が常に行っている努力と、似ているのではないだろうか。需要者に目を凝らさず供給者の側ばかりに目を奪われていると、ビジネスにおいても独禁法的思考においても、成功は

覚束ない。「需要者市場観」と「業界市場観」の明暗である。

　以上のようなことを的確に認識すれば、在来の議論においては特別の理論であるかのように祭り上げられている問題が、何の変哲もないものであることがわかる場合もある。「クラスターマーケット論」などは、その例である。スーパーマーケットでは、何個かずつのジャガイモや何個かずつのタマネギなどを単品で売る傍ら、ジャガイモ・タマネギ・ニンジンを少量ずつ 1 パックにした「カレーセット」なるものを売っている場合がある。「クラスターマーケット論」は、ジャガイモ市場・タマネギ市場・ニンジン市場のほかに、カレーセットの市場が成立することを、特別の理論の対象であるかのように強調する。しかし、「カレーを作りたいが、何個かで袋詰めされたタマネギを買うと余らせて腐らせてしまうので 1 個ずつにして売ってくれないかなと考えている単身者」という需要者を発見し、同様の考えを持つ単身者が多いことに考えをめぐらせれば、ジャガイモ市場・タマネギ市場・ニンジン市場のほかにカレーセットの市場が成立するのは当然のことであろう。特別な理論は必要ない。

　(ii)　**独禁法上の保護に値するか**　　需要者は、独禁法上の保護に値するようなものでなくてはならない。不当表示の事例ではあるが、需要者の考え方が「健全な常識」に合致するか否かによって法的保護の有無を決めた判決例が存在する（東京高判平成 16 年 10 月 19 日〔ヤマダ電機対コジマ〕、名古屋高判令和 3 年 9 月 29 日〔ファビウス〕）。

　需要者が 1 人だけしかいない場合は独禁法上の市場を構成するに値しない、と、まことしやかに言われることがあるが、実際の事例には、1 つの官公庁のみを需要者とする入札談合事件が山のように存在するし、民間事業者 1 社を需要者とする事例も既に多数にのぼっている。

　(5)　**最後に一言**

　以上のように、市場は供給者の層と需要者の層の 2 層構造をなしているが、やはり既に述べたように、市場画定をめぐる多くの議論においては供給者の層にほとんどの関心が寄せられ、2 層があることが十分に自覚されているわけではない。したがって、例えば、「市場の地理的範囲は日本全国である」というとき、供給者の地理的範囲が日本全国であるのか、それとも需要者の地理的範

囲が日本全国であるのか、ということが明確に語られることは少ない。

　本来の基本に忠実であるならば、大方の状況に惑わされず、「需要者の範囲は日本全国で、供給者の範囲は全世界である」などと述べるべきである。

☕ 二面市場と独禁法上の市場 ≫━━━━━━━━━━━━━━━━━━━━━━━

　プラットフォームとは、複数の取引者群をつなげる機能を持つものを指し、これを運営する者はプラットフォーム事業者と呼ばれる。プラットフォーム事業者を指すものとして「プラットフォーマー」という言葉が流行したが、日本の官庁等が作り出した和製英語である。

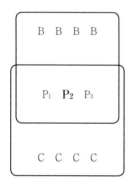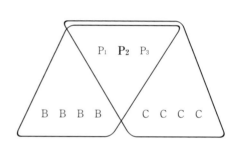

　プラットフォームが2つの顧客群をつなげている様子を図にすると上のいずれかのようになる。左の図では、プラットフォーム事業者Pは、取引者群Bらから買い、取引者群Cらに売っている。右の図では、Pは、取引者群Bらから買うのでなく、BがCと取引をすることを促進する対価としてBから手数料を得たりCから年会費を得たりしている。同じものでも、ものの見方によって左の図のようにも見えれば右の図のようにも見えるものであり、左右の間に本質的な違いはない。ともあれ、Pが2つの取引者群に面しているので二面市場（two-sided market）と呼ばれたり、3つ以上の取引者群がいることもあり得ることを考えて多面市場（multi-sided market）と呼ばれたりする。これは、個々のプラットフォーム事業者が設けた取引の場を「market」と呼んでいるものであり、独禁法上の検討対象市場と一致するとは限らない（「二面市場」とか「多面市場」とかいう言葉を好んで用いる論者は、そのようなことまで詰めて考えてはいない）。

　「二面市場」において、独禁法上の市場画定はどのように行うべきか。

　PらがBらに供給する商品役務（例えば、オンラインモールPらが出店者Bらに対し、出店させ消費者Cらとつながる機会を提供するという役務）と、PらがCらに

供給する商品役務（例えば、オンラインモール P らが消費者 C らに対し、出店者 B らとつながる機会を提供するという役務）は、全く異なる。全く異なる複数の商品役務を求める全く異なる複数の需要者群を 1 つの検討対象市場に投げ込むのは市場画定の常道に反するので、需要者群ごとに分けて 2 つの検討対象市場を観念すべきである、ということになる。前頁の図は、その考え方に合致している。

それに対して、その 2 つの面は「間接ネットワーク効果」（本書 171 ～ 172 頁）で密接に関連しているので、まとめて 1 つの市場を観念すべきである、という反論があり得る。公取委も、まとめて 1 つの市場を観念したかに見える事例を公表したことがある（平成 27 年度企業結合事例 8〔ヤフー／一休〕）。

企業結合ガイドラインでも、令和元年の改定で、「間接ネットワーク効果……が強く働くような場合には」まとめて 1 つの市場を観念することがあり得る旨を述べた。ただ、需要者群ごとの市場と「重層的に画定する場合がある」とした。

これと前後して登場したのが、平成 30 年（2018 年）の米国の Amex 連邦最高裁判決である（138 S. Ct. 2274）。そこでは、異なる需要者群を 1 つにまとめた市場のみが画定され、そこにおいて競争当局が反競争性を立証できていないとして、Amex を勝訴させた。すなわち、異なる需要者群が混在するという、競争当局でさえ経験の乏しい問題について、立証責任が生じたので、競争当局が違反を立証するのは困難となったのである。

公取委は、Amex 事件（クレジットカード決済プラットフォーム）と類似した事案を含む令和 2 年度企業結合事例 10〔Z ホールディングス／ LINE〕（コード決済プラットフォーム）において、1 つにまとめた市場に言及することなく、異なる需要者群ごとの市場を観念し、そこにおける違反の可能性を論じて、当事会社から問題解消措置を引き出した。

企業結合ガイドラインの「重層的に」という文言が活きたことになる。複数の検討対象市場がある場合、そのうち 1 つでも違反要件を満たせば違反である（前記(1)(iv)）。公取委は、1 つにまとめた市場に言及することなく、異なる需要者群ごとの市場で違反の可能性がある旨を述べて、目的を達成できた。

このように、二面市場においても、通常どおり、異なる需要者群ごとに 2 つの市場が画定されると考えておけばよい。上記のヤフー／一休の事例は、いずれにしてもヤフーと一休の検討対象市場における存在感が小さく、違反なしという結論を容易に得られる事例であったから、先例としての重要性に乏しい。1 つにまとめた市場を画定すると競争当局が著しく不利になることが十分に理解されていなかった時期に何かの拍子で述べてしまったものに過ぎないと考えるのが、受け止め方として穏当である。

第3節　反競争性Ⅱ

1　単独行動と協調的行動

(1)　総　説

　反競争性の成否の判断における具体的考慮要素そのものを見る前に、整理しておくべきことがある。

　反競争性を論ずる際、しばしば、「単独行動による反競争性（unilateral effects）」と「協調的行動による反競争性（coordinated effects）」の2分法が強調される。米国等の議論に端を発したものであり、日本の企業結合ガイドラインも「単独行動による競争の実質的制限」と「協調的行動による競争の実質的制限」の2分法を採用している（企業結合ガイドライン第4の2、3）。

　しかし両者は、後記(3)のように、実際の事案の処理においては区別できないし、区別する必要もない。

　ただ、初めて反競争性について学ぶ際に多様なイメージを得るという観点からは、この2分法は、両極端を描いているという意味で、有益である。

(2)　2分法

　例として、スーパーマーケットAとスーパーマーケットBの企業結合を考えてみる。近隣には他に、C・D・Eというスーパーマーケットが存在する。

　まず、「単独行動による反競争性」である。企業結合をするAとBを一体として考えれば市場のなかで大きな地位を占め、C・D・Eは無視し得るほど小さい場合、AとBは、C・D・Eの存在を気にせず、価格等の競争変数を自由に左右することができる。

　企業結合後はAとBが一体的行動をすることを前提として、「AB」という1つの塊だと考えて「単独」と呼んでいる。少しわかりにくいが、次の協調的行動と対比するために、世界中でこのような用語法が採用されているものである。

【単独行動による反競争性】

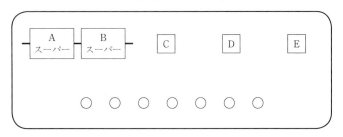

　次に、「協調的行動による反競争性」である。ここでは、単独行動の場合とは異なり、C・D・Eがある程度の力を持っていることが前提である。C・D・Eが、AとBの企業結合を見て、需要者を奪うため価格を据え置いたり値下げするなどの攻勢に出るのならば、問題はない。逆に、最大のライバルAとBが企業結合をしたあと値上げをした場合にはこれに追随し、自分たちも一緒に値上げをして楽をさせてもらおうとする場合もある。後者のような場合が、協調的行動による反競争性である。

【協調的行動による反競争性】

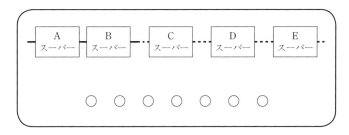

(3) 止　揚

　しかし、独禁法の違反要件を論ずるという目的に照らして合理的に考えてみるならば、「単独行動による反競争性」と「協調的行動による反競争性」とを区別する実益はあまりない。

　なぜなら、単独行動によって反競争性がもたらされると言えるための基準と、協調的行動によって反競争性がもたらされると言えるための基準とが、結局は

収斂して同じになるからである。

　協調的行動の場合、C・D・EがA・Bの価格引上げに追随するということは、C・D・EはA・Bに対して牽制力（後記2(3)）を持たないということである。牽制力を持つFによる新規参入が想定されないことも前提となっている。

　他方、単独行動の場合、C・D・Eが小さいことを前提としていたわけであるが、考えてみると、C・D・Eが無視し得るほど小さいということは、C・D・Eに牽制力がないということである。

　このように、単独行動の場合と協調的行動の場合とで、論じていることに差はない。単に、A・Bが相対的に大きい場合には単独行動に見え、A・Bが相対的に小さい場合には協調的行動に見える、というに過ぎない。

　公取委は、企業結合ガイドラインという一般的な文書で2分法を採用してしまっており、個別の事例の検討においても2つに分けて論ずる場合が多いが、同じ内容を2度述べていることが多い。

　単独行動と協調的行動の2分法はひとまず捨てて、競争変数が左右される状態が成立するか否かという1個の問題を論じ、そこでの考慮要素として、単独行動的な考慮要素（供給余力の有無など）や協調的行動的な考慮要素（協調的行動の可能性の有無など）を総合し、全体で1個の結論を得ればよい。いたずらに細分化すると、競争変数は左右されるのに単独行動にも協調的行動にも当たらない、という「ギャップケース」で困ることになるだけである。

2　反競争性の成否判断における考慮要素

(1)　総　説

　競争変数が左右される状態の成否を判断するための考慮要素を見ていく。

　「競争変数が左右される状態」を裏から見て、そのような状態の発生を抑える「牽制力」がないかどうかを検討する、という枠組みで議論されることが多い。牽制力があれば、競争変数が左右される状態はなく、牽制力がなければ、競争変数が左右される状態はある、と認定される。「牽制力」は「競争圧力」とも呼ばれる。

　以下では、「内発的牽制力」「他の供給者による牽制力」「需要者による牽制

53

力」「その他の牽制力」に分けて見ていく。これらは、牽制力の存否を判断するための下位の考慮要素である。例えば、「他の供給者による牽制力」が完全に成立しなくとも、上記のいくつかの牽制力が相俟って競争変数が左右される状態の成立を否定することもある。

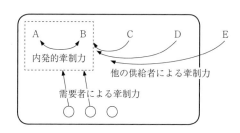

　以下のそれぞれの牽制力を見ていく際のキーワードは、「能力」と「意欲」である。牽制する能力があっても、意欲がなければ牽制力は発揮されない。牽制する意欲があっても、能力がなければ牽制力を発揮することはできない。

(2)　内発的牽制力

　複数の行為者の間で内発的に、競争変数が左右される状態の成立を否定する力が働くことがある。A と B が業務提携をして事業の一部を共通化する場合や、A が B の議決権のうち例えば 23 ％など少数のみを取得する場合である。

　事業の一部の共通化とは、例えば、物流のみの共通化、リサイクル施設のみの共通化、競争者から OEM 供給を受けることとしたので製造だけは共通化したことになる状況、などであり、多くの相談事例がある。「共通化割合」が鍵となる。業務提携に関する各論で、具体的に紹介する（本書 127 〜 129 頁）。

　少数株式取得の場合も、A が B の経営判断を完全に支配するわけではなく、A と B の間に競争を続ける能力と意欲があるならば、内発的牽制力があるとされる。同じようなことは、A と B が合併により一体化するが、A に少数株式所有をされている G や T は引き続き A や B に競争を仕掛けるため内発的牽制力がある、という形で議論される場合もある（平成 23 年度企業結合事例 2〔新日本製鐵／住友金属工業〕（H 形鋼））。

　内発的牽制力に関することは、企業結合ガイドラインには明示的には書かれていない。企業結合規制の議論が、基本的には、合併などのように、ＡとＢが完全に一体化することを暗黙の前提として行われてきたからである。

(3) 他の供給者による牽制力

　(i) **総説**　他の供給者による牽制力は、牽制力のなかでは最も頻繁に論ぜられる。「他の供給者」とは、本書52頁の図のＣ・Ｄ・Ｅのような者である。新規参入を検討する潜在的供給者Ｆが存在するなら、Ｆも含む。

　企業結合ガイドライン第4の2に登場する見出しのうち、「当事会社グループ及び競争者の地位等並びに市場における競争の状況等」は競争者すなわち他の供給者に牽制力があるか否かを論じているのであり、「輸入」は外国の供給者に牽制力があるか否かを論じているのであり、「参入」は潜在的供給者に牽制力があるか否かを論じているのであり、「隣接市場からの競争圧力」は市場画定の段階では検討対象市場の外だということにしてカウントせずに済ませた競合的な商品役務の供給者に牽制力があるか否かを論じているのである。

　「隣接市場」とは、例えば、工事の際の土留めに用いられる鋼矢板が検討対象市場であるときの、コンクリートの壁で土留めをする工法がそれに当たる。詳しくは、後述する（本書60頁）。

　(ii) **具体的基準**　他の供給者に牽制力があるか否かの具体的基準は何か。「能力」と「意欲」が考慮される。この両方が必要である。

　第1は、他の供給者に供給余力があるか否か、すなわち、能力の問題である。「供給余力」は、市場内に既に存在する供給者のそれであれば「供給量増強の余地」とも表現でき、市場内に未参入の供給者のそれであれば「新規参入の余地」とも表現できる。

　第2は、他の供給者が協調的行動をする可能性がないかどうか、すなわち、意欲の問題である。協調的行動が起こりやすいか否かを判断するためのチェックポイントとして以下のようなものがあるとされる。①各供給者が自分以外の供給者の行動を予測しそれにあわせるのが容易であるか否か、②各供給者の費用構造などにバラツキがなく技術革新などの環境変動もないため特定の供給者が抜け駆けをして値下げする誘因が小さいか否か、③抜け駆けをする供給者が

いた場合にそれ以外の供給者がそれを発見することが容易であるか否か、④抜け駆け供給者を発見した場合にそれ以外の供給者が抜け駆け供給者を制裁することが容易であるか否か、などである。これらの要素の状況を見極めながら、協調的行動の可能性がないかどうかを判断することになる。その際、当該市場の過去の状況が参考となる。公取委の企業結合事例には、以上のような要素を事案に即して列挙して、協調的行動をする可能性がないかどうかを判断したものがある（例えば、平成26年度企業結合事例3〔王子ホールディングス／中越パルプ工業〕、平成28年度企業結合事例3〔石油会社並行的企業結合〕）。

　以上のようなことの検討において、協調的行動をとろうとしない供給者は「一匹狼（maverick）」と呼ばれる。行為者以外の供給者に一匹狼がいれば、市場全体の協調的行動は成功しにくいから行為者の行為は違反となりにくい。逆に、これまで一匹狼であった供給者を取り込もうとする吸収合併であれば、合併後に協調的行動が起こりやすくなるから合併が違反となりやすい。

　(iii)　**差別化**　　需要者の嗜好が一様ではなく、特定の需要者たちは特定の供給者たちのみを好む、ということがある。いわゆる差別化である。

　例えば、スーパーマーケットAとスーパーマーケットBが、実は普通のスーパーマーケットではなく、高級食材を売り物とした高級スーパーマーケットであり、C・D・Eは通常の一般スーパーマーケットであった、という場合である。この場合、需要者のなかには、AとBが企業結合をして値段が上がってもC・D・Eに行くつもりはない、という、図の●のような人がまとまった数だけ存在しているかもしれない。

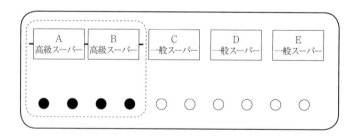

もし、この差別化が堅固なものであって、図の点線のような小さな市場が成

立するのであるなら、その小さな市場での競争変数が左右される状態の成否を
考えればよいのであるから話は簡単である。

　問題は、そこまではいかない弱い差別化だけがある場合である。この場合は、
そのような弱い差別化があるという事実をひとつの考慮要素として、他の要素
と総合して、スーパーマーケット全体という広い市場における反競争性の成否
を論ずることになる。

　需要者には特定の供給者の商品役務の使い慣れがあるから簡単には他に切り
替えない、とか、需要者は特定の供給者の商品役務を前提として投資をしてい
るから切り替えコストが大きい、などと言われる場合も、差別化と同じことを
別の方法で表現したものに過ぎない。ＡとＢとが近接した競争者（close com-
petitors）である、という形で表現されることもある。閉じる「クローズ」で
なく、「本塁クロスプレイ」の「クロス」である。

(4)　需要者による牽制力

　需要者による牽制力が、競争変数が左右される状態がもたらされることへの
歯止めとなる場合がある。ここでも、需要者にそのような「能力」と「意欲」
があるか否かが問われる。

　「能力」とは、供給者に値上げを思いとどまらせる交渉力である。例えば、
通常の需要者であれば供給者らの協調的行動を許してしまうような場合でも、
供給者らをうまく競わせて協調的行動を機能不全に陥らせるような交渉力を需
要者が持っている場合がある。なかには、供給者が１社だけとなっても値上げ
を阻止できるような交渉力を持った需要者もいるかもしれない。需要者が供給
者の弱みを握っている、供給者にとって死活問題となるような別の商品役務を
需要者が供給者に売っている、などという場合である。

　「意欲」とは、その能力を本当に発揮するような需要者であるか否か、とい
う問題である。交渉力が強くとも、かりに検討対象市場での購入価格が値上が
りしたならば値上がり分を川下市場で自分の客に転嫁すればよい、という立場
にある者は、交渉力を発揮しない可能性がある。川下市場で競争がない場合に
は、そのようなことが起きやすい。逆に、川下市場で競争が活発であれば、検
討対象市場の需要者（川下市場の供給者）は交渉力を発揮して調達コストを下

げようとするインセンティブを持つので、牽制力となりやすい。

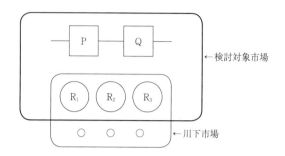

(5) その他の牽制力

　その他にも、牽制力はあるかもしれない。ひとつの例は、事業所管官庁による規制が牽制力となって値上げをすることができない、という場合である。また、新幹線飛行機問題において、他の市場の需要者が牽制力となって値上げをすることができない（本書62〜63頁）、という場合も、敢えて言えば、その他の牽制力の一例である。

3　市場画定と反競争性の総合的理解

(1) 市場画定不要論

　取り敢えず、市場画定と反競争性について基本的なところは見終えた。

　ここであり得る根本的な疑問は、市場画定の検討と、反競争性の成否の検討は、同じようなことを重ねて考えているようなところがあり、無駄なのではないか、市場画定など不要なのではないか、というものである。需要者からみて選択肢となり得る供給者の範囲が市場の範囲だ、というが、選択肢となり得る供給者は牽制力となる可能性が高い。逆に、隣接市場からの競争圧力というが、競争圧力となり得るのであれば、そのようなものは隣接市場などと呼ばず、端的に同じ市場の中に含まれると考えておけばよかったのではないか。

　これは、一面の真理を突いた鋭い批判である。便宜上、市場画定不要論と名付けることとしよう。重なっているから無駄なので、市場画定などやめよう、

という主張である。具体的には、市場を画定しなくとも、競争変数を悪化させる力（例えば価格上昇圧力（UPP: upward pricing pressure））を認定することができさえすれば十分だ、という主張である。市場画定においてSSNIP論が肥大化したことへの反動で市場画定不要論が唱えられた、という面もある。

　一面においてもっともなこの主張に対して、どのように折り合いを付ければよいであろうか。

(2)　市場画定の存在意義

（ⅰ）　**伝統の尊重（視覚化）**　　市場画定不要論に対する第1の反論は、法というものは人間が議論し人間が運用していくものであるから、長年にわたって確立した「市場画定をしてから反競争性の成否を論ずる」という枠組みを、一面の論理だけで一朝一夕に捨てるべきではない、というものである。市場画定により具体的な登場人物を視覚化してから本論（反競争性の成否）に移る、という思考パターンが、世界中に定着している。

（ⅱ）　**プロセスとしての法的判断の中間段階**　　第2の反論は、論理的には確かに市場画定は反競争性の成否判断に吸収されるように見えるかもしれないが、それは、違反の成否を全て一瞬で判断することを前提とした話であって、法的判断の現実とは異なる、というものである。

　つまり、こういうことである。通常の教科書的説明は、事例の処理が全て終わったあと、事後的に行われるのが普通である。そこでは、当局や裁判所の最終的な判断を検討するのであるが、その際、そのような法的判断は判決等を書く時にまとめて同時に行われているように受け止められがちである。しかし現実は、そうではない。

　その典型例が、独禁法の弊害要件論を牽引してきた企業結合規制なのである。企業結合規制では、大量の届出が行われる。そのほとんどは法的判断の中間段階で問題なしとされ、ごく少数の案件のみが次に進んで詳細な審査の対象となる。

　そして、その中間段階での選別は、市場画定をもとにして計算される市場シェア・市場集中度指標によって行われる（後記(3)(ⅲ)）。市場画定は、このように、プロセスとしての法的判断の中間段階で、問題がありそうにない多くの事

例を取り除くために用いられており、それでも残った案件について、反競争性の成否が詳細に判断されているのである。

　中間段階で速報的に判断をするために用いるのであるから、簡明で、かつ、広めに網をかけておくことが求められる。簡明とは、あまり時間をかけずに速報できる、ということである。広めに網をかけておくとは、つまり、市場を狭く画定するか広く画定するか悩む事例では、重要な事例を漏らさないように狭めに画定する、ということである。多くの事例では、狭めに画定したほうが、行為者の市場シェアは高くなるので、問題のある案件を取り逃がすリスクを軽減できる。

　このように見れば、隣接市場からの競争圧力に関する議論（本書 55 頁）も、理解しやすくなる。鋼矢板（こうやいた）の需要者からみると、コンクリート壁工法は別の選択肢となり得る。しかし、鉄鋼業界とは全く異なる業界の供給者であるから、データをとりにくく、これを同じ市場とするには簡明性の観点から問題があるかもしれない。そうであるなら、取り敢えず狭めに、鋼矢板だけで市場を画定しておき、コンクリート壁工法は反競争性の成否判断の段階で「隣接市場からの競争圧力」として考慮したほうがよいのではないか、ということになる。公取委の企業結合審査結果をみると、市場画定段階では取り敢えず狭めの市場画定をし、取り込まなかった要素は反競争性の成否の判断において検討する、としたものが多くある。

　以上のようなことは、第三者である本書が公取委の文書の行間まで客観的に分析すればこうなる、ということなのであり、公取委の文書そのものには、プロセスとしての法的判断云々といったことは明示されていない。むしろ、公取委の文書は、最終段階で瞬間的に全てを判断したかのようにして、市場画定（「一定の取引分野の画定」）や反競争性（「競争の実質的制限」）の判断を記している。いわば、「清書」である。読者の側が、そのような公取委文書の中に、補助線として、時間軸を読み込めば、上記のように立体的に見えてくる。

(3)　市場シェア・市場集中度・セーフハーバー

(i)　**概要**　　独禁法の議論で、市場シェアや市場集中度が話題となることがある。

　市場集中度を示す指標としては、市場内の全ての供給者それぞれの市場シェアの2乗の総和である「HHI」（ハーフィンダール・ハーシュマン指数）が有名である。市場シェアがそれぞれ40％のA社、30％のB社、20％のC社、10％のD社の4社からなる市場なら、HHIは$40^2 + 30^2 + 20^2 + 10^2 = 3000$となる。

　(ii)　**反競争性の成否の考慮要素**　　行為者の市場シェアや市場のHHIは、反競争性の成否を判断するための考慮要素のひとつとなる。数字が大きければ、反競争性が生じているのではないかと考えられやすいし、数字が小さければ、生じていないと考えられやすい。

　しかし、例外も多い。市場シェアやHHIの数字が大きいが、他の供給者や需要者による牽制力が十分に働くので反競争性がないとされる場合も少なくない。他方で、行為者の市場シェアは低いが協調的行動が起きやすいために反競争性があるとされる場合も少なくない。市場シェアやHHIは、あくまで考慮要素の一部であると割り切ることが必要である。

　(iii)　**中間段階の案件選別の基準**　　それはそれとして、市場シェアやHHIが十分に小さい場合には、反競争性が生ずる可能性がかなり低いことは確かである。したがって、企業結合規制の、プロセスとしての法的判断の中間段階において、ほぼ問題なしと言える大量の事案を取り除くときの指標としては市場シェアやHHIが用いられている。企業結合ガイドラインでは、水平型企業結合の場合、①企業結合後のHHIが1500以下である場合、②企業結合後のHHIが1500超2500以下であって企業結合によるHHIの増加分が250以下である場合、③企業結合後のHHIが2500超であって企業結合によるHHIの増加分が150以下である場合、には、「セーフハーバー」に該当すると考えて、その企業結合計画をそれ以上は審査しないことになっている（企業結合ガイドライン第4の1(3)）。細かい数字を覚える必要はないが、だいたいの感じをつかんでおくと有益である。

　上記のA・B・C・Dの市場でBとCが企業結合をする場合には、HHIは$40^2 + 50^2 + 10^2 = 4200$となり、企業結合による増加分は1200であるから、セーフハーバーに該当せず、詳細な審査の対象になる。

　それに対し、市場シェア10％の10社が存在する市場で、うち2社が企業結合をする場合には、企業結合後のHHIは1200で、増加分は200である。①に

よりセーフハーバーに該当し、詳細な審査はしないことになる。

　HHI を計算するには市場シェアの数字が必要で、市場シェアの数字を得るには市場画定が必要である。そうであるために、企業結合規制において、プロセスとしての法的判断の中間段階で市場画定が行われているのである。

☕ 新幹線飛行機問題

　大きな市場があるところに重畳して小さな市場が成立するか否かが論ぜられる場合、その小さな需要者群を供給者らが他と区別して価格差別をすることができるか、ということが問題とされることがある。特に米国で好まれる議論である。

　例えば、東京から大阪までの短時間での移動手段という分野を考えてみる。ここでは、新幹線と航空会社が競争している。しかし、なかには、種々の事情により飛行機では困る需要者もいるかもしれない。そこで、新幹線だけの市場というものが成立するか否かが問題となる。このとき、新幹線を運行する鉄道会社が、飛行機では困る需要者に対してだけ高い価格を提示することはできるか、ということが論ぜられる。そのような需要者にだけ高く売る、すなわち価格差別をすることが可能であれば、新幹線だけの市場が成立する。逆に、価格差別が不可能である場合に、全ての客について新幹線の価格を高くすると、新幹線でも飛行機でもよい客が飛行機に逃げてしまうため、鉄道会社は新幹線の価格を高くすることはできないであろう。飛行機では困る客は、新幹線でも飛行機でもよい客に守られるから、新幹線だけの市場は成立しない。こういう論法である。

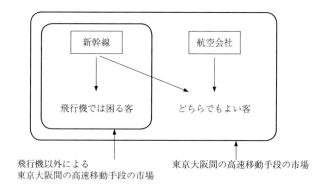

飛行機以外による
東京大阪間の高速移動手段の市場

東京大阪間の高速移動手段の市場

　以上のような米国流の議論は、結論においては概ねそれでよいのであるが、その論理構成は、私はおかしいと考えている。飛行機では困る需要者が存在する以上、新幹線だけの市場というものは間違いなく成立している。そのような需要者

には、新幹線しか選択肢がないからである。ただ、その狭い市場において鉄道会社が高い価格を提示できるかというと、新幹線でも飛行機でもよい客に守られて、それが阻まれているというのである。これはすなわち、その狭い市場においては反競争性が成立しない仕組みとなっている、ということであろう。この議論は、狭い市場が成立するか否かの問題ではなく、成立する狭い市場において反競争性が成立するか否かの問題なのである。

　以上のような知見は極めて応用範囲が広い。例えばNTT東日本最高裁判決では、ADSLを含まずFTTHサービスだけ、という狭い市場を画定している（本書46頁）。このことについて最高裁調査官解説（『最高裁判所判例解説民事篇　平成22年度（下）』843頁）は、「新幹線飛行機問題」に触れながら、FTTHを特に好む客とどちらでもよい客を供給者は区別できないとしても、FTTHを特に好む客の存在感が大きいならば、供給者は価格を高くすることができるから、FTTHだけの狭い市場を観念する必要がある旨を説いている（どちらでもよい客を少々失っても、FTTHを特に好む客から得られる利潤のほうが大きい）。このような発想は、客を区別できないならば狭い市場は成立しないという米国流の論法からは出てこないであろう。市場が成立するか否かという入口の部分で白黒を付けてしまう思考法より、柔軟な可能性を残す思考法のほうが勝っていた一例、ということになる。

　企業結合事例においても、アート紙のみを選択肢とする需要を当事会社が他と区別できないことを指摘して反競争性の発生を否定する事例（平成30年度企業結合事例2〔王子ホールディングス／三菱製紙〕）や、卸売市場法の規制や仲卸業者の存在などにより当事会社が小口需要者に向けて差別対価を設定できないことを指摘して反競争性の発生を否定する事例（令和3年度企業結合事例8〔東京青果／東一神田青果〕）などが現れている。

　「新幹線飛行機問題」は、本書終盤において「世界市場」を理解する際にも、必須の道具となる（本書247～248頁）。

第4節　正当化理由

1　総　説

　検討対象市場において反競争性がもたらされる場合でも、正当化理由があれば、弊害要件を満たさず、違反とはならない。

　かつては、反競争性がもたらされればそれだけで弊害要件を満たす、という論調も強かったが、それは、違反要件論が充実していなかった時代の産物であ

る。一般に、行政当局が取り締まる法分野では、違反であるとする場合には理由を述べなければならないが、違反でない場合には黙って取り上げないだけである。違反要件を満たす理由となるような概念（反競争性など）は発達するが、違反要件を満たさない理由となるような概念（正当化理由など）が注目され研究されることは相対的に少ない。正当化理由があるために違反なし、と述べる事例がほとんどないため、独禁法強化論者は、正当化理由などという概念はない、と主張したし、公取委も、そのように言ってもらえたほうが都合がよいので、正当化理由という概念は存在しないことにして、正当化理由がありそうな事案があれば、目立たないように、取り上げずに済ませたのである。

　近年では、相談事例においてそのような事例が増え、公取委が違反なしと答えざるを得ない機会が珍しくなくなった。多くの論者・公取委関係者も、「正当化理由」や「正当化事由」などの言葉を使うようになっている。

2　条文における位置付け

⑴　競争の実質的制限

　正当化理由を条文のどこに読み込むか、であるが、結論を言うと、競争の実質的制限という概念のなかに正当化理由の要素も盛り込まれていると考えればよい。すなわち、反競争性があっても、正当化理由があれば、競争の実質的制限を満たさない。

　かつて、そもそも正当化理由という概念を認めるか否かの論争がされたような時期には、2条5項・6項の「公共の利益に反して」という文言が論争の舞台となった。公取委は、正当化理由という概念はおよそ存在しない、と主張し、自由競争経済秩序が害されれば（つまり反競争性があれば）当然に公共の利益に反する、と論じた。それに対する反論もあった。最高裁は、一般論として、限定的ではあるが、反競争性をもたらしても正当化理由があるために公共の利益に反しないような行為があり得ることを認めた（最判昭和59年2月24日〔石油製品価格協定刑事〕）。

　公取委や独禁法研究者の多数も、その後、正当化理由が成立する場合があることそれ自体は認めるようになった。

　ただ、長年にわたり、反競争性がもたらされれば当然に公共の利益に反する、と強く述べてきた手前、いま急に、正当化理由があれば公共の利益に反しない、とは言いにくいのかもしれない。相談事例などで公取委が正当化理由を認める場合には、「公共の利益に反して」という文言には一切触れず、正当化理由がある場合には「競争の実質的制限」に該当しない、と論ずるのが通例である。

　弊害要件が競争の実質的制限という文言で表現されている違反類型のなかには、「公共の利益に反して」という文言をあわせ持つものもあれば（2 条 5 項・6 項）、あわせ持たないものもある（8 条 1 号、10 条 1 項、15 条 1 項、など）。そうしたところ、正当化理由というものを「公共の利益に反して」でなく「競争の実質的制限」のほうに読み込む公取委の方法によれば、上記の全ての条文について共通の論じ方をすることが可能となる。

　裁判所では、2 条 6 項が適用された前述の昭和 59 年最高裁判決がある影響か、最近でも、正当化理由の問題を「公共の利益に反して」という文言を使って立論するものがみられる。事件数が少なく、8 条 1 号や企業結合規制を論ずる機会がほとんどないため、それで何とかなっている。

　このように、公取委流と裁判所流が混在しているのが現状であるが、条文上の位置付けの違いに過ぎず、考え方が実質的に異なるわけではない。

(2)　公正競争阻害性

　2 条 9 項で定義される不公正な取引方法においては、解釈または明文により、公正競争阻害性が弊害要件を表しているわけであるが（本書 140 ～ 141 頁）、こちらにおいては、正当化理由があれば公正競争阻害性を満たさない、というシンプルな議論が早くから定着している。

3　立証責任

　独禁法違反要件に関する立証責任は、基本的には、公取委にあるとされる（本書 19 ～ 20 頁）。

　しかし、正当化理由については、やや特殊な立証責任論が採られる。すなわち、公取委が最初から主張立証をしなければならないわけではない。反論をす

る行為者の側が正当化理由の成立を主張し争点を形成する責任を負い、この争点形成責任を尽くした場合に初めて、公取委に、当該正当化理由が不成立であることに関する立証責任が発生する（公取委審判審決平成 7 年 7 月 10 日〔大阪バス協会〕）。刑法の違法性阻却事由などの場合と同じ考え方である。

正当化理由という概念は、行為者に一定の責任が生ずることを明確化するための手続保障的な役割を担っている、ということになる（このことは、かつて東京大学法学部での講義のあとに当時の学生から指摘されたものである）。

4　具体的判断基準の骨格

正当化理由の成否を判断するための具体的基準を見ていく。

ある行為が正当化理由をもつとされるためには、まず、正当な目的を実現する行為であること（目的の正当性）、そして、当該目的を実現するために必要な範囲内の手段にとどまること（手段の相当性）、の 2 点を満たす必要がある。最近では、公取委のスポーツ移籍制限ルール考え方に登場する表がまさにそのような思考枠組みを示しており、東京地裁民事第 8 部の裁判例にも、この枠組みのもとで検討し正当化理由を認めた事例が現れている（東京地決令和 3 年 3 月 30 日〔遊技機保証書作成等〕）。

正当化理由が成立するか否かの基準は常に一律であるのか、それとも、反競争性の強弱に応じて変動し反競争性が強いときには強い正当化理由でなければ弊害要件の成立を否定し得ないのか、という問題がある。これに明確な答えを出せるような事例は現れていない。しかし、感覚的には、例えば、ハードコアカルテル事件以外なら比較的簡単に正当化理由を認めるが、ハードコアカルテル事件では簡単には認めない、などといった相場観は、共有されている。

5　目的の正当性

(1)　総　説

正当化理由が認められるためには、まず、当該行為が正当な目的を実現しようとするものでなければならない。公取委は、同じことを表現しようとして、

「社会公共的目的」という言葉を使うことが多い。

　最高裁判決はかつて、「それなりの合理的な理由」という概念を提示したことがある（最判平成10年12月18日〔資生堂東京販売〕（本書153頁））。しかし、当該判決の最高裁調査官解説によれば、「それなりの合理的な理由」があっても反競争性があれば違反となり得るとされるなど、どの程度の重みがあるのかは不確実である。「それなりの合理的な理由」という概念は棚上げして、通常の正当化理由を検討するほうがよい。

　以下では、目的の正当性が認められる具体例を、いくつか見ていく。

(2)　不適格な事業者や商品役務の排除

　社会的に正当な目的に照らして不適格な品質を持つ事業者や商品役務を排除するために必要な行為は、正当化理由となり得る。競争とは、様々な供給者たちが価格や品質などの様々な組合せを使って需要者にアピールするプロセスをいう。しかし、どのような品質によって競争してもよいのではなく、品質の下限というものがある。品質の下限を下回る事業者や商品役務は、正当な目的を達成するために必要な範囲内であれば、排除されてもやむを得ない。技術水準の低い独立系メンテナンス業者に対してエレベータメーカー系のメンテナンス業者が交換用部品の供給を拒絶する行為は安全性確保の観点から正当化される場合がある（一般論として、大阪高判平成5年7月30日〔東芝昇降機サービス〕）。

(3)　知的創作や努力のためのインセンティブ確保

　反競争性をもたらす行為によって利益を上げることがその事業者の知的創作や努力に対する報酬となり、そのことが、今後も皆が才覚をはたらかせ労力を惜しまないようにするためのインセンティブとなっている場合には、当該行為によって現時点で反競争性が起こってもやむを得ない。適正なインセンティブを減殺するような「フリーライダー」の出現を防ぐ行為は、許される。例えば、自己の才覚によって革新的な発明をし特許権を取得したYは、通常は、当該特許のライセンスを拒絶しても構わない。A県の主要駅であるA駅の駅前バスターミナルの維持管理を事業者団体が行い、事業者団体が会員から集めた会費をその財源としている場合には、事業者団体が各バス会社からバスターミナ

67

ル利用料を徴収する際、事業者団体の会員であるバス会社と非会員である他県のバス会社との間で相応の差を設けても問題はない（平成 24 年度相談事例 7〔バスターミナル維持管理費〕）。スポーツ競技の統括団体等が選手の移籍制限ルールを設けている場合、それが各チームの選手育成インセンティブを向上させるのであれば、正当化される場合がある（スポーツ移籍制限ルール考え方 3）。

　もちろんこれは、行為者がそのような地位に立つにあたって、相応の知恵や資金や労力を自分で投入している場合の話である。「棚から牡丹餅」式に必須の知的財産権を支配するに至った場合には、差別的取扱いが許容される可能性がそれだけ低くなる。例えば、個々のものだけを見るとさほどではない皆の知的財産権を 1 箇所にまとめたために必須の知的財産権の塊となった場合には、インセンティブ確保のための正当化が認められにくい（公取委勧告審決平成 9年 8 月 6 日〔パチンコ特許プール〕）。発注官公庁を誤認させて自社の知的財産権が必須となるような発注仕様書を作らせた場合は、インセンティブ確保のための正当化は認められない（一般論として、知財高判平成 18 年 7 月 20 日〔日之出水道機器対六寶産業〕）。標準必須特許（SEP: standard-essential patent）、すなわち標準規格に準拠した製品を製造するためには利用することが必須の特許権について、FRAND 条件（fair, reasonable and non-discriminatory）で誰に対してもライセンスする、と当該標準規格の採用の際に宣言（FRAND 宣言）をした特許権者が、当該標準規格が採用され世の中に定着した段階になってライセンス拒絶をしたり高額のライセンス料を要求したりする行為は、インセンティブ確保のための正当化が認められにくい（東京地判平成 27 年 2 月 18 日〔イメーション対ワン・ブルー〕、公取委公表平成 28 年 11 月 18 日〔ワン・ブルー〕）。

　弊害があまりにも大きい場合にも、知的創作や投資のためのインセンティブ確保を根拠とする正当化は認められにくい。Microsoft の Windows にまつわる米国や EU の判断において、特許等が存在するはずであるにもかかわらず正当化の主張が認められにくかったのは、その典型例である。親会社である電鉄会社が駅前のタクシー乗り場を整備するなどしたという事情がある場合でも、タクシー乗り場に他のタクシーが乗り入れて客をとることを実力行使で妨害する不正手段までは正当化しなかった事例も、同様であろう（大阪高判平成 26 年10 月 31 日〔神鉄タクシー〕）。

　相談事例集にも、知的創作や投資のためのインセンティブ確保の観点から正当化する事例もあれば（平成30年度相談事例7〔電子部品メーカーライセンス条件〕）、それを超えていると考えて問題視する事例もある（平成30年度相談事例1〔デジタルコンテンツ卸販売拒絶〕）。

　「知的創作や努力のためのインセンティブ確保」を正当化理由の一類型として掲げる書物は少ない。その原因のひとつは、日本の独禁法に21条という条文があるため、上記のような議論がそちらに吸着されてしまっていることにある。米国やEUには日本の21条に相当する条文はない。米国やEUにも対応できる一般的枠組みを構築するには、この問題を21条の問題として論ずるのでなく、正当化理由の一類型だと位置付けて論じたほうが、汎用性がある。

🍵 知的財産法による権利行使の適用除外（21条）

　独禁法21条は、知的財産法による「権利の行使と認められる行為」を独禁法の適用除外としている。

　知的財産ガイドライン第2の1は、知的財産法による「権利の行使とみられる行為」であっても、行為の目的、態様、競争に与える影響の大きさを勘案し、「権利の行使と認められる行為」に該当せず独禁法の適用除外とならない場合があるとする（知財高判平成18年7月20日〔日之出水道機器対六寶産業〕も同旨）。

　「権利の行使とみられる行為」とは、それまでの常識において権利の行使と認められる行為と考えられてきたものを指す。そのようなものについて、「行為の目的、態様、競争に与える影響の大きさも勘案したうえで」見直しが必要となった場合には、「権利の行使とみられる行為」から狭めた範囲のものだけが「権利の行使と認められる行為」とされ、独禁法の適用除外となる。

　そのような考え方は、最近の裁判例でも採用されている（同様の一般論を述べたうえで独禁法違反・特許権濫用を認めた例として、東京地判令和2年7月22日〔リコー対ディエスジャパン〕、事案においては独禁法違反・特許権濫用を認めなかったものの一般論は否定しなかったものとして、知財高判令和4年3月29日〔リコー対ディエスジャパン〕）。

　かりに21条がなくとも、インセンティブ確保のために必要な権利行使は正当化理由があるとされるし、そうとはいえないほど反競争性が強いものについては違反とされる。そうすると、21条は、あってもなくてもよい規定であるということになる。「知的財産権と独禁法」をめぐる議論は、21条でなく、正当化理由に関する問題であるとして一般的に位置付けたほうが汎用性があり、外国競争法とのインターフェイスも円滑に保つことができるようになる。

69

(4)　物理的・技術的・経済的な困難

　ある行為をすることが物理的・技術的・経済的な困難を伴う場合に、そのような行為をしない行為は、正当な目的を持つとされ得る。例えば、ある病院が、限られたタクシー待機レーンについて特定のタクシー業者に優先的な地位を与えた行為が、正当化された事例がある（広島高判平成 15 年 10 月 15 日〔病院タクシー待機レーン〕）。

(5)　効率性向上・競争促進効果

　ある行為が効率性をもたらすという理由で、反競争性が正当化されるということがあり得るか。例えば、行為によって反競争性が発生し価格は高くなるかのように思われるが、当該行為によって効率性が発生し費用が削減されるので、価格減少効果のほうが大きく、トータルで考えると価格は下がるから問題はない、という議論である。

　このような意味での効率性による正当化は、次の 3 条件を全て満たす場合に限って認められる、とされる。すなわち、①このような効率性の向上が行為者の当該行為によって初めてもたらされるものである、②このような効率性の向上が実現可能なものである、③効率性の向上によって得られた恩恵が需要者にも還元されるようなものである（企業結合ガイドライン第 4 の 2 (7)）。

　例えば、複数事業者のリフトが混在するスキー場で、その複数事業者が共同して共通リフト券を発売する行為を考えてみよう。確かに、共通リフト券は需要者にとって魅力的な商品役務であり、効率性は向上するかもしれない。しかし、そのような共同行為のせいで価格が高くなり、前記③の条件を満たさなくなるかもしれない。もし、事業者らが単独でリフト券を売ることも許される、ということにしておくと、共通リフト券が高くなり過ぎたときには単独で安く売る事業者が出てくると期待されるので、共通リフト券の競争変数がそれ以上に悪くなるのを防ぐことができそうである。この場合には、共通リフト券は、最低でもいくばくかの効率性の恩恵を需要者にもたらすことになる。公取委の警告事例で、共通リフト券が問題となったものがあるが、その決定的な理由付けは、個々の事業者が単独でリフト券を売ることが禁止されていた点にある（公取委公表平成 26 年 2 月 19 日〔志賀高原索道協会〕）。

スポーツ競技の統括団体等が選手の移籍制限ルールを設けている場合、それがチームの戦力均衡に役立ち競技の魅力を維持・向上させるのであれば、正当化される場合がある（スポーツ移籍制限ルール考え方3）。

(6)　公共性

略奪廉売事件でしばしば登場する正当化理由として、公共性がある。例えば、東京都が一般会計から都営施設に補助をすることによりコスト割れの価格としていた事案で、最高裁判決は、この行為が独禁法違反ではないと結論付ける根拠のひとつとして、東京都で安い食肉が供給される必要性を挙げている（最判平成元年12月14日〔芝浦屠場〕）。郵便局の図画入り年賀葉書が安いので私製葉書業者を排除しているのではないかということが問題となった事案でも、この行為が独禁法違反ではないと結論付ける根拠のひとつとして、公共性が登場している（大阪高判平成6年10月14日〔葉書〕）。地方公共団体が高齢者等を対象として低廉な運賃で運行する「福祉バス」についても、公共性を根拠として正当化した例がある（山口地下関支判平成18年1月16日〔豊北町福祉バス〕）。

公取委は、東日本大震災の直後、物資不足に対応するための供給区域の割り振りや、電力不足に対応するための休業時間帯の割り振りなどを、同業者が共同で決めることについて、緊急の必要に応じたものであることを理由に、許容することを明らかにしている。これも、公共性の観点からの正当化の一例である（公取委ウェブサイト「東日本大震災に関連するＱ＆Ａ」、公正取引委員会「業界団体等における夏期節電対策に係る独占禁止法上の考え方」（平成23年4月））。

環境保護・リサイクルなどのための共同行為が正当化理由の文脈で論ぜられた相談事例は多い。最近では、国際的に、「グリーン」の観点からの競争法上の検討が行われているが、現代的な問題意識に即した具体的議論の喚起が期待されるとしても、基本的には、既存の枠組みで論じ得るものと思われる。

(7)　業績不振の他の供給者の救済

業績不振の他の供給者（failing firm）を救済するための企業結合が、正当化理由を持つとされる場合がある。企業結合ガイドライン第4の2(8)は、「当事会社グループの経営状況」と題して、①企業結合がなければ近い将来において

業績不振当事会社が倒産し市場から退出する蓋然性が高いことが明らかな場合において、②救済側当事会社による企業結合よりも競争に与える影響が小さい救済者の存在が「認め難い」ときには、正当化する旨を述べている。一方の当事会社が全体として業績不振であって退出しそうである場合だけでなく、一方の当事会社の特定の事業部門が業績不振であって消滅しそうであり、その事業部門のみを救済側当事会社が譲り受けようとする場合についても、同様である旨の記述がある。

　しかし公取委は、「認め難い」の認定を厳しくするなどの方法で、ガイドラインで示された論法については高いハードルを課している（平成 30 年度企業結合事例 7〔USEN-NEXT HOLDINGS ／キャンシステム〕）。

　業績不振の主張は、上記のようなガイドラインの論法でなく、因果関係がないという旨の論法によって、違反なしとする理由となることがある。すなわち、放置して倒産した場合と、計画どおりに救済した場合とで、顧客の分布に大きな違いがないとき（例えば、業績不振当事会社の顧客のほとんどがいずれにしても救済側当事会社の顧客となると考えられるとき）には、行為と弊害との間に因果関係がないという論法で、違反なしとされ得る（上記の USEN-NEXT HOLDINGS ／キャンシステムの事例（本書 80 頁））。

　企業結合の一方当事会社が業績不振だという事実を、救済側当事会社は日頃からむしろ第三の供給者との間の競争を意識しているのであるという認定を支える事情として用いる場合もある（平成 24 年度企業結合事例 9〔ヤマダ電機／ベスト電器〕など）。

6　手段の相当性

　正当化理由があると認められるためには、目的が正当であるだけでなく、手段が目的に相当する必要な範囲内にとどまっていなければならない。

　商標権をもつ農協が、農家が農協以外の経路で出荷する農産物に農協の商標を付けないようにするための施策を講ずる行為は正当化されるが（平成 29 年度相談事例 13〔農業協同組合商標権行使〕）、農協以外の経路でも別に出荷している農家が農協経由で出荷する農産物にまで農協の商標を使わせない行為は正当化

されない（公取委命令平成30年2月23日〔大分県農業協同組合〕）。

　スポーツ移籍制限ルール考え方は、正当な目的をもつ移籍制限であっても（前記5⑶、⑸）、手段の相当性の範囲内になければならないことを強調し、具体的な論述を行っている（スポーツ移籍制限ルール考え方3）。

　別の例として、安全性確保のための業界自主基準が定められていたところ、それが恣意的に運用され、多くの供給者が基準を守っていなかったなかで、特定の供給者のみに対して基準違反を理由とする不利益を与えていた、という事案では、正当化理由が認められなかった（東京地判平成9年4月9日〔日本遊戯銃協同組合〕）。外見上の目的は正当であるが、手段が不当であって、その手段の不当性が目的それ自体の怪しさをも露呈させたもの、といえよう。

　手段の相当性を判断する具体的基準として、LRA（less restrictive alternative：より反競争的でない他の手段）がないかどうか、という基準が登場することもある。しかし、この基準に完全に依拠してしまうと、目的の実現に必要な範囲内の手段であっても、さらにLRAが見つかれば違反となってしまう。神経質な法適用となり、予測可能性も失われるおそれがある。LRAの基準に対して慎重な見方を示す事例もある（山口地下関支判平成18年1月16日〔豊北町福祉バス〕）。

　正当な目的を持つ共同行為の実行を、メンバーに強制してもよいか、という論点がある。例えば、社会的非難を浴びるような高価格を収受することを事業者団体が禁じ、それに反した構成員を懲戒に処するという内規を制定することは許されるか。公取委は、表向きは、このようなことを正面切って許容することに否定的であるが、いくつかの事案では許容している。

☕ **企業結合事例集や相談事例集の読み方** ✂━━━━━━━━━━━━

　独禁法では、毎年6月頃に公表される年度ごとの企業結合事例集・相談事例集がよく引用される。公取委が立入検査をして命令や判決になるような事例の多くは、企業の適切な日常ビジネスから逸脱していると公取委が考えたものを選んで取り上げているものであり、違反なしとなる確率は高くない。それに対し、企業結合事例集・相談事例集の事例は、日常ビジネスそのものであって違反なしとされるものが多く、違反要件の理解を多角的に深めるのに役立つ。

　企業結合事例集・相談事例集は、公取委の命令や最高裁判決ほどには、厳密に

書かれていない。担当部署の人たちが、大量の事案のなかから参考となるものを公表しているものであり、厳密さを求めたのでは実務が閉塞する。細かい表現の差や変化にこだわって読んでも、そこまで作り込まれていないことは多い。

　企業結合事例集・相談事例集は、企業の担当者や代理人弁護士と、公取委の担当者との、交渉の結果をまとめたものである。違反なしと認めてもらいたい側は、違反なしという結論に役立ちそうな要素を何から何まで提出するかもしれない。公取委の担当者も、違反なしという結論とすると決めたならば、その結論が批判されないよう、やはり、違反なしとする方向の要素を何から何まで掲げるかもしれない。つまり、これらの事例集を今後の参考として読もうとする場合には、「ここに掲げられた条件が全て揃わなければ違反なしとならないのであろうか」と考えると、見誤ることもある。2つの条件があれば違反なしと言えるのに、3つも4つも掲げているということは、ある。

　企業側が、事例集に書いてある条件を最初から全て提示したとは限らない。公取委の担当者とのやり取りのなかで、必要に応じて事後的に追加したのかもしれない。事例集には、最終的な結果だけが、最初から提示されたかのように書かれているかもしれない。

　相談者が、違反なしと言ってもらいたくて相談に来ているとは限らない。例えば、言うことを聞かない社内の急進派に諦めさせるため、公取委に「ダメ」と言ってもらおうとして相談に来ることも、あるかもしれない。

7　事業法規制や行政指導と正当化理由

　公取委以外の官庁による事業法規制や行政指導があるからというだけで、独禁法の適用が排斥されるわけでは全くない。

　しかし、第1に、事業法規制や行政指導によって強制されている行為であれば、独禁法違反とはできないであろう。例えば、たばこ事業法36条は、認可された小売定価とは異なる価格で小売販売業者がたばこを販売することを禁止している。そのため、たばこの製造業者が小売販売業者に対し安売り禁止の要請をしても再販売価格拘束として違反とされることはない。道路運送法に基づくタクシー運賃の認可を簡易に得ることができる「自動認可運賃」の下限が引き上げられた際に皆で新しい下限運賃にあわせて値上げする行為を公取委が独禁法違反としたのは、下限運賃を下回る運賃を道路運送法や所管官庁の運用が禁止しているわけではなかったと認定されたためである（東京高判平成28年9

月2日〔新潟タクシーカルテル〕）。

　第2に、ある行為を行うことを事業法が期待しているとか、行政指導で要請されているという事情があれば、そのような行為は独禁法の違反要件を満たさないという一応の推定を受ける。本当に満たさないかどうかは、あらためて独禁法の当てはめとして判断することになるから、推定が覆ることもある。簡単に推定が覆されるような不適切な行政指導も、あり得る。しかし、当該業界を専門に扱っている事業法や官庁の判断は、一応は、尊重に値する。例えば、大阪バス協会に対する審判審決において公取委は、道路運送法に基づく認可料金を事業者が収受するよう皆が揃って努力することに一定のプラスの価値が認められるということを前提として、独禁法の議論を展開している（公取委審判審決平成7年7月10日〔大阪バス協会〕）。

　労働組合法上は労働者だと認められる事業者らが団体交渉を行っても通常は独禁法に違反しないことも、同じ方法で説明することができる（本書86頁）。

☕ 事業法と独禁法 ►◄►◄►◄►◄►◄►◄►◄►◄►◄►◄►◄►◄►◄►◄

　事業法と独禁法の関係は、長い間、悪代官のごとき事業法と、その仕打ちに耐えながら水戸黄門の来訪を待つ独禁法、という構図で、議論されてきた。事業法が様々な形で反競争的な仕組みを作ろうと試み、独禁法が微力ながら異を唱える、というイメージである。

　現在でも、そのイメージのとおりの事象は、存在するであろう。

　しかし、それとはかなり異なる風景も見られるようになっている。第1に、独禁法・公取委の力が、かつてとは比べものにならない程度にまで強くなった。第2に、事業法の側で、時代の流れを敏感に察知し、競争促進的な施策が講ぜられるようになった。上記のイメージは、独禁法・公取委が弱かった昭和の時代の専門家のイメージである。前提条件が大きく変わったのであるから、新たな角度からの問題も当然、起こることになる。

　例えば、他の法律と独禁法とが同じ方向を向いており、かつ、当該他の法律において具体的な要件が確立している場合、ある行為が当該他の法律に違反するという判断を有力な参考として、独禁法の抽象的な違反要件を満たすという判断の後ろ盾とする、ということが起こる。一例として、個人情報保護法の考え方を参考として優越的地位濫用行為の範囲を議論するということは、十分にあり得ると考えられる。

►◄

第5章
因果関係

1 総 説

　ある行為が独禁法違反とされるためには、行為要件を満たす行為と、弊害要件を満たす弊害との間に、因果関係がなければならない。弊害があって初めて違反であるのなら、因果関係がある行為をやめさせるのでなければ意味がないし、命令をして社会的に制裁するのは適切でないからである。

　独禁法における違反要件としての因果関係は、かつては、全く注目されていなかった。公取委は、因果関係要件という大きな柱の存在を認めると越えるべきハードルが増えるような気がしたのか、この要件を正面から認めることに消極的であった。因果関係がないために違反なしとしたと分析できる事例があっても、他の違反要件と渾然一体となった説明によって、なぜ違反なしとなったのか判然としない表現や解説が行われた。公取委が認めないから、因果関係要件など存在しないとするのが「通説・実務」であるとされた。

　今では事例が続々と登場しており（後記2、3）、公取委の担当者の解説にも、因果関係要件の存在を認める趣旨のものが現れている。

　因果関係が違反要件となることの条文上の根拠は、「により」（2条5項、2条6項、10条1項など）や「によつて」（15条1項など）である。2条9項には「により」のような文言がないが、「公正な競争を阻害するおそれ」という概念を、いかなる結果をも必要としないものと解釈するのでない限り、行為と結果との間の何らかの因果関係は、法解釈により、必要とされるであろう。「公正な競争を阻害するおそれ」という概念は、不正手段の場合を除き、何らかの結果を必要とするものと解されている（本書142頁）。

　市場支配的状態の形成・維持・強化と呼ばれてきたものも、「形成・維持・強化」の部分は、因果関係の問題である（本書33頁）。

以下では、説明のために便宜上、いくつかの種類に分けて解説するが、理論的にどのように分けるべきかは、今後の課題である。

因果関係の議論に関連して登場する「counterfactual」という概念については、この章の末尾でまとめて触れる（後記4）。

2　並行的な行為

(1)　並行的な排他的取引

1つの類型として、「Z_1による排他的取引だけでは、Aの競争手段が全て奪われているとはいえないが、Z_2やZ_3もZ_1と同じようなことをしているため、全体として見ればやはりAには代替的競争手段がなくAは排除される」という場合がある。公取委は、このような場合でもZ_1の行為が違反となり得るという考え方を示している（流通取引慣行ガイドライン第1部3(2)ア）。

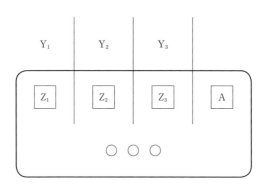

Z_1の行為が少しでもAの排除に寄与していればZ_1の行為を違反とできる、という考えを採ると、例えば全体の1％のシェアしかないY_1に対して取引拒絶を依頼したに過ぎないZ_1でも、$Y_2 \sim Y_n$がそれぞれ$Z_2 \sim Z_n$に押さえられていさえすれば、違反となってしまう。多分、そのような事例では公取委も、Z_1の行為が違反であるとは考えないであろう。結局は、反競争性という弊害の発生にZ_1がどれほど寄与したか、という点が基準となると考えられる。

(2)　並行的な廉売

　他の類型として、並行的廉売がある。力の強い複数の供給者が廉売合戦をしたために第三の供給者が排除された、という場合である。

　そのような複数の廉売者を別々に違反者とした命令事例が少なくとも 2 件あるが、そのいずれにおいても公取委は、一方が廉売をやめれば他方もやめたであろうという関係があることを示唆する認定を行っている（公取委勧告審決昭和 57 年 5 月 28 日〔マルエツ・ハローマート〕、公取委命令平成 19 年 11 月 27 日〔シンエネ・東日本宇佐美〕）。

　他方で、仕入価格の高い元売系ガソリンスタンドであるミタニが、仕入価格の安いプライベートブランド系ガソリンスタンド（PB 系）に対抗するうち継続的にコスト割れ廉売をする結果となった、という事例がある。近隣のガソリンスタンドへの影響は生じたものの、それに対しては、ミタニの安さだけでなく、PB 系の安さの寄与度も無視できなかった。しかも、PB 系は仕入価格が安いから同等の価格で売っても継続的コスト割れ廉売とはなっていない。ミタニのコスト割れ廉売は、これに対抗するためのものであった。公取委は、ミタニに対して排除措置命令をせず警告をするにとどめている（公取委公表平成 25 年 1 月 10 日〔福井県並行的ガソリン廉売〕）。

　NTT 東日本最高裁判決の事案は、並行的廉売の問題に加えて他の要素も複雑に絡み、公取委が問題視した NTT 東日本の行為がなくとも同じ排除効果は生じたのではないかと疑われる事件であった。最高裁判決は、原審決・原判決の因果関係論への批判を踏まえてか、全く別の論法を採用し、当該行為終了後に新規参入が生じたのであるから当該行為は排除効果をもたらしていたと言える、として公取委を勝たせた（最判平成 22 年 12 月 17 日〔NTT 東日本〕）。

(3)　並行的な企業結合

　同じ業界で複数の企業結合計画が別々に進行することがある。

　公取委は、2 件の企業結合が同時期に行われると見込まれる事例では、両方が実行された後の段階での状況を基準として判断する（平成 23 年度企業結合事例 6〔HDD 並行的企業結合〕、平成 28 年度企業結合事例 3〔石油会社並行的企業結合〕）。この場合、弊害要件が満たされるときにはどちらに問題解消措置を求め

るのか、という難問が生ずる。EU では、先に届け出られた計画については当該計画だけが実行された状況を基準として判断し、後に届け出られた計画については両方の計画が実行された状況を基準として判断することとしている。先に届け出られた計画のほうが有利である。上記の HDD の案件では、わずか 1日の届出の先後を根拠に、後れた側だけに対して問題解消措置を求めた。それに対し、同じ事例において米国の FTC は、EU で後れた側だけに問題解消措置を求める理由として、そちらの企業結合のほうが 2 件の企業結合後の反競争性に対する寄与度が大きいからであると説明している。

3　市場に特殊な条件がある場合

(1)　もともと弊害要件が満たされていた場合

　検討対象市場における競争がもともと活発でなく、弊害要件が満たされた状態が既に存在していたならば、行為によって弊害が生じた、という関係が存在せず、独禁法違反とはならない。

　公取委がそのような観点から独禁法違反なしとした事例がある（平成 27 年度企業結合事例 1〔日本製紙／特種東海製紙〕）。公取委の認定によれば、製紙業界においては、不当な取引制限とされるような意思の連絡は認定できないとしても、一斉価格改定がしばしば観察され、協調的行動がみられるとされている。もともと、そうであるので、日本製紙と特種東海製紙との「本件企業結合により、……一斉価格改定がよりやりやすくなるとは言えず、……競争を実質的に制限することとはならない」とされた。

　セーフハーバーの議論においては、HHI の増加分も、考慮要素となっていた（本書 61 頁）。これも、敢えて違反要件論に引き直せば、かりに HHI そのものが大きく弊害要件を満たしそうな企業結合であっても、増加分が小さいならば通常は「により」「によつて」を満たさないと考えられるので問題なしとしているのである、と分析できる。

(2)　近い将来にはいずれにせよ弊害が生ずる場合

　前記(1)を突き詰めると、特に将来の弊害を論ずる企業結合規制においては、

もともと弊害があったとは言えなくとも、近い将来はいずれにせよ弊害が生ずるという場合には、因果関係要件の成立が否定されることになる。

　その一例が、業績不振当事会社は近い将来には倒産し市場から退出すると考えられ、さらに、同社の顧客の多くが救済側当事会社の顧客となると考えられる、という場合である。公取委は、そのような場合に、反競争性が確かに発生する事例でも、違反なしという判断を行っている（平成30年度企業結合事例7〔USEN-NEXT HOLDINGS／キャンシステム〕）。業績不振会社の救済の議論では、様々の法理論が交錯する（本書71～72頁）。

(3)　競争を期待すべきでない場合

　これまでも、将来も、競争はあるかもしれないが、このたび計画された企業結合を禁止してまで法律が競争を期待するのは適切でない、という場合がある。公取委は、長崎県の2社の地方銀行の企業結合が対馬・壱岐・新上五島の3つの検討対象市場において違反要件を満たすか否かを検討した結果、検討対象市場の規模が小さく、2社以上が存在しても採算が取れない場合には、「当該企業結合により一定の取引分野における競争を実質的に制限することとはならない」とした（平成30年度企業結合事例10〔ふくおかフィナンシャルグループ／十八銀行〕）。公取委は、この事例の2社の地方銀行が企業結合をすれば他からの競争圧力はない旨を認定しており、価格等の競争変数が左右されることは認めていると考えられる。したがって、上記引用の末尾の「ない」は、「競争を実質的に制限することとなる」を否定しているのではなく、「により」を否定しているものと分析できる。同旨が企業結合ガイドライン第4の2(9)に盛り込まれている。

　このように、行為がなかった場合に現実にどのようになったかだけでなく、行為がなかった場合に2社による競争が続くとしてもそれを法律が期待してよいのかどうかという観点が入り混じる点で、この問題は理論的に興味深い。

☕ 地域特例法（地域銀行・乗合バス）▶◀▶◀▶◀▶◀▶◀▶◀▶◀▶◀▶◀▶◀▶◀▶◀

　「地域における一般乗合旅客自動車運送事業及び銀行業に係る基盤的なサービスの提供の維持を図るための私的独占の禁止及び公正取引の確保に関する法律の

特例に関する法律」（令和2年法律第32号）という長い題名の法律が制定されている。以下では略して「地域特例法」と呼ぶ。

　地域特例法は、長崎県の地方銀行の事例（前記(3)）に関する公取委での企業結合審査が2年以上かかって話題となったことなどにも鑑み、同様の状況にある全国の他の計画が円滑に進行するようにしようとしたものである。

　第1に、地域銀行による企業結合や乗合バス会社による企業結合について、一定の条件を満たせば、内閣総理大臣・金融庁長官または国土交通大臣が認可し、独禁法の適用除外とする（地域特例法3条）。認可の条件には、「［地域銀行や乗合バス会社が提供する商品役務］に係る収支の悪化……により、［そのような商品役務］を将来にわたって持続的に提供することが困難となるおそれがあること」というものがあり（地域特例法5条1項1号）、これは、長崎県の地方銀行の事例で公取委が因果関係なしとした理由に相当するものである。

　公取委は、前記(3)のように、そのような場合には認可を受けなくとも独禁法違反とはされない旨を企業結合ガイドラインに書き込んでいるが、誰が審査をするか、誰に審査をしてもらうか、が重要とされる場合がある。

　第2に、乗合バス会社については、企業結合でなく、特定の路線に限定した「共同経営」についても、一定の条件を満たせば、国土交通大臣が認可し、独禁法の適用除外とする（地域特例法9条）。これは、企業結合ではないため、主に不当な取引制限の規定の適用除外ということになる。認可の条件には、「収支が不均衡な状況にある路線」というものが含まれている（地域特例法11条1項1号）。これも、長崎県の地方銀行の事例で公取委が因果関係なしとした理由に相当する。

4 「counterfactual」について

(1) 総説

　因果関係の議論に相当する文脈で国際的な場でも登場する言葉として、「counterfactual」というものがある。国内で提唱される概念には冷淡な独禁法関係者も、外国で言われているものはすぐに取り入れようとする傾向があり、そのこと自体は困ったことではあるが、時には「外圧」を利用することも、適切な議論の発展のため有益である場合がある。

　様々な議論を集約すると、「counterfactual」論とは、行為を実際に行った場合の状態（factual（F））と、行為を行わなかった場合の状態（counterfactual（C））とを比較し、反競争性の程度においてFがCを上回るとき（F＞C）に違反とする、という考え方である（反競争性を「形成」することはないが「維

持・強化」するから違反、という場合には、F＝Cでも違反となることがあり得るが、ここでは省略する）。「counterfactual」は、日本の法学の古くからの言葉でいう「行為なかりせばの状態」と同じである。

　結論を言うと、以上のような「counterfactual」論は、本書でいう反競争性の要件と因果関係の要件をまとめて1つとして議論しているものである。

　第1に、F＞Cなら違反、という場合には、Fが、必要とされる反競争性の基準（例えば、競争変数が左右される状態が満たされる最低水準）以上となっていることが、暗黙の前提となっている。このように、「counterfactual」論は、反競争性の要件論（本書第4章）を含んでいる。

　第2に、違反とするためにはF＞Cが必要である、ということは、違反とするためには因果関係が必要である、ということと同義である。このように、「counterfactual」論は、この章で論じた因果関係の要件論を含んでいる。

(2)　日本での議論における位置付け

　日本での議論の平仄を、「counterfactual」論に合わせようとするなら、例えば、「により……競争を実質的に制限する（こととなる）」をひとまとめにして判断する、ということも考えられる。

　しかし日本では、競争の実質的制限や公正競争阻害性の議論がされる場合、因果関係の要素が自覚されず、価格等の競争変数が左右されるとか、排除効果があるといった、反競争性の状態だけが意識されて議論されることが多い。

　そのような状況においては、反競争性と因果関係をひとまとめにするのでなく、まずは大方の議論に平仄を合わせて、反競争性の議論においては状態を中心に論じ、因果関係の要素は別項目として立てるのが、適切であると考えた。それが、この章の解説である。

(3)　補　足

　以上の紹介は、既に行われている行為にも、まだ行われていない行為（例えば企業結合行為）にも、いずれにも当てはまるように書いた。

　前記3(3)の長崎県の地方銀行の事例の場合、企業結合行為がない場合には2社による競争が続くので、単純にCを観念すると、F＞Cとなる。したがって、

この事例で因果関係がないという結論が出たということは、Cとして、「行為を行わなかった場合の状態」でなく、「行為を行わなかった場合に法律が期待できる状態」というものが、無意識のうちに前提とされていることになる。

第6章
その他の総論的諸問題

1　事業者

(1)　総　説
　日本独禁法には「事業者」という文言が頻出する。「事業者」を定義する2条1項を読んでも何もわからないので、全ては解釈に委ねられている。

(2)　事業者要件の条文上の機能
　事業者という要件には、条文上、主に、違反者を画する機能が与えられている。2条5項や2条6項の冒頭、あるいは、3条や19条を見ればわかる。

　そのほかの文脈でも事業者という要件は登場している。例えば、2条4項は、競争に参加する者が事業者であることを求めている。2条5項の私的独占の定義は、「他の事業者の事業活動を排除し、又は支配することにより」と規定し、排除や支配を受ける者が事業者であることを求めている。

　企業結合規制では、多くの条文で、事業者でなく「会社」が違反者の要件とされている（10条1項、15条1項など）。企業結合規制の議論で「当事会社」などと言われるのは、このためである。

(3)　具体的意味内容
　(i)　相対性　　ある特定の者について、事業者であるか否かは事案に応じて相対的に決まる。例えば、プロ野球の人気打者がカフェでコーヒーを飲む場合には事業者に当たらないであろうが、バットを買う場合には事業者に当たるであろう。消費者契約法も、同法2条1項の「消費者」の定義と同法2条2項の「事業者」の定義とをあわせて読むと、同様の考え方をしていることがわかる。

　(ii)　最高裁判決とその批判的検討　　事業者という要件の意味内容について一

般論を述べた最高裁判決は、東京都営の施設による廉売が不公正な取引方法に該当すると主張する競争者が損害賠償請求をした事案において、「〔2条1項にいう〕事業はなんらかの経済的利益の供給に対応し反対給付を反覆継続して受ける経済活動を指し、その主体の法的性格は問うところではない」と判示している（最判平成元年12月14日〔芝浦屠場〕）。

　法的性格を問わない、と述べることで、東京都のような地方公共団体でも事業者に該当し得ることが示されている。郵便事業を国が行っていた時代に、国も事業者に該当し得るとした事例もある（大阪高判平成6年10月14日〔葉書〕）。「○○士」や「○○師」などの専門職業者は事業者に当たらない、と論ぜられた時代もあるが、いまでは顧みられない議論である。学校も事業者に該当する（公取委公表平成27年6月30日〔西日本私立小学校連合会等〕）。

　最高裁判決が「反対給付」を要求しているのは、無料で商品役務を供給する者を規制対象から外そうとする発想であろう。しかし、そうすると、1円で廉売をして他者排除をすれば独禁法に違反する可能性があるが、0円で他者排除をすれば独禁法には決して違反しないことになる。将来もずっと無料で供給するが、そのせいで新規参入が起きず、品質がいつまでたっても向上しない、という場合もあり得る。そのような点を考慮した事例が現れている（山口地下関支判平成18年1月16日〔豊北町福祉バス〕、さらに本書36頁）。

　最高裁判決がいう「反覆継続」も、多くの場合はこれでよいのであるが、1回限りの大規模取引だけのために共同出資法人が設立されることは間々ある。そのような者が入札談合に参加したらどうするのか、考えておいたほうがよい。

　(ⅲ)　**まとめ**　　結局、以上のようにみると、事業者という要件は、消費者は含まない、という程度の意味しか持たなくなっている。

☕「人材と競争」　➤➤➤➤➤➤➤➤➤➤➤➤➤➤➤➤➤➤➤➤➤➤➤➤➤➤➤➤➤➤➤➤➤➤

　芸能人やスポーツ選手が不利な契約を結ばされて困っていることについて、独禁法の観点から注目が集まることがある。芸能人やスポーツ選手を「人材」と置き換えれば、フリーランスなども含めた射程の広い議論となる。

　このような議論において、労働者は独禁法の「事業者」に該当するか、ということが論ぜられることがある。これは、昭和22年の独禁法の制定時から意識されていた論点である。労働者が団結して労働組合活動を行うと競争者同士の共同

行為であるから独禁法違反、となるのでは具合が悪いと考えられた。そこで、労働者は独禁法の「事業者」に該当しない、と説明された。

ところが最近では、個人事業者等が労働組合法上の「労働者」と認められる場合があるという考え方が定着し、概念の流動状態が生じている。

現在の独禁法においては、労働者らの労働組合法上の団結は労働組合法という他の法令による正当な行為として独禁法上の正当化理由があると考えればよい（本書75頁）。そうすれば、最近において労働組合法上の「労働者」と認められるようになった独禁法上の「事業者」の労働組合活動が独禁法に違反しないことも、説明しやすくなるであろう。独禁法において正当化理由に関する解釈論を適切に行えば、労働者は独禁法の「事業者」に当たらないなどと殊更に論ずる必要はなくなる。

しかしそもそも、以上のような問題は、芸能人やスポーツ選手などの人材が不利な契約を結ばされて困っているという問題と、関係があるのであろうか。

企業が人材と契約する場合、人材が役務を売り、それを企業が買う。次の図のように描くことができる。

そして、上記の議論は、売る側の人材のほうが団結して競争を停止してよいか、という問題なのである。

```
┌─────────────────────────────┐
│                             │
│   人材    人材    人材    人材   │
│                             │
│   企業    企業    企業    企業   │
│                             │
└─────────────────────────────┘
```

芸能人やスポーツ選手などの人材が不利な契約を結ばされて困っているという問題は、それとは全く異なる。人材とは反対側の、企業の側（需要者側）が、競争停止や他者排除をしたり、人材に対して優越的地位濫用をしたりしているのではないか、という問題なのである。人材の側（供給者側）が労働者であるとか事業者であるとかいうこととは、全く関係がない。独禁法2条4項は、同項2号の買う競争について、供給者が事業者に該当することを要件としていない。

複数の企業が人材から同種または類似の役務の供給を受けようとすることは、2条4項2号の「競争」の定義を満たす。そのような購入行動（供給を受けること）について企業が意思の連絡をすれば不当な取引制限の疑いがあり、企業が人材に合理的範囲を超える不利益を与えれば優越的地位濫用の可能性がある。

このように、「人材と競争」という問題が議論されるときには、以上のような2つの問題、すなわち、人材の側の競争の問題と、企業の側の競争の問題の、い

ずれに着目した議論であるのかを、識別する必要がある。

　繰り返しになるが、企業の側の競争を論ずるのであれば、人材が事業者に当たるか労働者に当たるかは、問題とはならないはずである。

　ところがそれでもなお、公取委は、人材の側が労働者に当たるか否かを、独禁法の文脈で、問題にしようとしている。企業による労働者に対する「ブラック」な行為が独禁法の優越的地位濫用に該当し得ることを認めてしまうと、日本中の労働問題が少人数官庁の公取委に殺到し、収拾がつかなくなるので、労働基準法等を適用可能な問題は労働法（労働基準監督署）に任せるという交通整理をしようとしているのであろう。つまり、労働基準法等が適用可能であるから公取委は動かなくてもよい、と言えるかどうかを判定するために、人材が労働者に当たるか否かを問題としているのである。

　このような公取委の考え方の法的な説明として、労働法制により規律される分野は独禁法上の「問題とはならない」との旨が主張されたこともある。ところがその後、公取委は、別の文脈で、企業の取引相手方が消費者である場合も優越的地位濫用に該当し得ることを認めるに至った（本書207頁）。消費者が相手なら優越的地位濫用に該当し得るが、労働者が相手なら優越的地位濫用に該当し得ない、という議論は、さすがに無理がある。現在は、「労働関係法令で禁止又は義務とされ、あるいは適法なものとして認められている行為類型に該当する場合には、当該労働関係法令が適用され、当該行為については、独占禁止法や下請法上問題としない。」という表現となっている（フリーランスガイドライン第2の2）。「問題とはならない」でなく、「問題としない」という表現としている。独禁法に違反しないのではなく、公取委は動かないのである、というわけである。

　独禁法の優越的地位濫用規制は、労働基準法と重なっており、以上のような役割分担が可能であった。

　それに対し、例えば、人材に対する待遇について、買う側の複数の企業による共同行為が行われたならば、これを取り締まる道具は労働法にはないので、独禁法の出番となる。供給者の側が競争を停止する共同行為は需要者が消費者であってもなくても違反となり得るのと同様、需要者の側が競争を停止する共同行為は供給者が労働者であってもなくても違反となり得る。もちろん、その場合、違反要件を全て満たすかどうかは別の問題である。例えば、スポーツ選手（人材）がチーム（企業）を移籍することについてスポーツ競技の統括団体が移籍制限ルールを設けても、正当化理由があるとされる場合がある（本書68頁、73頁）。

　プロ野球の世界に存在した「田澤ルール」をめぐる公取委の判断は、需要者である企業（球団）の側でなく供給者である人材（選手）の側の競争を問題とする形となっており、様々の意味でねじれている（公取委公表令和2年11月5日〔日本プロフェッショナル野球組織〕、本書222頁）。

　以上のような独禁法の議論の中に、「人材と競争」の問題であるがゆえに既存の解釈論を変える必要がある点は存在したであろうか。何もない。結局、この問

題は、これまであまり取り上げてこなかった形態の事象に公取委が関心を向けた、という点で意味があるにとどまる。困っている人がいるのであれば助けるべきであるが、理論的に何か新しい問題があるわけではない。

2　誰が違反者となるか

企業グループなどにおいて複数の者が問題行為に関係している場合に、どの範囲の者が違反者となるのか、という問題がある。例えば、実際に商品役務を売る子会社 A_s が B・C とカルテルをするよう、親会社 A_p が子会社 A_s に対して指示をしていたという場合である。

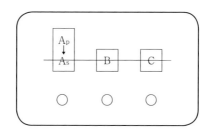

結論としては、公取委の行政事件の世界においても、知らず知らずのうちに、刑法の共犯理論のアナロジーが用いられている。すなわち、違反行為に関与した者は自らも違反者とされ、関与していない者は違反者とされない、という規範が実際には通用している。

例えば、国際事件として有名なブラウン管事件（本書246〜247頁）においては、ブラウン管を自ら売っているわけではない供給側親会社も当然のように違反者とされている（最判平成29年12月12日〔ブラウン管〕）。

これに対しては、そのような事例では親会社も、狭い意味での違反要件を満たしているのだ、という主張も聞かれる。例えば、ブラウン管事件における供給側親会社は、供給側子会社に対して指示をするという事業活動について拘束を受けているので、2条6項の違反要件を満たす、という。

しかしこれは、どうにかこうにかそれらしい手掛かりが条文にある場合に限

った、その場凌ぎの論法であるように思われる。同じような問題は独禁法違反類型の全てにおいて起き得る。上記の「共犯理論のアナロジー」のように、包括的な議論を行ったほうがよい。例えば、流通取引慣行ガイドラインの「付」3で公取委が述べていることは、親会社は子会社の行為に関与しているから違反である、としか、説明できないように思われる（本書148～149頁）。

3　主観的要素

独禁法違反の成否を論ずる場合に、違反行為をする意図があったか否かという主観的要素は考慮されるか。

2つの考え方がある。

昔からのオーソドックスな考え方は、独禁法違反の成否にとって主観的要素は関係がない、とする。なぜなら、独禁法の目的は違反状態の是正であり、違反者が故意に行っているのか否かは法目的との関係で意味をもたない、と考えるからである（東京高決昭和30年11月5日〔大阪読売新聞社〕）。

この考え方のもとでは、刑罰を科すときには独禁法違反要件の外側で故意が要件とされるので（刑法8条、38条）、主観的要素がないのであれば独禁法違反となっても刑罰が科されることはない、という論法が可能となる。

しかし、課徴金においては、主観的要素が明文の要件となっていないから、主観的要素がない行為でも課徴金が課されてしまうという問題がある。

また、是正のための排除措置命令についても、社会的には制裁に等しく、主観的要素がないのに命令をするのは適切でない、という意見もあり得る。

4　日本独禁法の違反類型

(1)　総　説

日本の独禁法典の条文は体系性を欠いており、わかりにくい。

それでもやはり、日本で最終的に適用されるのは日本の条文である。

そこで本書第7章～第10章では、違反類型ごと、条文の文言ごとに、各論的な解説を加えていく。以下では、その準備作業を行う。

(2)　三大違反類型・事業者団体規制・企業結合規制

　日本法に登場する違反類型には、大きく分けて次の4つがある。私的独占・不当な取引制限・不公正な取引方法・企業結合規制である。

　私的独占・不当な取引制限・不公正な取引方法の3つを三大違反類型と呼ぶならば、これらはいずれも、事業者の現在の行為が現在においてもたらす弊害に着目した違反類型である。

　事業者団体規制は、違反主体が事業者でなく事業者団体である点に特徴があり、内容的には三大違反類型に付随する。

　企業結合規制は、もし企業結合行為が行われたら将来において弊害が起こる蓋然性がもたらされるという場合に、企業結合行為を事前に禁止するものである。着目する弊害は三大違反類型と同じなのであるが、時間軸に特徴がある。

　そこで本書では、三大違反類型をまず取り上げ、付随物である事業者団体規制にも触れたあと、企業結合規制に進むこととする。

(3)　三大違反類型の相互関係

　三大違反類型の相互関係は、どのようになっているのであろうか。

　不当な取引制限は、水平的共同行為をカバーする。

　それ以外の行為は、私的独占と不公正な取引方法によってカバーされる。私的独占と不公正な取引方法は、行為要件においてほぼ重なっている。重なっていないのは、優越的地位濫用だけである。

　私的独占と不公正な取引方法は、なぜこのように、同じものを二重に規定しているのであろうか。これは、何か高い理念があってのことではなく、単に、米国反トラスト法の条文構造を引き写したためにそうなったのであるに過ぎない。不当な取引制限はシャーマン法1条、私的独占はシャーマン法2条、不公正な取引方法はFTC法（連邦取引委員会法）5条をもとにしている。

　米国におけるこの3つの条文の相互関係を、それぞれがどのような行為を規制対象としているのかという観点から整理すると、次の図のようになる。

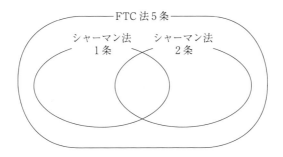

　FTC法5条が、シャーマン法1条および2条を完全に包含している。シャーマン法は反競争性必要型の行為を中心としているが、FTC法はそれを全て対象とし、かつ、不正手段型の行為も広く取り扱う。

　さて、日本である。日本では、不公正な取引方法が受け持つ行為態様が、2条9項において限定列挙となった。特に重要なのは、不当な取引制限の主な対象である水平的共同行為が、不公正な取引方法の行為要件の対象外となっていることである。他方、私的独占との関係では、不公正な取引方法が私的独占に譲った部分はほとんどなく、両者の行為要件はほぼ重なっている。

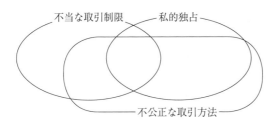

　米国では、行為要件が重なり合っていても、それぞれの条文に存在意義がある。なぜなら、「誰がその条文を用いるか」が違うからである。シャーマン法は、司法省や私人が用いる。FTC法は、FTCが用いる。

　日本は、公取委という単一の競争当局を置くこととしながら、違反要件の条文だけは複数、米国から直輸入し、これを1個の法律に同居させた。

　これが、日本の条文のわかりにくさの最大の原因である。条文に忠実に、私

的独占と不公正な取引方法を分けて解説する文献が多いが、同じことが 2 度出てくるのでわかりにくく、効率もよくない。そのようなわけで、私的独占と不公正な取引方法は、1 つにまとめたうえで、実質的内容に即して、詳しく見ることにする（本書第 8 章）。

　下の図は、本書第 7 章以下の各論で見る違反類型の位置関係を示し、あわせて、主要な公取委ガイドラインがどのあたりをカバーしているかがわかるようにしたものである。

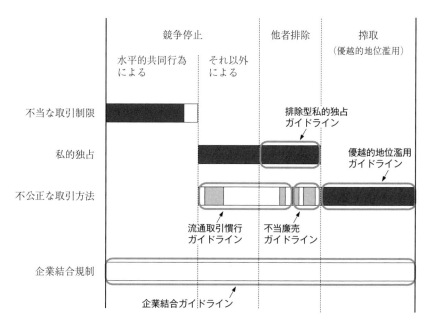

第7章
不当な取引制限

第1節　総説

1　条　文

　不当な取引制限の違反要件は2条6項に規定されている。それに該当する行為は3条で禁止される。

　公的な法執行は、後述する（本書112〜126頁）。

　民事裁判において相手方が不当な取引制限をした等の主張をすることは可能であるが、24条による差止請求の根拠とはならない。

☕「3条後段」～～～～～～～～～～～～～～～～～～～～～～～～～～～～～～～～～～～～～～～

　3条のなかで、不当な取引制限は私的独占に続いて出てくるため、「3条後段」と呼ばれることも多い。

　しかし、現在、法律一般では、条が2文に分かれるときに「前段」「後段」と呼ぶ、という作法が基本となっているので、これから勉強する人は「3条後段」とは言わないほうがよい。「不当な取引制限」という名前を法律が付けているのであるから、「不当な取引制限」と呼べばよいのである。

　ただ、昔ながらの専門家が「3条後段」と言ったら何を指しているのかわかるようにしておいたほうが、何かと便利である。

　私的独占が「3条前段」と呼ばれることもあるが、同じことが当てはまる。

　ところで、不当な取引制限に対する主な法執行である排除措置命令と課徴金納付命令について、その根拠条文である7条と7条の2を比較すると、7条は3条違反を根拠としているのに対し、7条の2は、3条を経由せず、2条6項で定義される不当な取引制限に該当することを直接の根拠としている。そうすると、例えば、国際事件をめぐる諸論点（本書242〜247頁）を、3条（「3条後段」）の不文の要件の問題と位置付けて、調整弁をそこに置くと、課徴金については調整弁

が働かず、地球の裏側でローカルに完結するハードコアカルテルにも日本の課徴金を課さなければならないことになる。3条でなく、2条6項の解釈問題であると位置付ける必要がある。このように、「3条後段」という表現の多用は、不正確な法律論の温床ともなる。

2　ハードコアカルテルと非ハードコアカルテル

(1)　総　説

不当な取引制限がカバーする水平的共同行為は、ハードコアカルテルと非ハードコアカルテルに分けたほうが理解しやすい。同じ不当な取引制限の条文を適用するのではあるが、実質的には、違反要件論も法執行も異なる。使う筋肉が異なる、というイメージである。

(2)　内容の違い

「ハードコアカルテル」「非ハードコアカルテル」といった言葉は、米国等の外国で頻繁に用いられる英語表現をカタカナにしたものであるが、確たる定義はない。日本では、課徴金要件から逆算して、課徴金の対象となる不当な取引制限がハードコアカルテルと呼ばれていると考えておけばよいだろう。外国での意味とも、それで概ね合致している。

課徴金の対象となる行為類型の要件は、7条の2第1項の柱書きに規定されている。次の2つの類型のいずれかに該当すればハードコアカルテルであると考えればよい。第1類型は、「商品若しくは役務の対価に係る」不当な取引制限である。第2類型は、「商品若しくは役務の供給量若しくは購入量、市場占有率若しくは取引の相手方を実質的に制限することによりその対価に影響することとなる」不当な取引制限である。第1類型の典型例は価格協定であり、入札談合も含まれることになっている。各供給者に特定の需要者を割り当てる市場分割協定は、第2類型のうち「取引の相手方」の制限に該当する。

このようなもの以外が、非ハードコアカルテルである。例えば、部品を共同購入する、製造や販売は別々に行って競争するが物流は共通化する、取扱い数量の一部について競争者から OEM 供給を受ける、などである。

(3)　法執行の違い

　ハードコアカルテルか非ハードコアカルテルかによって、法執行に違いがある。いずれも排除措置命令はあり得るが（7条）、それ以外が異なる。

　ハードコアカルテルは課徴金納付命令の対象ともなり（7条の2）、刑罰の可能性もある（89条1項1号、95条）。悪質な違反行為であるとされるだけに、当局にも力が入るし、減免制度などの様々な工夫も盛り込まれる。確約制度の対象外であるとされる（確約手続方針5）。

　それに対し、非ハードコアカルテルは課徴金納付命令の対象外であり、刑罰の対象となることも考えにくい。実際問題として、公取委が被疑事件として取り上げる確率は低く、したがって、排除措置命令となる確率も低い。確約制度の対象ともなり得るが（48条の2〜48条の9）、主に、事前のコンプライアンスの観点から話題となり、公取委の相談事例に頻出する。

(4)　違反要件論の違い

　ハードコアカルテルにも非ハードコアカルテルにも同じく2条6項の違反要件が用いられるのであるが、議論の主な舞台は全く異なる。

　ハードコアカルテルの場合には、行為要件を満たすと言えてしまえば、極めて高い確率で弊害要件も満たし、違反となる。したがって、違反する側は行為が見つからないように巧妙に行うし、そのような状況のもとで行為をどのように立証するかという議論が発達する。

　それに対し、非ハードコアカルテルでは、物流の共通化とかOEMなど、多くの場合は公然と行われるので、行為要件を満たすことは皆が知っている。問題の焦点は、弊害要件を満たすか否かにある。

第2節　ハードコアカルテル

95

1　行為要件の条文の読み方

　2条6項のうち、行為要件の条文は、「他の事業者と共同して……相互にその事業活動を拘束し、又は遂行する」である。「他の事業者と共同して」と

「相互にその事業活動を拘束し、又は遂行する」とに分けて検討される。後者
は略して「相互拘束」と呼ばれる（本書 101 〜 102 頁）。

　そうしたところ、「相互に」の後ろで区切って、「他の事業者と共同して……
相互に」と「その事業活動を拘束し……」とに分けるという説が現れ、この分
け方に従ってしまった最高裁判決も現れたが（最判平成 24 年 2 月 20 日〔多摩談
合〕）、もちろん、民事判決の片言隻語に拘束力はない。刑事裁判などでは引き
続き「相互にその事業活動を拘束し」といった表現が用いられている。司法試
験問題に関する公的な解説においても、多摩談合最高裁判決のその部分の判示
は相対化され、「相互拘束」という言葉が使われている（例えば、令和 3 年司法
試験の経済法第 1 問の「出題趣旨」）。本書でも、「他の事業者と共同して」と
「相互拘束・遂行」に分けて説明する。

2　他の事業者と共同して

(1)　内　容

「他の事業者と共同して」の解釈としては、意思の連絡が必要だという考え
方が定説である（意思連絡説）。このことは早期から認識されており（明確な東
京高裁判決としては東京高判平成 7 年 9 月 25 日〔東芝ケミカルⅡ〕）、最高裁判決
でもそれが当然の前提とされた（多摩談合最高裁判決）。

　これに対立する考え方としては、各事業者の主観において「自社は他社と同
じ××円で販売している」という認識があれば共同していると考える、とい
うものがある（個別認識説）。確かに、意思の連絡はないが同調的に馴れ合って
いるという例は、しばしば見受けられる。

　しかし、ライバルの出方を見ながら自分の行動を決めるというのは、競争の
常道であり、それ自体を独禁法で問題とすることはできない、と考えられてい
る。意識的並行行為（conscious parallelism）と呼ばれる。

　東芝ケミカルⅡ判決は、さらに、「ここにいう「意思の連絡」とは、複数事
業者間で相互に同内容又は同種の対価の引上げを実施することを認識ないし予
測し、これと歩調をそろえる意思があることを意味し、一方の対価引上げを他
方が単に認識、認容するのみでは足りないが、事業者間相互で拘束し合うこと

を明示して合意することまでは必要でなく、相互に他の事業者の対価の引上げ行為を認識して、暗黙のうちに認容することで足りると解するのが相当である（黙示による「意思の連絡」といわれるのがこれに当たる。）」としている。

多摩談合最高裁判決も、その事案において、「［入札談合の基本合意の］取決めに基づいた行動をとることを互いに認識し認容して歩調を合わせるという意思の連絡が形成されたものといえるから」、と述べて、「他の事業者と共同して」の要件を充足するとしている。

「意思の連絡」の類義語として、「合意」、「共同行為」、「カルテル」などがある。いずれも、独禁法で定義された言葉ではない。だいたい同じ意味である。

☕ 意思の連絡と協調的行動 ❯❯❯❯❯❯❯❯❯❯❯❯❯❯❯❯❯❯❯❯❯❯❯❯❯❯❯❯❯❯❯❯❯❯

　弊害要件総論で登場した協調的行動というものは、意思の連絡を必要とするものではなかった。図において、ＡとＢが意思の連絡をしたと仮定し、弊害要件の成否が議論されているとしよう。この場合、Ｃ・Ｄ・Ｅは、協調的行動をとるような者らであればよく、意思の連絡に参加している必要はない。

　そのことと、上記のように意思の連絡が違反要件となるということとは、矛盾しない。つまり、協調的行動は、弊害要件を満たすことを説明する考慮要素となるだけであるならば、意思の連絡がなくともよいのである。Ａ・Ｂは、意思の連絡をしているので行為要件を満たし、Ｃ・Ｄ・Ｅを含めた協調的行動によって弊害要件も満たすので、Ａ・Ｂは不当な取引制限の違反要件を満たす。それに対し、Ｃ・Ｄ・Ｅは、行為要件を満たさないので、不当な取引制限の違反要件を満たさないことになる。

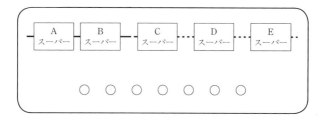

(2)　立証ルール

ハードコアカルテルは独禁法違反となる確率が高く課徴金や刑罰につながる

ことは皆が知っているので、行為者は安易に証拠を残したりはしない。

　そこで、意思の連絡の立証にあたっては、立証しようとする意思の連絡の前後の状況を明らかにするなど間接事実の積上げによって意思の連絡を立証する、ということがよく行われる。

　東芝ケミカルⅡ判決は、「対価引上げ行為に関する情報交換」があり、結果として価格設定などについて「同一又はこれに準ずる行動」があったならば、その中間段階に意思の連絡があったと推定されるとしている。

　東芝ケミカルⅡ判決の推定ルールは有名であるので知っておいたほうがよいが、その後の多くの公取委事例なども総合すると、もう少し一般化し、次の4項目が意思の連絡の立証において特に有益な考慮要素とされるという実務が確立しているようである。

　第1に、「背景事情」。原料の価格の上昇が起きたことなどである。

　第2に、「事前の情報交換」。各社の営業担当者らが以前から会って種々の情報交換をしていたことなどである。

　第3に、「事後の行動の一致」。あるとき一斉に、または順次、価格が上がるなどの斉一的行動が見られたことである。

　第4に、「事後の情報交換」。各社が値上げの状況について報告し合うことなどである。公取委の文書では「実効性確保」と呼ばれることもある。

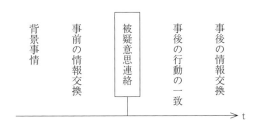

　意思の連絡をしたと疑われた側としては、例えば、一致した行動が見られたのは他の要因に基づいて自然にそうなったものであって意思の連絡による不自然なものではない、などと主張することになる。

　裁判官などの判断権者は、以上のようなことを総合考慮して、結論を出す。

　具体的には、多くの事例を読んで慣れるのに越したことはないのであるが、いくつかの事例では特に、どのような要素を踏まえたのかがわかりやすくまとめられている（例えば、公取委審判審決平成 28 年 4 月 15 日〔異性化糖水あめぶどう糖〕（審決案 33 〜 34 頁、35 〜 36 頁））。意思の連絡の成立が否定された事例もあるので、比較すると興味深い（例えば、公取委審判審決令和元年 9 月 30 日〔段ボール用でん粉〕（審決書公表版 2 〜 5 頁、審決案公表版 72 〜 80 頁））。

　以上が、意思の連絡の立証に関する教科書的で真面目な解説ということになるが、実際問題としては、まさにこのように立証が難しいために減免制度（後記 9）を導入した、という面もある。減免申請をした事業者の従業者から得た供述調書などを前面に出して立証することも、よくあるようである。

(3)　諸問題

(i)　**「事後の行動の一致」が際立っている場合**　　事例のなかには、「事後の行動の一致」が際立っているならば「事前の情報交換」の立証がなくとも意思の連絡を認定してよいかのように論じているものもある（東京高判平成 20 年 12 月 19 日〔区分機類談合排除措置Ⅱ〕）。供給者が東芝と日本電気の 2 社だけであって、郵政省から情報の提示のあった側だけが入札し、情報の提示を受けなかった側は入札を辞退する、というパターンが確立していたという事案である。

　しかし、そのような一般論を採用したのでは、意思連絡説が批判の対象とした個別認識説そのものとなってしまう。同判決でも、結局は、事前の連絡交渉を窺わせるものを認定している。その他のほとんど全ての事例も、事前の情報交換を認定したうえで、意思の連絡を認定している。

(ii)　**意思の連絡の内容が詳細に認定される必要があるか**　　概括的な意思の連絡が立証されただけであっても、違反要件を満たす。個別認識説を超えて意思を通じ合う要素がありさえすれば、あとは、そのようなものによって競争の実質的制限が生じたか否かを認定すれば十分だからである。意思の連絡の内容や参加者の範囲について参加者間で明確な認識がなかったり、意思の連絡の成立時期などの経過や動機について具体的に特定して立証されていなかったりしたとしても、不当な取引制限に該当するという結論に至ることはあり得る（東京高判平成 20 年 4 月 4 日〔元詰種子〕）。

(iii)　**価格決定権限のない者**　　事業者間の会合の場においては、価格決定権限のない者が出席し、その結果を持ち帰ることがある。そのような場合でも、その者を介して事業者間の意思の連絡が形成されることはあり得る。

　また、本来の価格決定権者から価格決定権の委任を受けて会合に参加する者もあるが、このような場合には結局その者自身が価格決定権を持っていることになるのであるから特に議論する必要も少ない。

　しかし、例えば、価格決定権者等から指示されたわけでもないのに個人の判断で他社と接触して情報を得てきた従業員がいたものの、その成果が価格決定権者に全く伝わっていなかった場合には、意思の連絡があったとは言えないであろう。東京地裁判決でも、「当該従業員から事業者の意思決定権者に報告され、意思決定権者の決定ないし事業活動に影響を及ぼしたことが主張立証される必要がある」とされた。もっとも、その場合にも、その事案が一定の条件を満たせば、意思決定権者に報告され影響を及ぼしたと推認される（以上、東京地判令和元年5月9日〔奥村組土木興業〕）。

(iv)　**間接的な意思の連絡**　　意思の連絡は、競争者同士で直接行われる場合もあるが、他者を介して間接的に行われる場合でも要件を満たすと考えられており、多くの事例がある。

　例えば、10社によるハードコアカルテルの事例において、中心となる4社で直接の意思の連絡が行われ、手分けして他の6社に個別に決定内容を伝えた、という場合も、10社全てについて意思の連絡があったと言える。

　これが極端になったのが、いわゆる「ハブ＆スポーク」の問題である。この場合は、競争者でない他者を介して意思の連絡が行われたのではないか、ということが問題となる。有力な取引先がハブとなり、各競争者がスポークによって束ねられたとして、議論されることが多い。ハブと個別の競争者との合意は垂直的合意であるから、それ自体ではハードコアカルテルの問題にはならない。複数の垂直的合意が集まり、それが競争者同士の意思の連絡に至っていると認定された場合には、ハードコアカルテルの問題になる。このような場合、ハブ・スポークという譬えの延長で、競争者同士にリムができた、という。

　ハブの力を借りているだけであって競争者同士もしばしば連絡を取り合っている、という場合には立証は容易であるが、そうでない場合には、立証は容易ではない。米国の文献では、ハブと合意した各競争者の行為が、各競争者の独自の判断であると考えても自然であるかどうか（不自然であれば意思の連絡が立証されやすい）、各競争者は他の競争者も同様の行動をとることを条件としてハブと合意したかどうか（条件としていれば意思の連絡が立証されやすい）、などが考慮要素となると言われている。

　アルゴリズムによるカルテル、という議論も、その延長上に位置付けることが可能であろう。競争関係にある複数の者のそれぞれの価格決定が同一のアルゴリズムに委ねられるために、価格が似通ってしまう場合があるのではないか、という問題である。同じ小売プラットフォーム事業者を介して売っている場合が典型例であろう。意思の連絡という要件を置く発想それ自体を根本から見直すべきなのかどうか、慎重な検討が必要である。

3　相互拘束・遂行

(1)　総説

　2条6項の行為要件は「他の事業者と共同して……相互にその事業活動を拘束し、又は遂行する」であり、前記2の「他の事業者と共同して」だけでなく、「相互にその事業活動を拘束し、又は遂行する」も要件となっている。

　「相互にその事業活動を拘束し、又は遂行する」は、前半と後半が「又は」でつながってはいるが、昭和20年代の判決以来、相互拘束がないのに「遂行する」ということはあり得ないなどと言われて、「遂行する」だけで要件を満

たすことはないとされてきた。

　入札談合刑事事件では「遂行する」を活用する議論がされているが、これは入札談合刑事事件だけに特有の議論であるので、追って別に解説する（本書108頁）。それ以外の事件（入札談合の公取委事件を含む）では、「遂行する」という文言は存在しないものと考えて議論するのが作法となっている。

　そのようなわけで、この要件は「相互拘束」の要件と呼ばれている。

(2)　「その事業活動を拘束」

　「拘束」については、簡単であり、意思決定に制約が生じていれば「拘束」に当たると考えられている（多摩談合最高裁判決）。

(3)　「相互に」

(i)　一方的拘束を含むか

「相互拘束」は、B・C・Dのみが拘束を受けAはそれほどの拘束を受けていない、という一方的拘束を含むか。

　一方的拘束は「相互に」を満たさず不当な取引制限に該当しないとする説が、昭和28年の東京高裁判決以来、定着している（東京高判昭和28年12月7日〔東宝／新東宝〕）。

　そうしたところ、四国地方に所在する需要者が発注する工事の市場において、四国地方に所在する供給者Aのみが落札し、中国地方に所在する供給者B・C・DはAよりも高い価格で入札することによってAが落札するよう協力する、という行為が不当な取引制限に当たるとした事例が現れた（公取委勧告審決平成14年12月4日〔四国ロードサービス〕）。

　この事例でB・C・Dは、Aが中国地方では落札を目指さないことを期待している。その意味ではAは拘束されていることになるが、しかしこの拘束は、四国地方に所在する需要者が発注する工事の市場とは直接の関係がない。それでも相互拘束があるとされたのであるから、事件の背景をなす関連性さえあれば、直接の関係がない拘束であっても「相互に」の要件を満たすことになる、と理解するほかはない。

　「四国地方と中国地方」を「国内と国外」に置き換えれば、国際市場分割協定となり、同じ考え方が当てはまることになる（本書244〜245頁）。

(ii)　**拘束内容の共通性の要否（競争関係の要否）**　　かつては、条文に「相互に」という文言があるために、拘束内容は共通のものでなければならない、したがって、相互拘束の当事者は同業者＝競争者同士でなければならない、とされていた（東京高判昭和28年3月9日〔新聞販路協定〕）。

　しかし現在では、行為者らが達成しようとする目的が共通であれば、個々の行為者に対する拘束の内容が共通でなくとも差し支えないと考えられている（流通取引慣行ガイドライン第2部第2の3注2）。

　したがって現在では、相互拘束の当事者らが競争関係にあることも、必要とは考えられていない（東京高判平成5年12月14日〔シール談合刑事〕）。この事例それ自体は、そのような論法を用いなくとも「相互に」を満たすと言える事例であったが、最近では、競争関係がない者でも「相互に」を満たすと考えなければ説明のつかない事例が現れている（公取委命令平成30年7月12日〔全日本空輸発注制服〕のオンワード商事）。令和元年改正後は、このような者にも課徴金を課せる可能性がある（本書120頁）。

　これらの既存の事例はいずれも、競争関係のある複数の者が存在するところに、競争関係のない者が関与していた、というものである。川上の1社と川下の1社が共同行為をしたところ「相互に」を満たし不当な取引制限とされた、という事例は現れていない。そこで本書では、複雑な説明は避け、不当な取引制限は基本的には競争者同士の水平的共同行為をカバーする、と説明している。

4　弊害要件

(1)　総　説

　ハードコアカルテルの場合、弊害要件はほぼ自動的に満たすと考えられている。ただ、一般的には、議論の余地がないわけではない。

(2)　市場画定（一定の取引分野の画定）

　ハードコアカルテル事例の市場画定においては、ハードコアカルテルの意思の連絡の対象となった商品役務の範囲がそれだけで市場を構成する（「合意の範囲が市場である」）、と言われることが多い。この背後にある思考回路は、次

のようなものであろう。もし、意思の連絡をしても、需要者からみて他に選択肢があるならば、需要者はその選択肢に逃げるだけであって、そうであるとすると行為者はそのような愚かな意思の連絡はしないであろうから、ハードコアカルテルの意思の連絡が認定されたということは、需要者からみて他に選択肢がなく、意思の連絡がされた商品役務の範囲がそれだけで市場を構成するに違いない、と。例外はありそうであるが、多くの場合にそのように言えることは確かである。

　ところで、わざわざ「一定の取引分野」という文言を置いているため、大きめの市場のみが「一定の取引分野」に該当し違反要件を満たす、という論が提示されることがある。公取委も、念のために、市場の規模が大きいことに言及することがある。しかし、市場の規模が小さいために違反でないとされた事例があるわけでもない。需要者が 1 名だけの「一定の取引分野」が認定された事例も、多く存在する。1 件のみの競争入札でも「一定の取引分野」であるとされた事例も少しずつ増えている（例えば、公取委命令平成 29 年 12 月 12 日〔東京都発注個人防護具〕）。保護に値する市場でありさえすれば、小さくとも「一定の取引分野」に該当する、と理解しておいてよい。

(3)　競争の実質的制限

(i)　**競争変数が左右される状態**　　意思の連絡がされた商品役務を中心とする市場画定がされるのならば、競争変数が左右される状態は、比較的容易に立証される。例外はあり得るので軽視すべきではないが、多くのハードコアカルテル事例において競争変数左右の要件が満たされるのは確かであろう。

　ハードコアカルテルについては不当な取引制限の成立時期について合意時説が採られるため（本書 109 ～ 110 頁）、厳密に言えば、合意時に予測可能な状況をもとに競争変数が左右される状態が立証され、補足的に、合意の実行後に実際に生じた結果を掲げて立証を補強する、ということになる。入札談合事件では基本合意について違反要件の成否を論ずるのを基本とするところ、入札談合事件の最高裁判決は、基本合意に参加していない者も含めて協力や競争回避行動を相応に期待できたことに言及し、文を改めて、基本合意を実行した結果として多くの個別物件において個別調整のとおりに受注予定者が落札したことに

言及している（最判平成 24 年 2 月 20 日〔多摩談合〕理由 4 (2)）。

　(ii)　**正当化理由**　　正当化理由が認められることも、あまりない。共通リフト券のような場合に効率性による正当化が認められる可能性（本書 70 頁）や、安全性を危うくするような廉売合戦をやめようとする価格協定が正当化される可能性（公取委審判審決平成 7 年 7 月 10 日〔大阪バス協会〕）などがあり得るが、全体からみれば、これも例外的である。

　正当化理由を認めるための条文上の位置付けとしては、「競争の実質的制限がない」と論ずることもできるが、「公共の利益に反していない」と論ずることも可能である（本書 64 ～ 65 頁）。

5　因果関係

　2 条 6 項の「により」が、因果関係の要件となっている。

　ハードコアカルテルの場合には、この因果関係の要件も、ほぼ自動的に満たされる。もともと競争変数が左右される状態があった場合でも、ハードコアカルテルがあれば、それが維持・強化されたと言いやすい。

　ハードコアカルテルでは因果関係の要件は必要ないとする論者らが引用する事例として、行為と価格上昇との因果関係がない場合でも違反となるとしたものがある（東京高判平成 22 年 12 月 10 日〔モディファイヤー排除措置〕）。しかしこの判決は、そもそも価格上昇は弊害要件ではなく、競争変数が左右される状態が弊害要件である、としているのである。弊害要件とは関係のない α という状態と、弊害要件を満たすのに必要な β という状態がある場合に、行為と α との間の因果関係が違反要件とされないのは当たり前である。行為と β との間の因果関係は違反要件であり、しかし、それは、前の段落で述べたとおり、多くの場合には自動的に満たされる、と理解するのが的確である。

105

6　違反要件の応用問題

(1)　入札談合

　(i)　**総説**　　入札談合は、「基本合意」と「個別調整」の 2 層構造を成すも

のとして事実認定をされることが多く、そのために、やや込み入った法律論が
されるのが通常である。

　多くの入札談合事件の事実認定は、次のようなものである。入札談合とは、
過去のある時期に締結された「基本合意」と、需要者である官公庁等からの発
注があるごとに行われる「個別調整」とから成る。「基本合意」とは、「官公庁
等から競争入札方式での発注があるごとに、受注予定者を決め、受注予定者は
自分が何円で入札するかを他の談合メンバーに通知し、他の談合メンバーはそ
れよりも高い価格で入札するなどして受注予定者が落札できるように協力する
ものとする」といったルールを一般的に定める行為である。「個別調整」とは、
個々の発注案件について、上記のルールに沿って、具体的に誰が受注予定者と
なるのかを決め、現にその者が落札できるようにする行為である。個別調整を
「受注調整」と呼ぶ文献等も多いが、入札談合全体を「受注調整」と呼ぶ例も
あるので、明確にするため、本書では「個別調整」と呼んでいる。

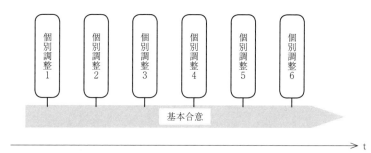

　(ii)　**公取委命令事件での法律構成**　　以上のような入札談合事件があった場合、
公取委の命令においては、「基本合意は違反要件（2 条 6 項）の問題として論じ、
個別調整は課徴金要件（本書 115 ～ 117 頁）の問題として論ずる」という交通
整理がされる。多摩談合最高裁判決も、そのような公取委の判断枠組みを是認
した（最判平成 24 年 2 月 20 日〔多摩談合〕）。

　この考え方においては、違反行為は基本合意のみであり、個別調整は違反行
為に付随する行為であって違反行為そのものではない、とされる。公取委とし
ては、多数に上る個別調整のひとつひとつを認定する手間を省きたいであろう。

基本合意が認定されれば、個別調整の課徴金要件を論ずる際には、課徴金要件を満たすと推認される。

(ⅲ)　**刑事事件での問題**　ハードコアカルテルのうち、悪質とされるものは、公取委による刑事告発の対象となり検察当局が起訴し刑事訴訟に持ち込まれる（本書121～124頁）。入札談合はハードコアカルテルの一種であるから、刑事事件の一定割合は入札談合事件である。

入札談合刑事事件においては、上記のような公取委命令事件での法律構成ではうまくいかない可能性がある。というのは、基本合意というものは何年も昔から継続していることが多いところ、基本合意のような犯罪については「状態犯説」が採られる可能性があるからである。状態犯とは、窃盗のように、盗んだあと盗品が返却されないために法益侵害が続いても、盗んだ時点で犯罪が成立し直ちに終了するようなものを指す、とされる。かりに裁判官が基本合意について状態犯説を採ったならば、犯罪はかなり昔に起こって直ちに終了したと判断される可能性がある。そうすると、時効の問題（89条、95条4項、刑事訴訟法250条2項5号により5年）が生じ、時効とならない場合でも時期がかなり前であるため立証が相対的に難しくなる。

刑事事件を除く独禁法・公取委の感覚では、不当な取引制限は事業者が行うものであるから、基本合意の継続年数だけ不当な取引制限が継続している、という発想を素朴に受け入れやすい。

それに対して刑事法では、現在のところ、自然人が犯罪をし、それを前提として両罰規定を介して法人事業者も罰せられる、という発想が基本であるので、例えば10年前に基本合意をした自然人担当者が現在は人事異動で全く異なる仕事をしているかもしれないのに、それでも現在まで犯罪が継続している、とする発想には一定の抵抗が生ずるのである。不当な取引制限の罪は継続犯である、と述べる刑事判決もみられるが（例えば、東京高判平成19年9月21日〔鋼橋上部工事談合刑事宮地鐵工所等〕）、今後も状態犯説を採る判決が出る可能性はある（例えば、最決平成17年11月21日〔防衛庁発注石油製品談合刑事〕の調査官解説）。かりに状態犯説が採られても被告人を有罪とすることができるような法律構成を用意したい、という要望は、強いものがあると推測される。

(ⅳ)　**刑事事件での対応**　そこで、入札談合の刑事事件では、以下のような

対応がされる。

　第 1 に、一般的な法律論のレベルで、基本合意も違反行為であるが個別調整も違反行為である、とされる。基本合意が「相互拘束」に当たるとされるので、それとの対比を強調しようとしてか、個別調整は「遂行」に当たる、と言われる（この点で、本書 101 〜 102 頁のように「遂行」に独自の意味を認めない公取委命令事件と対照的である）。相互拘束か遂行かという点に問題の本質があるのではなく、個別調整だけでも違反とすることができるのか否かが重要なのであるが、ともあれ、遂行に当たるとされる。そこで、個別調整も違反行為であるという考え方を受け容れた刑事判決では、「罪となるべき事実」において、「相互にその事業活動を拘束し、遂行することにより」という表現が用いられる。基本合意と個別調整は、包括一罪とされているようである。なお、刑事判決でも、入札談合ではなく価格協定の場合には、入札談合のような 2 層構造はないと考えられているので、単に、「事業活動を相互に拘束することにより」とされるのが通例である。

　第 2 に、以上のことと並行して、個別事件の事実認定のレベルで、年度ごとに基本合意が行われている、とされることが多い。ある印象的な判決は、各年度の最初の談合会合で議長が「それじゃ始めましょうか」と発言し、出席者から異論が出なかったことをもって、その年度の新たな基本合意がされたものと認定しているようである（東京高判平成 16 年 3 月 24 日〔防衛庁発注石油製品談合刑事〕）。年度ごとに基本合意が認定されるなら、少なくとも最近の年度については、時効や立証の問題は大幅に緩和される。他方、そのような事実認定がされた場合には、包括一罪とされる犯罪が年度ごとに 1 個ずつ存在することとなり、それらの相互の関係は併合罪とされて、法人事業者の罰金は加重されることになる（刑法 45 条前段、48 条 2 項）。

　(v)　**公取委の対応**　　公取委は、刑事告発の局面においては、前記(iii)、(iv)のような問題に理解を示している。告発した旨の公表文において、「相互にその事業活動を拘束し、遂行することにより」という表現が用いられている。

　他方で、公取委命令事件では、上記のように刑事告発をしたものと同じ事件であっても、全体で 1 個の基本合意を認定し、それのみを違反行為として、個別調整は課徴金要件で論ずる、という基本姿勢を崩していないようである。1

件の競争入札のみを対象として不当な取引制限とした公取委命令事件も少しずつ現れ、公取委の立場にも揺らぎが見え始めているが（本書 104 頁）、上記の基本姿勢を一般論として見直す段階には至っていない。

(2)　不当な取引制限の成立

(i)　合意時説の採用　　不当な取引制限の成立時期はいつか、という問題がある。下記の最高裁判例が刑事事件であるため、既遂時期はいつか、と表現されることもある。

　3 つの説がある。共同行為の合意がされた時に成立するとする合意時説、合意内容が実行された時に成立するとする実行時説、そして、その中間で、実行のための着手がされた時に成立するとする着手時説、である。合意時とは、意思の連絡がされた時、という意味である。着手時とは、例えば値上げ協定の場合に値札を付け替える作業をした時などを想定しているようである。

　最高裁判決は、一般論として、「合意により、公共の利益に反して、一定の取引分野における競争が実質的に制限されたものと認められるときは」違反となる、と判示した（最判昭和 59 年 2 月 24 日〔石油製品価格協定刑事〕）。これを根拠に、最高裁判例は合意時説である、と説明されることが多い。

　この判決は、着手や実行がなくとも弊害要件を満たす場合はある、という解釈を明示的に示しているが、他方で、合意があっても弊害要件が満たされない場合があることも認め、それを意識した慎重な言い回しを用いている。調査官解説も総合すると、この判決の真意は、かりに当該合意を実施したならば正当化理由なく競争変数が左右されるのが確実である、という場合には、そのような現実の弊害の回避を当該合意が期待不可能としたことそれ自体をもって「競争の実質的制限」として扱おう、ということのようである。言い換えれば、正当化理由なく競争変数が左右されるか否かが合意時には不明である場合は、かりに事後的に見れば正当化理由なく競争変数が左右されたとしても、合意時にはいまだ違反が成立していない、ということになる可能性がある。

　ともあれ、通常の価格協定や入札談合の場合には合意時に違反が成立するというのであるから、例えば、価格協定の合意後・実行前に公取委の立入検査が行われ、価格協定が取りやめられたとしても、違反が成立し排除措置命令がさ

109

れることはあり得る（公取委命令平成 20 年 12 月 18 日〔ニンテンドー DS Lite 用液晶モジュール〕など）。

(ii)　**「実行としての事業活動を行つた日」との比較**　　合意時説という少々特殊な考え方を採ることの反動として、課徴金の計算は、違反行為すなわち不当な取引制限の成立でなく、「違反行為の実行としての事業活動を行つた日」（2 条の 2 第 13 項）を基準として開始することになっている（この日が「実行期間」の始期となるとは限らないが、そのことも含め、本書 117 ～ 119 頁）。合意時説によって違反が成立しただけでは違反行為による不当利益が発生せず、課徴金発生の根拠とならないと考えられているからである。

この「行つた日」は、合意内容を最初に実施することを予定した日である。

議論になり得る事例として、4 月 1 日から 100 円の値上げを実施するよう 3 月 1 日に合意したが、需要者との値上げ交渉が成功せず、ようやく 5 月 1 日から 50 円だけ値上げでき、6 月 1 日から 100 円の値上げが成就した、という場合に、どの日が「行つた日」となるか、というものがある。競争者が安値で需要者を奪いにくる可能性が減じたという意味で、4 月 1 日が「行つた日」とされる（例えば、公取委審判審決平成 14 年 9 月 25 日〔オーエヌポートリー〕）。

(3)　不当な取引制限の終了

(i)　**総説**　　成立時期が問題となるのと同じように、不当な取引制限の終了時期も問題となる。終了時期がいつであると認定されるかによって課徴金額が増減する（本書 117 ～ 119 頁の「実行期間」）。論理的には、不当な取引制限の違反要件のいずれかひとつが不成立となれば終了するが、そのことをどう具体化するかという次元で若干の議論が存在する。

(ii)　**立入検査等による一斉終了**　　例えば、通常、立入検査等があれば、不当な取引制限は終了したとされる。行為要件が満たされなくなったと考えられるためであろう（東京高判平成 22 年 12 月 10 日〔モディファイヤー排除措置〕）。

後記(iii)によって特定の違反者の離脱が認められ、その者が有力な供給者である場合には、他の供給者らだけでは競争の実質的制限を起こせず、または、そもそも合意が空疎なものとなるために、一斉終了が認められることがある（例えば、公取委命令平成 29 年 3 月 13 日〔壁紙〕）。

(iii)　**特定の違反者のみの離脱**　　一斉終了の場合とは異なり、一部の合意参加者のみが離脱する場合については、種々の議論の展開がある。

この問題に関する原則論として受け容れられているのは、東京高裁判決の、「本件のように受注調整を行う合意から離脱したことが認められるためには、離脱者が離脱の意思を参加者に対し明示的に伝達することまでは要しないが、離脱者が自らの内心において離脱を決意したにとどまるだけでは足りず、少なくとも離脱者の行動等から他の参加者が離脱者の離脱の事実を窺い知るに十分な事情の存在が必要であるというべきである」という判示である（東京高判平成 15 年 3 月 7 日〔岡崎管工排除措置〕）。

しかし、調査開始日前の減免申請をした者については、共同行為を行わないよう営業担当者に周知したならば、違反行為の終了が認められている（公取委命令平成 25 年 3 月 22 日〔日産自動車等発注自動車用ランプ〕など）。他の参加者が窺い知るに十分な行動を求めると、減免申請をしたことが他の参加者に察知され、公取委としては立入検査前の調査に支障が出て困るからである。

以上の 2 つを整合的に理解するには、離脱者にとって再発の余地がないほどに離脱者が離脱の意思を固めることが必要であって、また、それで足りる、ということになろう。調査開始日前に減免申請をするということは、再発の可能性がそれだけ低く、岡崎管工判決のように外部に対して何かシグナルを発することまでは求めない、ということであると分析できる。

(iv)　**「実行としての事業活動がなくなる日」との関係**　　課徴金対象期間の終期である「違反行為の実行としての事業活動がなくなる日」（2 条の 2 第 13 項）については、個々の違反者について不当な取引制限が終了した日の前日とする実務が定着している。

例外的に、不当な取引制限の終了日の前に行った個別調整・落札の結果として、終了日以後に需要者と契約をした場合には、その契約が課徴金対象となるよう、契約日を「なくなる日」とするという実務が定着している。

111

(4)　**需要者が関与した共同行為**

(i)　**総説**　　需要者の側が関与して、供給者の側の水平的共同行為が行われることがある。入札談合における需要者である官公庁等がこれを行うのが、い

わゆる「官製談合」である。

(ii)　**入札談合等関与行為防止法**　「官製談合」の場合であっても、独禁法違反者となるのは基本的には供給者側であって、発注する側の官公庁等が独禁法によって違反者とされることは、通常は、ない。

そこで、入札談合等関与行為防止法は、発注する官公庁等やその職員を直接の対象とした種々の規定を置いている。公取委は、発注者である官公庁等に対して改善措置要求をすることができる（同法3条）。改善措置要求を受けた官公庁等は、入札談合等関与行為の有無、損害、懲戒の要否、などについて調査し、必要な場合には適切な措置を講じなければならない（同法3条〜5条）。

「入札談合等関与行為」には、供給者側に入札談合等を行わせる行為だけでなく、受注者となるべき者を指名または示唆したり、秘密情報を教示または示唆したりする行為も含む（同法2条5項）。

刑罰規定も置かれている（同法8条）。もっとも、発注者側の職員を処罰しようとする場合には、供給者側を処罰するための規定である刑法典の談合罪（刑法96条の6第2項）や不当な取引制限の罪の共犯として構成することもできる（例えば、東京高判平成20年7月4日〔鋼橋上部工事談合刑事公団副総裁〕）。

(iii)　**供給者側の不当な取引制限の成否**　需要者側の関与があった場合に、供給者側の水平的共同行為は本当に不当な取引制限と言えるのか、という問題がある。需要者である官公庁等から求められた行為なのであるから法的非難を受けるいわれはないのではないか、という議論である。

裁判所のこれまでの対応の最大公約数は、次のようなものである。すなわち、需要者である官公庁等の指示・要請・主導があったならば別である、という考えを示唆しつつ、しかし当該事案では指示・要請・主導があったとは言えない、として、当該事案に即した個別判断として不当な取引制限の成立を認める、というものである（最決平成17年11月21日〔防衛庁発注石油製品談合刑事〕など）。

112

7　課徴金

(1)　課徴金の法的性格

課徴金は、昭和52年改正によって導入され、不当な取引制限に課されるこ

ととなった。多数の事例がある。平成 17 年改正・平成 21 年改正によって私的
独占・優越的地位濫用にも導入されたが、事例の数は少ない（本書 134 ～ 135
頁）。

　課徴金を導入しようとすると、反対論も必ず出る。不当な取引制限には刑罰
も科す場合があるので、昭和 52 年改正の前後から、課徴金を課すのは憲法 39
条後段の二重処罰の禁止に抵触し違憲なのではないかという問題提起がされて
きた。

　そこで、課徴金制度を正当化しようとする側は、①課徴金は違反者が不当に
得た利益を剥奪するものにとどまり制裁ではない、②課徴金は非裁量的なもの
とし違反があれば必ず法定の要件に従って課す行政上の措置である、という 2
点を掲げ、したがって違憲ではない、という説明をしてきた。

　①は、減免制度などを導入した平成 17 年改正の頃から言われなくなり、逆
に、課徴金も制裁の一種であると言われることが増えた。

　現在は、②だけが強調される。これは、法人税法上の追徴税は違憲ではない
とした最高裁大法廷判決（最大判昭和 33 年 4 月 30 日〔法人税法追徴税〕）の言い
回しなどにならったものであると考えられる。

　ただ、そのため、窮屈な課徴金計算式が法律に書き込まれ、容易に改正でき
ず、課徴金納付命令が争われた場合に公取委で必要となる人的・時間的リソー
スが大きくなる、という副作用が生じている。

　ところで、EU 競争法において欧州委員会が課す「fine」を「制裁金」と呼
ぶ文献が多い。日本の課徴金が違憲でないことの説明として上記の①が主流で
あった時代に、「日本の課徴金は EU の fine と違って制裁的ではないから違憲
ではありません」と述べるために、EU の fine に殊更に別の名前（「制裁金」）
を付けて、日本の課徴金制度を守ろうとしたことの名残である。現在では、日
本の課徴金にも制裁的色彩があることそれ自体は問題とされなくなっており、
欧州委員会の「fine」も「課徴金」と呼べばよいのではないかと思われる。

113

(2)　条文の構成

　以下では、不当な取引制限の課徴金に関する令和元年改正後の制度を、改正
前と比較しつつ概観する。複雑な改正であるので、見出しだけを見ながら読み

飛ばしても大過はない。

　令和元年改正後は、7 条の 2 で基本的なことを定め、7 条の 3 で加算につい
て定めている。これに加えて、減免制度があり（7 条の 4 〜 7 条の 6）、細則が
置かれている（7 条の 7、7 条の 8）。減免制度は、刑罰に触れたあと解説する
（本書 124 〜 126 頁）。

(3)　課徴金対象行為

　課徴金の対象となる行為は、不当な取引制限のうち、ハードコアカルテルの
みである。これについては既に述べた（本書 94 頁）。

(4)　計算の方法と算定率

　課徴金額は、7 条の 2 第 1 項のうち 1 号〜 3 号の額に 10 ％の算定率を乗じ
たものと、同項 4 号の額とを、合算したものである（7 条の 2 第 1 項柱書き）。
中小企業については、例外的に、算定率が 4 ％とされる（7 条の 2 第 2 項）。

　以下では、1 号・3 号・4 号のそれぞれの「課徴金算定基礎」に分けて、何
が対象となるのかを概観する。2 号は、買う側のハードコアカルテルに関する
規定であって 1 号の裏返しに過ぎず、事件数も少ないので、省略する。

(5)　7 条の 2 第 1 項 1 号の本体

　(i)　**総説**　　7 条の 2 第 1 項 1 号のうち「当該違反行為……に係る一定の取
引分野において当該事業者……が供給した当該商品又は役務……の政令で定め
る方法により算定した、当該違反行為に係る実行期間における売上額」は、基
本的に、令和元年改正前から課徴金の算定基礎とされていたものである。令和
元年改正後も、これが課徴金の主な部分となると考えられる。ここに登場する
諸概念の多くは、後記(6)〜(8)でも共通に使われるが、まずここで解説する。

　(ii)　**当該商品又は役務（総説）**　　条文を解読すると、「当該商品又は役務」と
は、不当な取引制限であるとの法的評価を受けた共同行為の対象となった商品
役務を指す。

　敷衍すれば、以下のとおりである。

　「当該」というからには、それより前の条文中に商品・役務を指す文言が出

てくるはずであるところ、「商品若しくは役務の対価に係るもの」などにいう「商品若しくは役務」がそれに当たる。

　ただ、「商品若しくは役務の対価に係るもの」などには、「不当な取引制限……であつて」という限定が付いている。したがって、例えば、対価に係る共同行為が広汎に行われたとしても、そのうち一部のみが不当な取引制限という法的評価を受けた場合には、そのような法的評価を受けた部分のみが「当該商品又は役務」だということになる（例えば、本書244〜245頁で紹介する公取委命令平成20年2月20日〔マリンホース〕）。

　条文によって、以上のように言えるのであるが、それに加えて、「当該商品又は役務」については多数の事例があり、後記(iii)、(iv)のような2種類の基準が定着している。複雑に見えるが、一貫した考え方がある。漠然と広く不当な取引制限に該当するように見えるものについて、ミクロの視点で見たならば、共同行為の対象となっていない部分や競争への影響が生じていない部分がある。それらを課徴金の算定基礎から除外しているのである、と考えればよい。

　(iii)　**当該商品又は役務（入札談合以外の事件）**　　第1の基準は、入札談合以外の事件を主に念頭に置いたものである。価格協定の実行を開始した後に販売が開始された新製品のように、共同行為の対象となっているか否かが不明瞭な商品役務について、「当該商品又は役務」に含まれないのではないかとして争われた事例において発展した基準である。それによれば、当該不明瞭な商品役務が、共同行為の対象となった商品役務の範疇に属するものであって、共同行為の対象となった商品役務と代替的な関係にある場合には、共同行為参加者が当該不明瞭な商品役務を共同行為から特に除外したという事情がない限りは、当該不明瞭な商品役務も「当該商品又は役務」に含まれる、とされる（公取委審判審決平成8年4月24日〔中国塗料〕）。

　(iv)　**当該商品又は役務（入札談合事件）**　　第2は、入札談合事件を主に念頭に置いた基準である。

　公取委の入札談合事件では、基本合意と個別調整の2層構造をもつものとして事実認定がされるのが通常であり、基本合意のみが違反行為（不当な取引制限に該当する行為）とされ、個別調整については、課徴金要件、すなわち、その個別物件が「当該商品又は役務」に該当するか否かの問題として論ぜられる

（本書 105 〜 107 頁）。個別物件について売上額が発生するのは落札者のみであるから、落札者のみが課徴金の名宛人となり得る。1 件の入札談合事件で、通常、多くの違反者が課徴金納付命令を受けているのは、1 個の基本合意のもとで多くの発注物件に関する多くの個別調整がされ、それぞれにおいて様々な違反者が落札したからである。

　以上のことを前提として、多摩談合最高裁判決は、「当該商品又は役務」について、「本件においては、本件基本合意の対象とされた工事であって、本件基本合意に基づく受注調整等の結果、具体的な競争制限効果が発生するに至ったものをいうと解される」とした（最判平成 24 年 2 月 20 日〔多摩談合〕）。既に確立していた基準を最高裁判決が追認したものである。

　基本合意の対象となった個別物件は「当該商品又は役務」に該当すると推認するという立証ルールが確立している。

　この推認を覆そうとして落札者が争うことはできる。既存の事例を解析すれば、以下に掲げる 3 条件を全て満たして初めて、その個別物件は「当該商品又は役務」に該当する、という基準が浮かび上がる（公取委審判審決平成 25 年 5 月 22 日〔岩手談合課徴金高光建設等〕）。以下では、A 〜 E の 5 社が基本合意をし、問題の個別物件について A が落札し売上げを計上した事案を想定する。

　第 1 条件は、問題の個別物件が基本合意の対象となっており現に基本合意に基づく個別調整がされ、受注予定者が決定された、ということである。実際の入札結果において B や C が A に近接した入札価格で競争を挑んでいる場合には、個別調整が不調に終わったという認定を支える事情とされることがある。

　第 2 条件は、その個別調整に A が直接または間接に関与したことである。ほとんどの事例では、第 1 条件が満たされれば自動的に第 2 条件も満たされる。しかし、例外的に第 2 条件が満たされないとされた事例がある。基本合意には参加しており違反要件は満たしていた A（土屋企業）が、問題の個別物件については、自分が落札したいとの一点張りで対応し、受注予定者を B と決める個別調整にも参加せず、ただ、受注予定者 B がどのくらいの入札価格で入札してくるかを予想できたので、わずかにそれを下回る価格で A は入札し落札した、というものである（東京高判平成 16 年 2 月 20 日〔土屋企業〕）。第 1 条件と第 3 条件は満たしたかもしれないが、第 2 条件を満たさないために、「当該

商品又は役務」に該当しないとされた事例である、と分析できる。

　第3条件は、その個別物件について具体的競争制限効果が生じたことである。Aが関与した個別調整が行われた場合でも、基本合意に参加していないアウトサイダーF〜Hが競争を仕掛けてきたために、Aは安い価格でしか落札できなかった、という場合がある。そのような個別物件は「当該商品又は役務」に該当しないこととしてAに課徴金を課さない、という考え方である。

　第3条件のさらに具体的な判断基準として、公取委は、競争単位減少説と呼ぶべきものを主張している。それによれば、一定程度の多数のアウトサイダーが競争的行動をとった（安い価格で入札した）といった特段の事情がない限り、個別調整によって受注予定者が決定されるなどして実質的な競争単位の数が減少したならば、それだけで具体的競争制限効果があったとみる。つまり、若干の数のアウトサイダーがいても、違反者A〜Eの5名の間で受注予定者がAに絞られ5−1＝4名だけ競争単位の数が減少しているので、Aがアウトサイダーに負けないように少しばかり安めの価格で入札することを余儀なくされていたとしても、なお、具体的競争制限効果があったとする考え方である。

　入札談合事件における「当該商品又は役務」の基準は、これまで、以上のようにきちんと整理されることがあまりなかったため、具体的競争制限効果について論ずると称して第1条件・第2条件・第3条件が渾然一体として論ぜられる、などの混乱も見られる。

　(ⅴ)　**売上額**　　以上のような意味での「当該商品又は役務」について、その売上額を算定する。「政令で定める方法により算定した……売上額」にいう「政令」である独禁法施行令では、「引渡基準」か「契約基準」かといった会計上の細則が定められているのみである。

　(ⅵ)　**実行期間**　　「実行期間」は、2条の2第13項によって定義されている。

　不当な取引制限の課徴金対象期間が、違反行為の期間でなく「実行期間」とされているのは、不当な取引制限の成立時期について合意時説が採られており（本書109〜110頁）、合意後・実行前の売上げからは違反者は不当利益を得ていないので課徴金を課し得ない（本書113頁）と考えられているからである。

　2条の2第13項について、まず確認すべきであるのは、実行期間は、ハードコアカルテルを行った複数の違反者について統一的に判断されるのでなく、

117

違反者ごとに別々に判断される、ということである。令和元年改正後は、これを明確化するため、「違反行為をした事業者に係る」という文言が置かれた。

実行期間は、原則として、「違反行為の実行としての事業活動を行つた日」から「違反行為の実行としての事業活動がなくなる日」までの期間である。「行つた日」と「なくなる日」については既に述べた（本書110頁、111頁）。

この期間が約10年を超えて長い場合は、「なくなる日」から遡って約10年だけが「実行期間」とされる。正確には、「当該事業者に対し」公取委による法律上の調査が初めて行われた日（調査開始の日）の10年前の日から「なくなる日」までの期間である（2条の2第13項括弧書き）。「なくなる日」は立入検査の前日であることが多く（本書110〜111頁）、法律上の調査が初めて行われた日は立入検査の日であることが多い。

なぜ、遡る年月にこのように限度が設けられているか、というと、それは、違反者が会計帳簿を保存していない期間についてまで売上額を把握するのは、違反者にとっても、公取委にとっても、難しいからである。

そして、なぜ、その違反者について法律上の調査が初めて行われた日を基準にするのか、というと、それは、会計帳簿等を10年間は保存することになっているので（株式会社を例にとると、会社法432条2項）、公取委の調査があったならば違反者はその時点で保存しているはずの会計帳簿等を事件終結まで保存すべきである、と考えられているからである。

会計帳簿等が保存されていなかった場合には、違反者は、公取委が合理的な方法によって売上額を推計することを甘受することになる（7条の2第3項）。

約10年を超えて違反行為の実行としての事業活動をしており、かつ、「なくなる日」より後に調査開始となった場合。

　令和元年改正前は、約10年でなく3年を限度として「なくなる日」から遡ると法定されていた。改正後は実行期間が大幅に長くなり得る。ただし、経過措置により、令和元年改正の施行日（令和2年12月25日）の3年前の日より前には遡らない（令和元年独禁法改正法附則6条2項）。

(6)　7条の2第1項1号の付加部分

　以上については、実行期間が大幅に長くなり得ることを除けば、基本的に、令和元年改正前からの変更はない。

　それに対し、以下、後記(8)までの算定基礎は、令和元年改正によって新たに加えられた。細かいところはよいので、これによって新たに課徴金が課されるような違反行為とは例えばどのようなものか、という観点から条文を眺め、違反要件の理解を深めることを目標として、解説してみたい。

　7条の2第1項1号における課徴金算定基礎としては、「当該事業者……が供給した当該商品又は役務」に加えて、「その特定非違反供給子会社等が供給した当該商品又は役務」が規定されている。それに続く括弧書き以下の、同号の大半の部分は、同じ商品役務の売上げをダブルカウントして課徴金を課すことのないよう厳密に規定したものであるに過ぎないので、基本的理解の観点からは、読み飛ばしても構わない。

　令和元年改正前は、A_1 が違反要件を満たすと認定されても、反競争性の生じた商品役務を A_1 の子会社等である A_2 が A_1 に言われるままに供給していた、という場合、A_2 の売上げには課徴金を課すことができなかった。

　「特定非違反供給子会社等」は、2条の2第7項で定義されている。自ら（A_2）は「非違反供給子会社等」であって違反者ではないが（2条の2第6項）、違反者 A_1 の「完全子会社等」、すなわち、完全子会社・完全親会社・完全兄弟会社であって（2条の2第3項）、A_1 の指示または情報に基づいて「当該商品又は役務」を供給したものをいう。違反者でないことが要件になっているのは、もし A_2 も違反者であるのなら、A_2 を名宛人とする別の課徴金を課すことになり、それで足りるからである。ここでは、A_1 を名宛人とする課徴金に A_2 の売上額を組み込めるかどうかが問題となっている。ここでも、ダブルカウントを防ぐため、「非違反供給子会社等」であることが要件となっているのである。

「その特定非違反供給子会社等が供給した当該商品又は役務」についても、「実行期間における売上額」（前記(5)(v)、(vi)）を算定することになる。

(7)　7条の2第1項3号

7条の2第1項のうち、3号は、「当該商品又は役務に密接に関連する業務として政令で定めるもの」を課徴金算定基礎に加えている。「政令」として、独禁法施行令6条1項が置かれている。法律には明文がないが、独禁法施行令6条2項・3項により、実行期間中のものに限定されている。

過去の事例で、課徴金を課すことができず、令和元年改正後の7条の2第1項3号なら課し得ると考えられるものとして、競争入札について入札談合をしたうえで、競争者に落札させ、自らはその下請に回って発注者とは取引しない、という行為がある（東京高判平成5年12月14日〔シール談合刑事〕）。

3号の業務の対価の額に相当する額についても、原則10％の算定率を乗ずることになる（前記(4)）。

(8)　7条の2第1項4号

7条の2第1項のうち、4号は、違反行為に係る商品役務を供給しないことに関して得た「金銭その他の財産上の利益に相当する額」を課徴金算定基礎に加えている。この額は、原則10％の算定率を乗ずることなく、全額が課徴金額を構成する（7条の2第1項柱書き）。法律には明文がないが、独禁法施行令7条により、実行期間中のものに限定されている。

競争入札において個別調整の結果として入札参加を辞退する見返りとして談合金を得たり、検討対象市場に参入しないことについて既存事業者から謝礼金を得たりしていた場合には、4号に該当する。

検討対象市場の外で A_1 と競わずに利益を上げることができるのを見返りとして、検討対象市場においては A_1 に反競争的な利益を得させた A_2・A_3 には、4号によって課徴金を課し得るか（A_2・A_3 に相当する者に課徴金を課せなかった令和元年改正前の事例として、例えば、公取委勧告審決平成14年12月4日〔四国ロードサービス〕の中国地方の違反者（本書102頁）、公取委命令平成20年2月20日〔マリンホース〕の国外の違反者（本書244～245頁））。7条の2第1項の4号

および柱書きが、確定額の財産上の利益についてその全額を課徴金額に組み入れるという構造となっていることを前提とすると、検討対象市場の外で競わずに上げる利益のような不確定な額の見返りを含むと解するのは難しい。

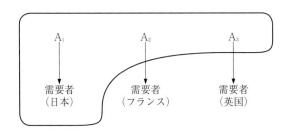

(9)　課徴金の加算

(i)　**繰り返しの違反行為**　　今回の違反行為に係る調査開始日（2条の2第15項）から遡り10年以内に前回の違反行為について課徴金納付命令等を受けていた場合には、今回の違反行為について課徴金額が1.5倍となる（7条の3第1項1号）。前回の違反行為について課徴金納付命令等を受けたのが、完全子会社であった場合も、同様である（同項2号）。過去に課徴金納付命令等を受けたにもかかわらず違反行為をしたということは、今回の違反行為によって得られた利益が通常よりも大きかったはずである、という説明がされている。

(ii)　**違反行為の主導等**　　他の事業者に対して違反行為を強要したり、対価等を指定したり、公取委による調査の妨害を他の事業者に対して要求したりなどした場合も、それぞれ所定の要件を満たせば、課徴金額が1.5倍となる（7条の3第2項）。

(iii)　**両方**　　前記(i)と(ii)の両方を満たした違反者については、0.5倍の加算が二重となるので、合計で2倍の課徴金額となる（7条の3第3項）。

8　刑　罰

(1)　総　説

ハードコアカルテルのうち一部のものは、刑罰の対象ともなる。公取委は、

後記(2)(ii)の告発をする事件として、「国民生活に広範な影響を及ぼすと考えられる悪質かつ重大な事案」と「違反を反復して行っている事業者・業界」などの事案を挙げている（告発犯則調査方針1(1)）。

独禁法には様々な刑罰規定があるが、実際問題として刑罰の事例が蓄積しているのはハードコアカルテルだけである。

(2) 刑事手続法

(i) **犯則調査**　　刑罰を科そうとする場合には、通常、公取委はまず犯則調査を行う（101条以下）。101条1項にいう「第89条から第91条までの罪」には、89条などに基づいて95条の両罰規定を適用する場合を含む。

行政調査には憲法との緊張関係があるが（本書16頁）、犯則調査の場合には、その点を払拭するための手当てがされている。臨検・捜索・差押え・記録命令付差押えについて裁判所の許可状が必要であり（102条1項、103条1項）、質問（101条1項）への回答を拒んでも94条のような刑罰規定がないという意味で自己負罪拒否特権もある。このように憲法上の疑義が払拭されているため、公取委の犯則調査部門が検察当局と連絡を取り合いながら調査を進めても差し支えないと考えられている。むしろ、実際には検察当局が主導して捜査・調査が行われることもあるのではないかと推測される。

(ii) **告発・起訴**　　公取委は、74条1項によって検事総長に告発する。もちろん、検察当局は起訴するか否かを裁量的に決めることができるが、不起訴の場合の74条3項の手続が重く、告発があったのに不起訴とするのは簡単ではないと考えられている模様である。そこで、証拠が十分でない事例が告発されることなどのないよう、公取委と検察当局との間に「告発問題協議会」が置かれ、その議を経て告発が行われているようである。

96条により、「第89条から第91条までの罪」（95条の両罰規定を適用する場合を含む）については、公取委による告発がない場合には、検察当局は起訴することができない。これを「専属告発」と呼んでいる。

(iii) **裁判**　　「第89条から第91条までの罪」（95条の両罰規定を適用する場合を含む）については、地方裁判所が第1審となる（84条の3）。

(3)　刑事実体法

(i)　**89条**　　不当な取引制限は、89条の適用対象となる。89条によって、不当な取引制限を担当した自然人従業者が罰せられる。

89条には拘禁刑（令和4年法律第68号による改正前は懲役刑）が規定されているが、これまでの事件では全て執行猶予が付されており、実刑が科されたことはない。自然人従業者に対して罰金が科されたこともない。

刑法8条により刑法総則の規定は独禁法の刑罰規定にも適用される。刑法60条以下の共犯の規定を用いて、例えば供給者に水平的共同行為をさせた需要者側の担当者が独禁法89条による刑罰を受けることもある（東京高判平成20年7月4日〔鋼橋上部工事談合刑事公団副総裁〕）。

(ii)　**95条の両罰規定**　　独禁法には両罰規定が置かれており、これによって、自然人でない法人も刑罰の対象となる（95条）。厳密には、法人だけでなく、従業者を用いている自然人も95条の対象となっており、そのような自然人と法人とを総称して「業務主」と呼ぶことがあるが、自然人業務主の登場頻度は小さいから丸めて「法人」と呼んで議論することが多い。

89条に端を発して95条で罰せられる法人には、自然人従業者よりも遥かに重い罰金を科し得るよう規定されている。「法人重科」などと呼ばれる。入札談合が年度ごとに別の違反行為とされた場合など、刑法45条以下の併合罪の規定が活用されると、罰金額がさらに高くなることもあり得る。

法人に対する罰金刑が確定した場合には、罰金の半額が、当該法人に対する公取委による課徴金額から差し引かれる（7条の7または63条）。

95条4項によって、両罰規定の公訴時効期間は89条の公訴時効期間に揃えられており、5年である（刑事訴訟法250条2項5号）。

95条は、法人を罰するだけでなく、違反行為を実際に担当した自然人従業者を罰する（前記(i)）ためにも不可欠の規定である。89条1項1号の不当な取引制限を例にとると、不当な取引制限はその定義により事業者が行うものであるから（2条6項）、89条1項1号があるだけでは自然人従業者を罰することはできない。ところが、95条に、「行為者を罰するほか」という文言があるので、それで初めて、不当な取引制限の定義規定にかかわらず、89条1項1号によって「行為者」つまり自然人従業者を罰することができる、ということに

なるとされている（最判昭和 59 年 2 月 24 日〔石油製品価格協定刑事〕）。

　本書では、問題の行為を行った事業者≒法人を「行為者」と呼んでいるが、95 条の「行為者」はそれとは意味が異なるということになる。

　(iii)　**独禁法典の外の刑罰規定**　　独禁法典には規定されていないが、以上のことに関連する刑罰規定として、以下のようなものがある。

　刑法典の談合罪（刑法 96 条の 6 第 2 項）は、水平的共同行為をする供給者側について適用の可能性がある。独禁法 89 条の不当な取引制限の罪とは観念的競合の関係に立つと言われている。

　刑法典の競売等妨害罪（刑法 96 条の 6 第 1 項）は、供給者による水平的共同行為に関与した需要者側の担当者などについて適用の可能性がある。

　もちろん、刑法 60 条以下の共犯の規定を用いて、需要者側の担当者を談合罪の共犯としたり、供給者側の担当者を競売等妨害罪の共犯とするなどといったことも可能であろう。需要者側の担当者については、入札談合等関与行為防止法 8 条の刑罰規定もある。

　以上に掲げたものは、独禁法典に規定されたものではない。したがって当然のことながら、公取委の専属告発の対象ではない。また、両罰規定がないから法人を罰することはできず自然人のみを罰することになる。

9　減免制度

(1)　総　説

　公取委に対して不当な取引制限に該当する違反行為に関する事実の報告・資料の提出などの協力をした違反者に対しては、課徴金の免除または減額（総称して「減免」）という恩典が与えられる（7 条の 4 〜 7 条の 6）。原型は、平成 17 年改正によって導入された。減免制度は「リニエンシー」などとも呼ばれる。

　減免制度の趣旨は、ハードコアカルテルの違反者が通常は複数であることを利用して、課徴金の減免という恩典によって複数の違反者の間の結束を揺さぶり、さらにその啓蒙活動を行うことによって、違反行為を行うことのリスクを高め、違反行為を抑止しようとするところにある。違反行為が年々巧妙化して証拠収集が困難になっているとされることが背景にある。

(2)　基本的な枠組み

(i)　**総説**　　減免制度は、平成17年改正によって導入された順位減免と、令和元年改正によって導入された合意減算とに、分かれる。

(ii)　**順位減免**　　順位減免について、前提としてまず言葉を整理すると、「調査開始日」とは、その事件について、行政調査としての立入検査や犯則調査としての臨検・捜索・差押え・記録命令付差押えが最初に行われた日をいう（7条の4第1項1号で定義）。7条の4において「事実の報告及び資料の提出」と呼ばれているものは、日常実務では「減免申請」と呼ばれる。

調査開始日前の減免申請である場合、違反者のうち第1位で減免申請を行ったものは課徴金が全額免除となり（7条の4第1項）、2番目以降のものは、所定の条件を満たせば、順位に応じて、20～5％の減額となる（7条の4第2項）。

調査開始日以後に減免申請をした者も、所定の条件のもとで、10～5％の減額を受けることができる（7条の4第3項）。「以後」というのであるから、調査開始日を含む。調査開始日前の減免申請をしていない違反者は、立入検査等の当日、調査開始日以後の減免申請をして公取委に協力するかどうかを早期に判断するよう迫られることになる。

減免申請は、単独で行うことが原則であるが、諸要件を満たす場合には、グループ単位で行うことができる（7条の4第4項）。

(iii)　**合意減算（調査協力減算制度）**　　令和元年改正により、調査開始日前の第1位の減免申請者が引き続き免除となることを除き、それ以外の減免申請者の減額率は大幅に引き下げられている。免除でなく減額にとどまった減免申請者は、さらに減額を得たい場合には、公取委への調査協力について公取委と「合意」をする（7条の5）。公取委が、減免申請後の調査協力を充実させようと考えたことに端を発して導入された制度である。

(3)　課徴金以外の法執行に関する配慮

減免制度は、第一義的には課徴金の減免に関する制度として条文化されている。この制度の導入が公取委主導で行われたものであるので、民事訴訟や刑事訴訟のように他の官庁がその法改正関係業務を所掌する一般的な制度にまで条文上明示的な手当てを施すのは難しかったものと思われる。

125

　しかし他方、公取委は、違反者が減免申請をするインセンティブを高めるため、可能な範囲においてはなるべく課徴金以外の法執行についても減免申請者に寛大な処置がされるよう努めているように見受けられる。

　刑罰に関しては、調査開始日前の第1位の減免申請者（法人）と自然人従業者を、基本的には告発しないこととしている（告発犯則調査方針1(2)）。

　排除措置命令に関しては、調査開始日前の減免申請者については原則として行わないこととしているようである。もっとも、公取委や検察当局の動きを察知して減免申請をしたと窺われる場合などには、排除措置命令を行っている。

　民事裁判については、例えば損害賠償額を半減させるなどというような実体法上の手当てはされていない。ただ、減免制度によって公取委に提出された書類について民事訴訟裁判所で文書提出命令申立てがされた場合、公取委は、公取委の公務の遂行に著しい支障を生ずるおそれがあるので裁判所への提出を拒むことができる（民事訴訟法220条4号ロ）という主張を行っている。裁判所の判断は、まだ示されていない（大阪地決平成24年6月15日〔住友電気工業株主光ファイバケーブル製品文書提出命令申立て〕では別の理由によって申立てが却下されており、住友電気工業のワイヤーハーネスに関する別事件は和解となった）。

　官公庁などの発注者が独禁法違反者に対して行う指名停止処分については、官公庁ごとの基準により、減免申請者に対して指名停止期間短縮などがされることが多いようである。

第3節　非ハードコアカルテル

1　総　説

　公取委が被疑事件として取り上げる不当な取引制限事件は、実際上、全てハードコアカルテルである。

　それに対し、多くの企業は「業務提携」などと称して競争者と共同行為を行っており、これも、独禁法の観点からは、不当な取引制限の規定の適用対象となる。非ハードコアカルテルと呼ばれる。実際上、そのようなものは違反要件を満たさないことが多く、公取委が被疑事件として取り上げる確率も低い。

　ハードコアカルテルと非ハードコアカルテルの違いについては、既にまとめて述べた（本書94〜95頁）。行為要件の成否が重要問題となるハードコアカルテルとは異なり、非ハードコアカルテルにおいては、通常、共同行為をすること自体は世の中に対して公表するのであって、ハードコアカルテルのように隠れて行うわけではない。したがって、意思の連絡等の行為要件を満たすことは間違いない。弊害要件を満たすか否かが焦点となる。

　非ハードコアカルテルの事例は、被疑事件として取り上げられることが実際上はなく、毎年6月頃公表される相談事例集で具体例を見るほかはない。

2　事業の一部の共通化（競争者間の業務提携）

(1)　総　説

　ビジネス用語として、業務提携と呼ばれるものがある。業務提携は、企業結合の行為要件（本書226〜227頁）を満たせば、法律上も事前規制の対象となるが、企業結合の行為要件を満たさない場合は、三大違反類型による事後規制の対象となるにとどまる。もっとも、企業が事前に相談してきた場合は、実際上は、事前規制に近くなる場合もあり得る（本書13頁）。

　業務提携には、取引関係にある複数企業によるものや、全く取引関係にない複数企業によるものもあると思われるが、ここでは、競争関係にある複数企業によるものに限定し、しかも、企業結合の行為要件は満たさないものを想定して、検討する。違反類型としては不当な取引制限を念頭に置くことになる。

　そのようなものが、独禁法の世界では、非ハードコアカルテルと呼ばれるのであり、その主要な例を挙げれば、競争者との原材料共同購入、競争者との物流共同化、競争者からの製品のOEM供給、などということになる。これらはいずれも、競争者と事業の一部を共通化する行為である。

(2)　具体的検討

127

　A・B・C・Dが商品役務甲について競争関係にあり、AとBが業務提携をする。例えば、AとBが、甲の製造に必要な原材料乙について、購入（調達ともいう）の費用を下げるために共同購入をするとしよう。わかりやすく原材料

と言っているが、特許ライセンスなどの無体物であることもあり得る。

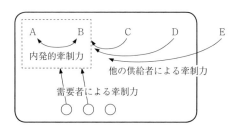

C・Dや新規参入者Eなどの他の供給者による牽制力や、需要者による牽制力を、考慮要素とするのは、総論のとおりである（本書55〜58頁）。

業務提携の場合の特徴は、そのほかに、AとBとの間の内発的牽制力を特に検討すべきこととなる点である。以下のとおりである。

第1に、AとBとの間の、業務提携による共通化割合が重要である。上記の例では、甲の価格の全体における乙の購入費用の割合が、共通化割合ということになる。共通化割合が小さければ、AとBとが甲の製造販売において独自の工夫をする余地（乙の購入以外の領域）が大きく、AとBとの間の内発的牽制力は確保される。それに対し、共通化割合が大きければ、内発的牽制力は限定的となる（相談事例集などの公取委文書が、このことを、AとBとの協調的行動の可能性が高まる、などと表現することがあり、そのとおりではあるが、通常、協調的行動という場合には、A・Bと、CやDやEとの間の、協調的行動を考えることが多いので、混乱しないようにしたい）。

第2に、いかに共通化していない部分でAとBが引き続き競争するといっても、業務提携をきっかけとしてAとBとの間で需要者に対する販売価格などの秘密情報が行き来するようになってしまうと、AとBとの間の競争は存在しないに等しくなり、内発的牽制力は期待できない。ハードコアカルテルであるとされてしまい、他の供給者による牽制力や需要者による牽制力を主張しても聞き入れられず違反とされる可能性も高まる。したがって、業務提携にあたっては、それぞれの販売価格や、どこの誰に売っているかという顧客情報などが、他方の者（AにとってはB、BにとってはA）に伝わらないよう、情報遮

断措置を講ずるのが望ましい、ということになる。

　以上のように内発的牽制力を検討し、これを、他の供給者による牽制力や需要者による牽制力とあわせて総合考慮し、商品役務甲の市場で競争変数が左右される状態がもたらされるか否かを判断する。

　最近では、後記(3)に掲げる事例のほか、令和2年度相談事例5〔工作機械消耗品半製品全量供給〕、令和3年度相談事例2〔窯業製品メーカーOEM供給〕、令和3年度相談事例3〔容器メーカーOEM供給〕、などが参考となる。

(3)　川上市場も検討すべき場合

　以上のように、業務提携をする商品役務甲の市場について検討するのが基本であるが、上記のような原材料乙の共同購入のような事例では、それだけでなく、乙を買う競争をAとBがやめることが、乙を買う市場における競争変数を左右しないか（買う競争がなくなって乙の価格が低めに左右される状態などとならないか）を検討する必要が生ずる。

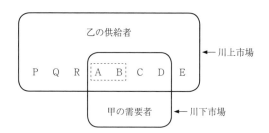

　この事例の場合、AとBとの内発的牽制力は期待できない。AとBは、乙の購入については、完全に共同しているからである（乙の一部のみを共同購入する場合は別である）。

　しかし、それ以外の牽制力は、期待できるかもしれない。

　他の需要者による牽制力（売る競争での他の供給者による牽制力に相当する）は、期待できるかもしれない。まず、CやDが存在する。さらに、もし、乙が、甲以外の様々な商品役務でも使えるものであるなら、乙を買う競争におけるA・Bの競争者はさらに多いかもしれない。すなわち、乙が商品役務丙の原

129

材料ともなる場合の、丙の供給者P・Q・Rなどが存在する場合である。

　さらに、乙の供給者による牽制力（売る競争での需要者による牽制力に相当する）も、期待できる事例もあるかもしれない。

　以上のように、共同購入の場合には、川下市場で甲を売る競争だけでなく、川上市場で乙を買う競争についても、検討する必要がある。

　最近では、令和2年度相談事例6〔事務用機器メーカー共同配送〕、令和3年度相談事例4〔化学製品メーカー共同配送〕、などが参考となる。

　さて、ここで大事なことであるが、上記の相談事例のタイトルを見て「共同配送では川下市場だけでなく川上市場も見る必要がある」と暗記するのは、勧めない。なぜ、これらの事例で、川上市場が検討されているのかというと、それらの事例で配送の業務提携をする企業が、配送を運送業者に外注しているからである。すなわち、これらの事例においては、「共同配送」というものが、「配送という原材料の共同購入」なのである。だから、川上市場において配送を買う競争も検討されているのである。言い換えれば、共同配送でなく、例えば商品役務甲のリサイクルに関する業務提携であっても、リサイクル業務を外注しているのであれば、リサイクル業務の共同購入になるので、甲の市場だけでなく、川上市場であるリサイクル業務の購入市場も検討する必要がある。

　逆に、運送を自前で行う会社による共同配送であれば、川上市場の検討は不要となり、商品役務甲の市場だけを考えればよい。

3　そもそも今後の競争変数に直接関係しない情報交換

　手探りでは事業の進めようがない場合に、事業者団体などが各事業者から種々の情報を集め、全ての事業者の間で情報を共有しようとすることがある。

　この場合の反競争性の成否の判断にあたっては、現在または将来の価格設定について共通の目安を与えるようなものであるか否かが鍵となる。

　例えば、価格に関する情報を共有する場合、それがどのような場合に許されるかを考えてみよう。現在または将来の価格に関する情報を共有するのは論外であるとして、過去の価格に関する情報の共有であればどうか。

　その業界では価格変動があまり起きないという場合には、過去の価格に関す

る情報交換が現在または将来における価格の硬直性につながりやすく、問題となる可能性が高まる。

　他方、価格の変動幅が大きい業界では、過去の価格に関する情報を参考として共有しても、問題がない可能性が高い。

　行政の動きや社会経済情勢などについての情報共有も、問題となる可能性は低いと考えられる。

　以上のようなおおまかな枠組みによって相談事例を読み、理解を具体化するのがよい（例えば、平成27年度相談事例10〔役務提供事業者団体価格情報収集提供〕、平成27年度相談事例11〔貨物運送事業者情報収集提供〕）。

　事業者でなく事業者団体が主導した場合には形式的な適用条文は8条となるが、考え方は同じである。

第8章
私的独占・不公正な取引方法

第1節 総説

1 全体像

(1) はじめに

不当な取引制限が水平的共同行為をカバーするのに対し、私的独占と不公正な取引方法はそれ以外の行為をカバーする。

私的独占と不公正な取引方法の守備範囲はほとんど重なっている。違いはわずかに、優越的地位濫用は不公正な取引方法だけの領域であるという程度であり、他は重なっている。

なぜ重なっているのかというと、昭和22年に独禁法を制定した際、米国の2個の法律をそのまま日本の1個の法律（独禁法典）に持ち込んだからである（本書90〜92頁）。大人の事情ということになろうか。一般論であるが、世の中、大人の事情で両方の顔を立てて少し複雑になるけれども両方とも入れておこう、ということはよくある。それがすぐに終わるプロジェクトに関するものならよいのであるが、長く祟ることもある。独禁法は75年以上そのままである。大人の事情が原因で、外国では決して問題とならないような論点が増え、わかりにくくなり、国内における独禁法の普及を阻害して、国外における日本競争法のプレゼンスを下げている。

公取委は、独禁法典を所管する官庁であるので、必要もないのに2個の違反要件規定を置いているなどとは決して言わない。公取委が作成する一般向けパンフレットなどを見ると、私的独占の規制と不公正な取引方法の規制にはそれぞれ別々の守備範囲や理念があるかのように解説している。

　本書は、私的独占と不公正な取引方法とは基本的には同じものであると宣言し、違反類型（私的独占か不公正な取引方法か）ではなく違反行為の実質（取引拒絶か略奪廉売か、など）に即した分類によって、解説していくものである。

　といっても、独禁法典は私的独占と不公正な取引方法のそれぞれについて条文を置いており、最終的にはそれらが適用されるのであるから、実質と条文との間のインターフェイスも解説せざるを得ない。

(2)　私的独占の違反要件と法執行

　私的独占の違反要件は2条5項に規定されている。それに該当する行為は3条で禁止される。

　「3条前段」という言い方については、既に述べた（本書93〜94頁）。

　2条5項の違反要件は漠然としているため、その守備範囲は独禁法違反行為の全体に及び得る。しかし、水平的共同行為は不当な取引制限が、優越的な地位濫用は不公正な取引方法のうち2条9項5号が、それぞれ主に担当するので、私的独占というとそれ以外をイメージするのが一応の相場観である。

　2条5項の構造については、後記2でさらに述べる。

　市場を私的に独占することそれ自体は、2条5項が定義する「私的独占」には該当せず、独禁法違反ではない。「支配」や「排除」という要件に行為の要素があり、市場を私的に独占するという状態を禁止することはないように作られている。そのようなものに「私的独占」という名称が与えられているのは、単にネーミングが良くなかったというだけである。

　私的独占に対しては、排除措置命令の規定（7条）と課徴金納付命令の規定（7条の9）がある。確約制度の対象ともなる（48条の2〜48条の9）。刑罰の規定もあるが（89条1項1号、95条）、適用される可能性は高くない。民事裁判での援用が可能である（24条による差止請求については、後記(3)のとおり）。

(3)　不公正な取引方法の違反要件と法執行

　不公正な取引方法の違反要件は2条9項に規定されている。それに該当する行為は19条で禁止される。

　2条9項の構造については、後記3で詳しく述べる。

133

　不公正な取引方法の守備範囲は、独禁法違反行為の全体から水平的共同行為と企業結合規制を除いた全て、と考えればよい。つまり、私的独占とかなり重なっている。私的独占と重なっていないとされるのは、主に、優越的地位濫用（2条9項5号）のみである。

　不公正な取引方法に対しては、排除措置命令の規定（20条）がある。課徴金の規定があるものがあるが（20条の2〜20条の6）、それについては後記(4)で述べる。確約制度の対象ともなる（48条の2〜48条の9）。刑罰の規定はない。民事裁判での援用が可能である。不公正な取引方法については特に、24条による差止請求が可能である旨が規定されている。

☕ 24条と不公正な取引方法

　　24条の差止請求制度が不公正な取引方法だけを対象としているのは、平成12年改正によってこの制度を新設した際、批判的な側から、重い違反行為である不当な取引制限や私的独占は公取委のみが差し止めることができるようにすべきである、等の意見が出たためである。私的独占と不公正な取引方法はほとんど重なっているので、「重い違反行為」である私的独占は、相対的に軽い違反要件しかない不公正な取引方法として法律構成し直せば、差止請求の対象となる。反対した人たちは、私的独占と不公正な取引方法が行為要件において重なっていることを知らなかったのであろう。よくわかっていない人たちからの影響を受けて出来上がった規定を理詰めで解説するのは、不可能である。

(4)　課徴金

　私的独占と、不公正な取引方法のうち2条9項5号で定義された優越的地位濫用には、課徴金が課される。

　私的独占の課徴金は7条の9で規定されている。支配型私的独占だけが、ハードコアカルテルに類似しているということで早々に課徴金対象となり（平成17年改正）、排除型私的独占が、遅れて課徴金対象となった（平成21年改正）。

　優越的地位濫用の課徴金は20条の6で規定されている。平成21年改正によって導入された。

　いずれも、課徴金は厳しければ厳しいほどよいという厳罰主義が流行した時期の産物である。

　実際には、令和 4 年末現在で、私的独占の課徴金事例は令和 3 年の 1 件のみであり、優越的地位濫用の課徴金納付命令は、平成 23 ～ 26 年の 5 件のみであって、全て争われている。

　安易に関係性を断定することはできないが、課徴金事例があまり出てこない背景には、細かなことまで書き込んだ窮屈な条文（本書 112 ～ 113 頁）のために煩瑣であり争われやすい、ということもあるものと思われる。

　私的独占に該当するような行為は、不公正な取引方法によって法律構成すれば課徴金納付命令なしで排除措置命令をすることができる。確約制度を用いれば、私的独占や優越的地位濫用のおそれがあるとして確約認定をしつつ課徴金は課さない、ということもできる（本書 17 頁）。法定外の処理（本書 17 頁）で終わらせて課徴金を課さずに済ませることもできる。優越的地位濫用の一部は、課徴金のない下請法で処理し、独禁法を適用せずに済ませることもできる。

　もちろん、課徴金の規定が条文にあるのであるから、今後において課徴金を課すことはない、とは言えないし、実際に課される事例も現れるかもしれない。また、課徴金の規定が存在することを、公取委が、確約制度における違反被疑行為者・代理人との交渉の材料に使うということも十分に考えられる。

　しかし、そのような留保のもとで言うならば、平成 17 年改正・平成 21 年改正による私的独占・優越的地位濫用への課徴金の導入は失敗であったと認識され、公取委の重点は、課徴金を課さずにすむ法執行・啓蒙活動に移っている。

☕ **累積違反課徴金** ➤➤

　不公正な取引方法には、優越的地位濫用以外に、広い意味で課徴金対象とされている行為類型が 4 類型ある。しかし、優越的地位濫用の課徴金は 1 回の違反で直ちに課される普通の課徴金であるのに対し（20 条の 6）、他の 4 類型の課徴金は 10 年以内に 2 度違反したら 2 度目に課されるという特殊な課徴金である（20 条の 2 ～ 20 条の 5）。本書では便宜上、「累積違反課徴金」と呼ぶ。

　累積違反課徴金は、大手小売業者による不当廉売や製造業者による差別対価に苦しんでいるとされる特定の業界の中小小売業者らの政治的要望を受けつつ、公取委が少し押し返して作られた妥協の産物であり、したがって、累積違反課徴金という中二階的なものとなっている。

　共同取引拒絶と再販売価格拘束については、これを課徴金対象とすべきであるとする政治的要望はなかったが、当時の委員長の述懐によれば、政治的要望を受

135

けた不当廉売と差別対価だけに課徴金を入れるのもどうかということで「お友達探し」をした結果であるとのことである。

　10 年以内に 2 度違反して排除措置命令がされるという確率は高くない。確約制度が施行されれば、なおさらであろう。

　もっとも、まがりなりにも課徴金の対象となったため、これらの 4 類型も、優越的地位濫用と同様、公取委の一般指定を待たずに法律で完結した形で違反要件を書ききることになった。これが、平成 21 年改正によって不公正な取引方法の規定が複雑となった原因である（本書 139 ～ 140 頁）。

　このように、累積違反課徴金は、課される可能性は低いが、条文が複雑になっていることの原因として、知っておくべき事柄となっている。課される可能性が低いので、本書では、優越的地位濫用を除く 4 類型については、記述を丸めて、課徴金が課されない類型であるかのように扱うことがある。

(5)　私的独占と不公正な取引方法の使い分け

　私的独占と不公正な取引方法が重なるのはわかったが、とにかく条文は分かれているので、どちらを優先して検討すればよいかを教えてほしい、と言われることがある。

　まず、優越的地位濫用については重なっていないので、不公正な取引方法のうち 2 条 9 項 5 号を検討していくことになる。問題は、それ以外である。

　その場の状況・文脈によって変わる、というほかはない。

　例えば、私的独占であろうが不公正な取引方法であろうが、とにかく違反かどうかを知りたい、というのなら、不公正な取引方法を優先して検討すれば足りる。不公正な取引方法では、弊害要件に「おそれ」という文言があり（後記 3 (3)）、基本的には、私的独占より不公正な取引方法のほうが違反の範囲が広いからである。違反の範囲が広い不公正な取引方法に該当するか否かを検討し、該当しないならば、私的独占にも該当しない。

　しかし、課徴金を課されなければよいので課徴金を課されるかどうかだけを知りたい、という経営者のもとで検討する場合には、私的独占を検討すべきであろう。不公正な取引方法のうち、課徴金を検討する必要があるのは、実質的には、優越的地位濫用だけだからである。

　独禁法 24 条による差止請求をしようという場合には、24 条では不公正な取引方法に該当することが法定の要件となっているのであるから、不公正な取引

方法だけを検討することになる（本書 22 頁）。

　教科書的な説明はそうであるとしても、実際の被害者の立場からは、24 条による差止請求と並行して、公取委が動いてくれるよう申告（45 条）をし、そちらでは、問題の大きさをアピールするため私的独占にも言及する、ということもあり得る。このように、何ごとも文脈次第で、色々とあり得る。

　確約制度や法定外の処理の場合には、私的独占でも不公正な取引方法でも、いずれであっても課徴金はないのであるから、なぜこの事例は私的独占を掲げたのか、なぜこの事例は不公正な取引方法を掲げたのか、などと考え込んでも意味はない。いずれであっても公取委にとって必要となるリソースに大差はないので、公取委としては、とにかく私的独占も掲げておく、という行動となっても不思議はない。

2　私的独占の定義規定の構造

(1)　総　説

　私的独占の違反要件、すなわち、私的独占を定義する 2 条 5 項は、次のとおりである。「この法律において「私的独占」とは、事業者が、単独に、又は他の事業者と結合し、若しくは通謀し、その他いかなる方法をもつてするかを問わず、他の事業者の事業活動を排除し、又は支配することにより、公共の利益に反して、一定の取引分野における競争を実質的に制限することをいう。」。

　主語は「事業者」（本書 84 〜 85 頁）、行為的な要件は「他の事業者の事業活動を排除し、又は支配する」、因果関係が「により」で表現されていて、弊害要件が「公共の利益に反して、一定の取引分野における競争を実質的に制限する」であることがわかる。「単独に、又は他の事業者と結合し、若しくは通謀し、その他いかなる方法をもつてするかを問わず」は、いかなる方法でもよいのであるから、読まなくてよい。

　わざわざ「行為的な要件」と呼んだのは、「排除」に弊害的な要素が混じっているからである（本書 159 〜 161 頁）。

　「排除」による私的独占を「排除型私的独占」と呼び、「支配」による私的独占を「支配型私的独占」と呼ぶ。「排除」と「支配」が相俟っての私的独占も

あるが、まずは基本から出発し、単純なものだけを想定していればよい。

(2)　支配型私的独占

　支配型私的独占は、本書では「垂直的制限行為」として解説するものに基本的には全て含まれるので、参照の便宜のため、そちらでまとめて解説する（後記第2節）。そこで述べるように、実際には、「垂直」でない支配による私的独占もあり得るが、「垂直的制限行為」の付随物として言及する。

(3)　排除型私的独占

　排除型私的独占は、様々な他者排除行為を全てカバーし得る守備範囲の広さを誇る。しかし、垂直的制限行為のうち後記第2節で取り上げるものには関係がない。そこで、その次に「他者排除行為（総論）」という後記第3節を置いて排除型私的独占の条文の基本的解釈等を含めた総論を行い、その後の他者排除行為の各節（後記第4節〜第6節）につなげることとする。

3　不公正な取引方法の定義規定の構造

(1)　総　説

　不公正な取引方法は、私的独占とほぼ同じ範囲の行為をカバーしているというだけでも複雑であるのに、それに加えて、不公正な取引方法のなかでさらに、極めて複雑な規定構造となっている。

　不公正な取引方法は、この章の全ての節にまたがっているので、定義規定の構造については以下でまとめて解説する。

(2)　2条9項の構造

(i)　平成21年改正前の2条9項　　不公正な取引方法を定義する2条9項は、平成21年改正前は、改正後と比べれば単純であった。2条9項各号に該当し、公正競争阻害性があるもののうち、公取委が指定するもの、と定義されていた。不公正な取引方法とは、全て、公取委が指定したものだったのである。このような枠組みのもとで、不公正な取引方法の全体をカバーする昭和57年

一般指定が置かれていた。

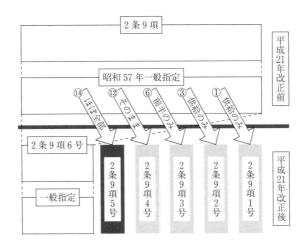

(ii)　**平成21年改正後の２条９項**　　本書134〜136頁のように、平成21年改正により、課徴金制度が導入された。

そして、課徴金対象とされるものの違反要件は、公取委の指定に委任するのでなく、法律で完結的に定めるべきである、という考え方がとられた。課徴金対象とされるものは２条９項１号〜５号として規定されている。

１号〜５号の順序は、そのもととなった昭和57年一般指定における登場順となっている。不公正な取引方法に係る平成21年改正は、政治的要望に押されて突貫工事で起草されたものであったこともあってか、課徴金対象となるものを条文として新たに書き下ろすのでなく、その27年前に制定された公取委告示である昭和57年一般指定の条文を流用して法律の条文とした。

つまり、これらは、平成21年改正による課徴金化に伴って昭和57年一般指定から法律に格上げとなったのである。一般指定それ自体には、現行のものと同様、「公正な競争を阻害するおそれ」という文言がなかったので、そのような文言がないものが２条９項１号〜５号に並ぶこととなった（後記(3)(i)）。また、一部の規定のこのような格上げのため、新たな一般指定には、複雑な抜け殻をいくつも残すことになった。

139

課徴金対象とならないものは、改正前の 2 条 9 項のミニチュアである 2 条 9 項 6 号によって規定される。すなわち、2 条 9 項 6 号イ〜ヘに該当し、公正競争阻害性があるもののうち、公取委が指定するもの、とされている。このような枠組みのもとで、新たに一般指定が置かれている。

以上のようなわけで、独禁法 2 条 9 項と一般指定とに、類似の内容が散り散りに配置されているのが現行法令である。例えば略奪廉売は、2 条 9 項 3 号と一般指定 6 項、さらには 2 条 5 項の排除型私的独占を全て見て初めて理解可能である。

そこで、現在の 2 条 9 項と一般指定の条文を、せめて順番だけでも平成 21 年改正前に戻したものを作成すれば、少しはわかりにくさが緩和されることになる（インターネット上で「独禁法の基本条文」や「私的独占・不公正な取引方法の条文」を検索すると、私が作成したものが見つかるかもしれない）。

一般指定のほかに、特定の業種のみを対象とした特殊指定というものがあるが、忘れてよい。

☕ **一般指定の呼称** ►►►

　一般指定は、公取委告示としての正式の題名が「不公正な取引方法」であるため、例えば一般指定〇項は公取委の公表文書では「不公正な取引方法第〇項」と書かれていることが多い。これは、一般指定が不公正な取引方法の全体をカバーしていた平成 21 年改正前の名残である。平成 21 年改正後は、2 条 9 項で定義された不公正な取引方法のうち課徴金対象とならないもののみが指定されているのであるから、「不公正な取引方法」という題名は欺瞞的である。幸い、「一般指定」という呼称が一般には普及しており、「一般指定〇項」といえば、公取委職員も含め、意味は通じる。本書でもこれを用いる。

►►

(3)　「公正競争阻害性」「正当な理由がないのに」「不当に」

(i)　**2 条 9 項 1 号〜 5 号と公正競争阻害性**　　平成 21 年改正前は、2 条 9 項の全体が、「公正な競争を阻害するおそれ」、略して「公正競争阻害性」を要件とすることが明文で規定されていた。

それに対し、平成 21 年改正後は、改正前の 2 条 9 項のミニチュアである 2 条 9 項 6 号には「公正な競争を阻害するおそれ」の文言が残っているが、課徴

金対象となる2条9項1号〜5号からはこの文言が消えている。

　これは、突貫工事で法案を作成したからである。公取委にも、公正競争阻害性がない行為についてまで不公正な取引方法として違反としようという考えはない。2条9項1号〜5号においても、基本的に、公正競争阻害性が要件となると考えてよい。具体的には、各論で述べる。2条9項5号については、別の議論があり得るが、これも各論で述べる（本書213〜214頁）。

　(ii)　「**正当な理由がないのに／不当に**」**の書き分け**　　ともあれ以上のようなわけで、2条9項1号〜5号や、一般指定の各項に、「正当な理由がないのに」や「不当に」という文言が現れる。それぞれの号や項において、「正当な理由がないのに」か「不当に」のいずれかが登場する。

　これは、昭和57年一般指定の制定担当者が、「大ざっぱ」な観点から、行為要件を満たす行為が行われただけで公正競争阻害性を満たす確率が高い項には「正当な理由がないのに」と書き、行為要件を満たす行為が行われただけでは公正競争阻害性を満たす確率が低い項には「不当に」と書いた、というものである。

　あくまで、実際の違反要件の成否は各事案に即してきちんと判断することになるので、条文に「正当な理由がないのに」と書かれているか「不当に」と書かれているかは、違反要件の成否の議論にはあまり影響しない。

　「正当な理由がないのに」と書かれた項は原則違反であり立証責任が行為者に転換される、などと論ずる向きもあったが、最近ではそのようなことを言う者も少なくなった。

　さらに、次のような点も重要である。

　第1に、条文における「正当な理由がないのに」と、本書でいう「正当化理由なし」とは、同じではない。例えば、2条9項1号や一般指定1項の「正当な理由がないのに」にいう「正当な理由」は、本書でいう正当化理由がある場合だけでなく、被拒絶者が他に競争手段を見出せるために反競争性（排除効果）がない場合にも、満たされる（本書173頁）。

　第2に、「正当な理由がないのに」や「不当に」に期待される内容は、号・項ごとに異なる。2条9項6号柱書きを除く各号や一般指定各項には「公正な競争を阻害するおそれ」という明文がないので、各号・各項で公正競争阻害性

141

が要件となることを示そうとして、「正当な理由がないのに」や「不当に」は公正競争阻害性と同義である、と説明されることが多い。しかし、号・項によっては、公正競争阻害性の要素の一部が他の文言にアウトソースされている場合がある。例えば、2条9項3号では、排除効果に相当するものが、「正当な理由がないのに」から、「他の事業者の事業活動を困難にさせるおそれがある」にアウトソースされており、したがって、「正当な理由がないのに」においては弊害要件のうち正当化理由がないことのみを論ずることになる。このことは、丸暗記しなくとも、必要となったときに条文を見ればわかると思われる。

　(iii)　**公正競争阻害性の具体的解釈**　　公正競争阻害性は、単一基準で論ずるのではなく、以下の3つの考え方のいずれか1つによって説明される、と言われている。自由競争侵害・能率競争侵害・自由競争基盤侵害の3つである。つまり、自由競争侵害も能率競争侵害も自由競争基盤侵害もない状態が公正競争なのであるから、これらのいずれか1つでも生ずれば公正競争阻害性があるとされるのだ、と理解すればよい。

　本書は、これらの3分類に異を唱えるわけではないが、わかりやすくするため、呼称を変えている。

　「自由競争侵害」とは、本書がいう反競争性をもたらすことである。世界的にも「anticompetitive effect」などと呼ばれるのであるから、本書はそちらにあわせた呼称としている。

　「能率競争侵害」は、本書がいう不正手段である。「能率競争」というのは、本来は広い概念であり、自己の商品役務の優秀性（これを「能率」と表現する流派がある）によって競争するのが望ましい、という意味を含んでいる。このように、「能率競争侵害」では概念が広すぎ、また、難解であるので、本書では、少し言葉を変えて、「不正手段」と呼んでいる。

　「自由競争基盤侵害」は、間接的競争阻害規制説（本書205〜206頁）の論者が優越的地位濫用規制の位置付けとして抽象的な言い方をしたものである。

4　以下の解説の組立て

　私的独占の定義規定である2条5項と、不公正な取引方法の定義規定である

２条９項・一般指定とに関する、以上のようなことは、はっきり言って、世界の競争法と対峙するときにはどうでもよいことばかりなのであるが、日本法の適用を論ずる際には、一応、頭に入れるほかはない。

以下では、そのような事情を踏まえ、次のように組み立てていく。

まず、節の分け方である。日本だけにしかない複雑な条文構造を一旦は無視し、世界の競争法とのインターフェイスをとりやすい構成を採用する。これが、垂直的制限行為・他者排除行為・優越的地位濫用行為、という組立てである（後記第２節〜第７節）。実は、垂直的制限行為という節を置くことも、体系的には美しくないのであるが（本書164頁）、あいにく、この概念は世界中で用いられている。体系的に綺麗な整理で勉強したから垂直的制限行為という言葉など知りません、というわけにもいかない。したがって、やむを得ず、節をひとつ使って若干のことを述べる。

第 2 節　垂直的制限行為

1　どのような行為が問題となるか

この節では、垂直的制限行為（vertical restraint）という見出しのもと、付随するものも取り上げる。ただし、垂直的制限行為と呼ばれるもののうち他者排除行為にも該当するものは、この節では取り扱わず後に回す（後記第４節）。

垂直（vertical）とは、市場の図でタテになる、つまり、取引段階が異なる、ということである（本書38頁）。競争関係（水平的関係）にない者の事業活動を制限する行為と言ってもよい。

このような行為によって、相手方同士の競争が停止するなどの弊害が生ずる場合に、独禁法の問題となる。

143

☕ **垂直的制限行為と優越的地位濫用** ➤➤➤➤➤➤➤➤➤➤➤➤➤➤➤➤➤➤➤➤➤➤➤

垂直的制限行為は、上記のように、競争停止や他者排除をもたらすという点に着目して議論されるのが通常である。

しかし他方、制限を受ける相手方に対して不利益を与えていることそれ自体に

着目して、優越的地位濫用の観点から問題とされることもある。

　例えば、農業協同組合が農家に対して系統外出荷をしないよう求めたとされる事案だけを見ても、系統外流通業者の排除の観点（図で × の付いた細い矢印）から論じたものもあれば（東京地判平成 31 年 3 月 28 日〔土佐あき農業協同組合〕）、系統外出荷をした農家と系統外出荷をしない農家とを差別して農家同士の競争に影響を与えたという観点を含めて論じたものもあれば（公取委命令平成 30 年 2 月 23 日〔大分県農業協同組合〕）、農家に対する優越的地位濫用の観点（図の太い矢印）から論じたものもある（公取委公表平成 29 年 10 月 6 日〔阿寒農業協同組合〕）。

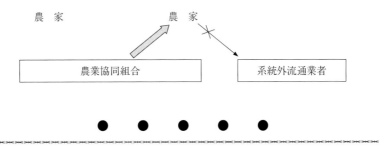

2　条文の概略

(1)　総　説

　垂直的制限行為（他者排除行為にも該当するものを除く）に関係する条文は、次のとおりである。

　私的独占の規定を用いる場合には 2 条 5 項のうち支配型私的独占が念頭に置かれるのが通常である。「支配」の文言において行為要件を論じ、「一定の取引分野における競争を実質的に制限する」の文言において弊害要件を論ずる。

　不公正な取引方法の規定を用いる場合には、2 条 9 項 4 号または一般指定 12 項によって論ずる。両者の間の棲み分けは、後述する（本書 157 〜 158 頁）。

(2)　私的独占と不公正な取引方法の使い分け

　私的独占と不公正な取引方法のどちらを優先して検討すべきかは、既に一般的に述べたが（本書 136 〜 137 頁）、他者排除行為を除いた垂直的制限行為については、特に断りなく不公正な取引方法で議論することが多い。

　例えば、流通取引慣行ガイドライン第 1 部には、私的独占は出てこず、専ら不公正な取引方法のみが出てくる。流通取引慣行ガイドラインが策定された平成 3 年は、公取委が昭和 47 年から平成 8 年まで約 24 年間にわたり私的独占を適用したことがなかった期間の 19 年目であり、私的独占が雲の上の違反類型となってしまっていて現実味がなかったのである。

　流通取引慣行ガイドライン第 1 部は平成 29 年に大幅な改正を受けたのであるが、やはり私的独占は基本的に書かれていない。今度は、平成 3 年に策定した先輩たちが雲の上の存在となってしまい、それとは異なることをうっかり言いにくくなってしまったのかもしれない。流通取引慣行ガイドライン第 1 部 1 ⑵注 1 で、私的独占として違反となる場合については「例えば」排除型私的独占ガイドラインが取り上げている旨を記載しているが、流通取引慣行ガイドライン第 1 部のかなりの部分は他者排除行為でなく競争停止の要素の強い行為を取り上げているのであって、排除型私的独占ガイドラインとは関係がない。

3　行為要件

⑴　支配・拘束

（ⅰ）　**支配・拘束・制限**　　流通取引慣行ガイドラインなどでは、英語の「vertical restraint」を訳して「垂直的制限」としているが、そこにおける「制限」に当たるものは、2 条 5 項では「支配」、2 条 9 項 4 号・一般指定 12 項では「拘束」とされている。これらはいずれも、何も考えずバラバラに言葉を使っているだけである。読む側が考え込む必要はない。

　本当なら「垂直的拘束」などと呼んだほうが条文に忠実なのであるが、ここはあまり潔癖にならず、条文そのものに触れるときは「支配」や「拘束」とし、どうでもよいときはガイドラインの言葉を用いて「制限」とする。

（ⅱ）　**定義**　　2 条 5 項の「支配」とは、何らかの意味において他の事業者に制約を加え、事業活動における自由な決定を奪うことである、とされる（東京高判昭和 32 年 12 月 25 日〔野田醬油〕）。他の事業者の自由意思を完全に奪うことまでは必要ない、とされる。

　2 条 9 項 4 号や一般指定 12 項の「拘束」については、後記(ⅲ)の和光堂最高

145

裁判決を見ると、上記の「支配」と同じく、「拘束」とは相手方の自由な決定を奪うことである、と言いたいように見える。

(iii) **考慮要素**　支配・拘束という行為要件の成否を具体的に判断するにあたっては、次のようなことが検討される。

契約で定められている場合は、通常、行為要件を満たす。

しかし、それ以外にもある。最高裁判決も、「「拘束」があるというためには、必ずしもその取引条件に従うことが契約上の義務として定められていることを要せず、それに従わない場合に経済上なんらかの不利益を伴うことにより現実にその実効性が確保されていれば足りるものと解すべきである」としている（最判昭和 50 年 7 月 10 日〔和光堂〕）。

具体的には、例えば、同意書を提出させる、条件を受諾した者とのみ取引する、従わない場合に不利益を課す（課すことを示唆する場合を含む）、著しく累進的なリベートを支払う、などである。流通取引慣行ガイドラインが、価格の拘束を主に念頭に置きながら具体例を交えて論じている（流通取引慣行ガイドライン第 1 部第 1 の 2(3)および(5)ならびに第 3）。リベートとは、相手方から得た代金の一部を返金することであり、それ自体はビジネスで日常的に行われているが、支配・拘束の手段として使われる場合もある。

相手方がどのように受け止めているかということも、考慮要素となる（公取委審判審決平成 13 年 8 月 1 日〔SCE〕）。理由もなく相手方が思い込んだだけであるならば、支配・拘束を認定するための要素としては弱いかもしれない。

民事裁判では、被告が原告に対して行った出荷停止は、原告が価格制限に従わず安売りをしていたことに起因するものか、それ以外の理由によるものか、の事実認定が重要である（一例として、大阪地判平成 30 年 3 月 23 日〔化粧品供給拒絶差止請求〕）。価格制限行為は原則違反であるが（本書 149 〜 151 頁）、非価格制限行為はそうではないので（本書 152 〜 153 頁）、価格制限行為に起因する出荷停止と認定されるか否かが裁判の結果を大きく左右する。

(2)　何について支配・拘束するか

支配型私的独占の条文においては、「他の事業者の事業活動を……支配する」としか書かれていないから、他の事業者の事業活動のどのような側面を支

配するのであっても、構わない。

　不公正な取引方法においては、2 条 9 項 4 号は、相手方に供給した商品について相手方が他に販売する価格を拘束する行為だけをカバーするが、一般指定 12 項がそれ以外を包括的に拾っている。2 条 9 項 4 号が具体的にどこまでカバーし何が一般指定 12 項によって拾われているかは、細かい話であるからここでは触れず、後述する（本書 157 〜 158 頁）。

(3)　相手方

(i)　**私的独占**　　以上のような支配・拘束の相手方については、私的独占と不公正な取引方法で条文に違いがある。

　2 条 5 項のほうでは、相手方について特に制約はない。したがって、いろいろな事例があり得る。

　取引の相手方を支配した事例も、もちろんある（公取委勧告審決平成 10 年 3 月 31 日〔パラマウントベッド〕）。

　競争者を支配した事例もある（公取委勧告審決平成 8 年 5 月 8 日〔医療食〕のうち日清医療食品によるメディカルナックスの支配）。

　取引関係も競争関係もない者を支配した事例もある（公取委命令平成 27 年 1 月 16 日〔福井県経済農業協同組合連合会〕）。検討対象市場における需要者である農協から「施主代行業務」の発注を受けた福井県経済連が、検討対象市場における供給者である施工業者に対して、支配を行ったという事例である。福井県経済連と施工業者は取引をしていない。

　これらは「垂直的」制限には当たらないことになるが、垂直的制限との間に本質的な違いがあるわけではなく、他の違反要件等の議論は同じであるので、便宜上、垂直的制限の枠内で解説しているものである。

　以上のような様々な場面で支配型私的独占は不当な取引制限と重なっているが、不当な取引制限なら減免制度が適用されるのに対し私的独占なら減免制度が適用されないので、減免申請をした者のいた事件では、事実上の問題として、私的独占を適用することは簡単ではないものと思われる。医療食事件は、減免制度も私的独占に対する課徴金もなかった時代の事例である。

(ii)　**不公正な取引方法**　　他方、不公正な取引方法のほうには条文上の制約

がある。2条9項4号は、「自己の供給する商品を購入する相手方に」としている。一般指定12項は相手方を拘束して「当該相手方と取引する」ことを要件としている。

したがって、供給・取引の相手方でない者を拘束しても、2条9項4号や一般指定12項には該当しないことになる。

例えばEUでは、垂直的制限の定義は「異なる取引段階にある2者の間の制限」と巧妙に定義されており、供給・取引の相手方であるか否かは問われない。そのような場で便宜的に付けられた「垂直的制限」という言葉を真に受けて法律にまで書いてしまったのが、日本の独禁法である。

(ⅲ)　「単なる取次ぎ」　他の事業者を支配・拘束しているように見えても、結局は行為要件を満たさないとされる場合がある。

公取委は、X → Y → Z と商品役務が流れる取引において次のような状況がある場合には、Y は「単なる取次ぎ」であるとして、Y にとっての販売価格（「Y → Z」の取引の価格）を X が決めても違反とならないとしている（流通取引慣行ガイドライン第1部第1の2(7)）。第1は、X が Y に委託して販売しているような場合である（最近の具体例として、令和元年度相談事例5〔家電メーカー販売価格指示〕）。第2は、価格等の交渉を X と Z が直接行い、そのうえで、何らかの事情により、Y を間に挟んで取引をする場合である。いずれの場合も、商品役務が売れ残るリスクを X が負い、物流リスクや代金回収リスクのうち適切な部分のみを Y が負うことなどを条件としている。すなわち、X と Y を実質的には一体と見ることができ、Y の販売価格を X が拘束しても相手方に対する拘束には当たらない、ということであるものと思われる。

🪣 **親子会社に関する流通取引慣行ガイドライン「付」** ▰▰▰▰▰▰▰▰▰▰▰▰▰▰

流通取引慣行ガイドラインの末尾に「付」という項目があり、垂直的制限行為の行為要件に関係している。平成3年の策定時から存在する記述である。

それによれば、親会社が子会社に価格を指示しても、相手方を拘束したことにはならない（流通取引慣行ガイドライン「付」1、2）。

その次の記述では、ややこしいことに、前触れもなく異なることが述べられている。それによれば、子会社がその取引の相手方である第三者 Z を、親会社の指示によって、拘束した場合には（例えば子会社が Z に対し Z の Q への販売価格を

拘束）、親会社も相手方Ｚの拘束をしたことになる（流通取引慣行ガイドライン「付」3）。こちらは、相手方の拘束という行為要件を満たしているのは子会社であるが、親会社も、関与していることによって違反者にされる場合があるという一例を示したものと分析できる（本書88〜89頁）。

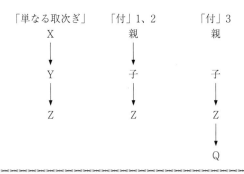

4　弊害要件

(1)　総　説

　垂直的制限行為（他者排除行為に該当するものを除く）の弊害要件は、相手方の価格を拘束する「価格制限行為」と、価格でないもの（「非価格」）を拘束する「非価格制限行為」とで、異なるとされている。価格制限行為なら原則違反とされ、非価格制限行為なら通常の方法で弊害要件の成否を判断する。

　これは、全く異なる複数の弊害要件論が存在するのだというよりは、共通の弊害要件論のもとで、価格制限行為の場合にはそれが満たされやすいため原則違反と言われているのである、と理解したほうがよいように思われる。

　価格制限行為と非価格制限行為の区別と、2条9項4号と一般指定12項の区別とは、完全には対応していない。2条9項4号は全て価格制限行為であり、一般指定12項の事例の大部分は非価格制限行為であるが、一般指定12項には価格制限行為も少し混じっている（本書157〜158頁）。

149

(2)　価格制限行為の場合

(i)　**総説**　　価格制限行為は、原則違反と言われている。行為要件が満たさ

れるならば、弊害要件も通常は満たす、ということである。不公正な取引方法については流通取引慣行ガイドラインにその旨の記述がある（第 1 部第 1 の 1 (2)）。支配型私的独占においても、命令書を読むと原則違反と考えられていることが窺われる（公取委勧告審決平成 10 年 3 月 31 日〔パラマウントベッド〕、公取委命令平成 27 年 1 月 16 日〔福井県経済農業協同組合連合会〕）。

(ii)　**反競争性**　　原則違反と言われている場合には、具体的な議論は発達しにくい。単に原則違反と述べるだけで話が終わってしまうのが通常である。

　もっとも、現実はそれほど単純ではない。どの小売店に行っても値段が同じであるという現象は、日常的に見聞きすることであるようにも思われる。ところが、公取委が再販売価格拘束を事件として取り上げる頻度はそれほど高くはない。規範は原則違反であるのだが公取委のリソースが足りないために多くの事例を立件できないだけであるのか、それとも、原則違反という表向きの規範と実際の規範との間に差があるからであるのか、そのあたりは定かではない。

　公取委の再販売価格拘束の事例を見ると、常に、当該商品には知名度があって最終需要者が当該商品を特に望んでいる、という認定がされている（一例として、公取委命令平成 28 年 6 月 15 日〔コールマンジャパン〕）。このことの受け止め方は 2 通りある。第 1 は、行為要件を立証するための有力な間接事実として、小売店が行為者の商品役務を品揃えせざるを得ず行為者の言うことを聞かざるを得ない状況にあると認定している、という見方である。第 2 は、弊害要件を立証するための有力な間接事実として差別化を認定している（本書 56 ～ 57 頁）、という見方である。

(iii)　**正当化理由**　　正当化理由についても、価格制限行為の場合は原則違反、と述べて正当化理由の議論を門前払いとするのが通常であった。

　しかし、このことについての批判が高まり、公取委は、平成 27 年に流通取引慣行ガイドラインを改正して、この批判を総論としては受け入れた（現在の流通取引慣行ガイドライン第 1 部 1 ～ 3）。

　そこでは、正当化理由が認められる可能性のある場合として、フリーライダー問題が強調される（流通取引慣行ガイドライン第 1 部 3 (3)ア）。メーカー M の同じ商品役務について、コストをかけて販売促進活動を行っている販売業者 A と、そのようなことを行っていない販売業者 B がいる場合、需要者は、販

売業者Aで詳細な説明を聞いたうえで、コストをかけていないため販売価格が安い販売業者Bで購入する、という行動をとることがある。このような場合の販売業者Bをフリーライダーと呼ぶ。これでは、販売業者Aが販売促進活動にコストをかけて取り組むのをやめてしまい、メーカーMの商品役務が売れなくなってしまうかもしれない。このようなフリーライダーの出現を防止するためにメーカーMが販売業者らに対して価格制限をする行為には、正当化理由となり得る目的の正当性がある、ということである。

　もっとも、その場合には、手段の相当性も満たされなければならない（流通取引慣行ガイドライン第1部第1の2(2)）。フリーライダー問題への対策が、他の手段によって容易に行えるものであるならば、商品役務の価格制限をする必要はないことになる。例えば、販売促進活動をする販売業者に対する卸売価格を安くし、販売促進活動をしない販売業者に対する卸売価格を高くする、ということでも十分な対策となるなら、販売業者にとっての販売価格を拘束する行為が正当化される余地は狭くなるであろう。

　(iv)　**最高価格制限**　　価格制限行為が議論される場合、通常は、上記のように、価格を下げることの制限が念頭に置かれている。最低価格（下限）を決めて、その下限以上の価格で売ることを求める、という制限行為である。

　それに対し、最高価格（上限）を決めて、その上限以下の価格で売ることを求める、という制限行為が問題とされることもある。

　価格が上がらないようになるのであるから、よいことのようにも見えるが、競争変数が左右されるおそれが問題とされる場合がある。

　第1に、拘束の相手方が、価格を上限より高くして品質も良いものとする、という競争戦略をとれなくなる場合である。他方、例えば、品質が均質化していて高品質のものを想定しにくい商品役務であれば、この問題は生じにくい。

　第2に、拘束の相手方にとって上限価格が値上げ目標価格となってしまい、市場全体の価格が上限近辺に貼り付く場合である。他方、例えば、協調的行動でなく活発な競争行動がとられてきた市場ならば、この問題は生じにくい。

　正当化理由が認められることもある。公取委が、プラットフォーム事業者などが出品者などに対して「新型コロナウイルス感染症の感染拡大が進む中でマスクのような商品について」最高価格制限をすることを、正当化する旨を公表

した例がある（「新型コロナウイルス感染症への対応のための取組に係る独占禁止法に関する Q&A」（公取委ウェブサイト））。

(3)　非価格制限行為の場合

(ⅰ)　**総説**　　非価格の競争変数を制限する非価格制限行為の場合には、通常の弊害要件論が適用する。非価格制限には、販売地域制限、取引先制限、販売方法制限、などの様々な態様があるが、いずれにおいても基準は同じである。

(ⅱ)　**反競争性**　　流通取引慣行ガイドラインは、「価格維持効果が生じる場合」には反競争性がある旨の記述をしており、「価格維持効果が生じる場合」とは、「非価格制限行為により、当該行為の相手方とその競争者間の競争が妨げられ、当該行為の相手方がその意思で価格をある程度自由に左右し、当該商品の価格を維持し又は引き上げることができるような状態をもたらすおそれが生じる場合をいう。」としている（流通取引慣行ガイドライン第 1 部 3 (2)イ）。

これは、競争の実質的制限における反競争性の基準として昭和 20 年代から確立している、競争変数が左右される状態、という基準（本書 31 〜 32 頁）に「おそれ」をかぶせただけのものである。競争の実質的制限における反競争性と、公正競争阻害性における反競争性とが、質的には同じであり、量的にも連続したものであることがわかる。

流通取引慣行ガイドラインは、さらに、価格維持効果が生ずるか否かを判断するための考慮要素として、次の 5 点を挙げている（流通取引慣行ガイドライン第 1 部 3 (1)）。①ブランド間競争の状況、②ブランド内競争の状況、③垂直的制限行為を行う事業者の市場における地位、④垂直的制限行為の対象となる取引先事業者の事業活動に及ぼす影響、⑤垂直的制限行為の対象となる取引先事業者の数および市場における地位、である。

流通取引慣行ガイドラインは、「市場におけるシェアが 20 ％以下である事業者や新規参入者」が非価格制限行為を行う場合には通常は違反とならないとしている（流通取引慣行ガイドライン第 1 部 3 (4)）。「セーフハーバー」と呼ばれる。このような場合には、通常、価格維持効果が生じないと考えられている。

(ⅲ)　**正当化理由**　　流通取引慣行ガイドラインは、フリーライダー問題への対処のために垂直的制限行為が必要である場合などには正当化理由があると認

められる旨を述べている（流通取引慣行ガイドライン第1部3(3)）。ガイドラインはこれを「競争促進効果」と呼んでいるが、これは、正当化理由という概念を認めることに批判的な関係者を納得させるために用いられるレトリックであり、正当化理由がある、というのと同じ意味である。

　流通取引慣行ガイドラインは、販売方法制限について、「それなりの合理的な理由」があり、どの販売業者にも同等の制限を課するのである場合には、許される旨を述べている（流通取引慣行ガイドライン第1部第2の6(2)）。これは最高裁判決にも取り入れられた考え方である（最判平成10年12月18日〔資生堂東京販売〕）。反競争性の強い事例においても「それなり」だけで正当化されるのか否かは定かではないが（本書67頁）、メーカーが販売業者に対してインターネット販売を制限する場合などに、相談事例で頻出する基準となっている（一例として、平成30年度相談事例2〔福祉用具メーカーリベート供与〕）。

　(iv)　**受動的販売の制限**　　若干の断片的補足をしておこう。

　販売地域制限については、「地域外顧客への受動的販売の制限」の場合には特に厳しく見られる旨の論述がある（流通取引慣行ガイドライン第1部第2の3(4)）。例えば、メーカーMが、販売業者Aは東京都のみ、販売業者Bは神奈川県のみ、という販売地域制限を課した場合、Aが積極的に自分で多摩川を渡って神奈川県の需要者に売りに行ってはならない、というのであれば、相対的には許容されやすい。それに対して、需要者の側が自分で神奈川県から多摩川を渡ってAの店舗に買いにきた場合であってもAは売ってはならない、というのを「受動的販売の制限」といい、相対的には厳しく見られることになる。受動的販売の制限を厳しく見るという考え方はEU等においても根強く採用されている。メーカーが販売業者に対して担当地域（Aにとっての東京都）の開拓等の投資を期待するという目的の正当性があり、地域外での積極的な販売の制限には手段の相当性があるが（Aは投資を東京都に集中すべきであるなど）、受動的販売の制限には手段の相当性がない（需要者のほうが東京都に来るのであるから）、ということであるならば、説得力のある区別となる。

153

　(v)　**選択的流通**　　「選択的流通」と呼ばれるものがある。これは、メーカーが設定した基準に従って販売業者を選別し、選別された販売業者のみに自分のメーカーの商品役務を売らせる、という方法のことである。しかしこれは、東

京都はAだけで神奈川県はBだけ、という販売地域制限を実施するためにA
やBを「選択」する、という事例や、インターネット販売を制限するために
インターネット販売を行わない販売業者のみを「選択」する、という事例など
を、指すものであるに過ぎない。そうであるのだとすれば、それぞれ、販売地
域制限として論じたり、販売方法制限として論じたりすれば足りるのであって、
「選択的流通」という新たなカテゴリーを立てる必要があるのかどうか、疑問
である。公取委は、選択的流通についても、「それなりの合理的な理由」があ
り、どの販売業者に対しても同等の基準が適用されるのであれば、許される旨
を述べている（流通取引慣行ガイドライン第1部第2の5）。

5　因果関係

　因果関係の問題は、例えば、複数のメーカーが、それぞれ、販売業者に対し
て価格制限を行っている場合などに生じ得る。

6　応用問題

(1)　同等性条件（MFN条項）

　取引相手方に対し、自らを競争者などと同等またはそれ以上に取り扱うよう
求める行為が問題となることがある。「同等性条件」と呼ばれたり、国際法に
おける最恵国待遇（MFN）をもじってMFN条項と呼ばれるなどしている。

　例えば、宿泊予約ウェブサイト運営事業者P_1が、ホテルH_1に対し、P_1の
宿泊予約サイトでH_1の宿泊料金を1泊x円として掲げる場合、P_2やP_3の宿
泊予約サイトやホテル自社サイトでx円より安い宿泊料金を掲げてはならな
い、と拘束する行為である。同じことを、H_1だけでなく、H_2やH_3など他の
ホテルにも求める。P_2も、同じような行為をしている。P_1〜P_3は、サイト閲
覧者（旅行者）がホテルの予約をするたびにホテルから手数料を得ている。

　このような場合の競争への影響には様々なものがあり得る。まず、新しい工
夫をして手数料も下げる方法で新規参入を試みたP_3の宿泊予約サイトで、H_1
らのホテルが自らの部屋を掲げる場合、P_1のサイトに掲げた宿泊料金と同じ

宿泊料金とせざるを得ず、結局、P₃ は旅行者に対して独自性をアピールできなくなって、市場から排除されてしまう。また、同様の行為を並行的に行っている P₁ と P₂ との間の協調的行動が起こりホテルが支払う手数料が下がらなくなり、結果として、旅行者が支払う宿泊料金も下がらなくなるかもしれない。

　P₃ の排除に主に触れた事例が現れている（公取委確約認定令和 4 年 3 月 16 日〔Booking.com〕、公取委確約認定令和 4 年 6 月 2 日〔エクスペディア〕）。

　P₁ が、H₁ が自社サイトに掲げる宿泊料金のみを拘束する場合（ナロー同等性条件）と、それだけでなく H₁ が P₂ や P₃ に掲げる宿泊料金をも拘束する場合（ワイド同等性条件）とを比較するとどうか、という議論がある。ワイドのみを問題とする、という考え方もある。ホテルが自社サイトではブランドイメージ維持のため高めの宿泊料金を掲げ宿泊予約サイトで安い宿泊料金を掲げる傾向のある国であるなら、それでもよいかもしれない。他方、ホテルが自社サイトで安い宿泊料金や独自サービスを掲げることに抵抗のない国（日本はこちらであると言われる）では、ナローも問題とすべきである、などとも言われる。

(2)　非係争義務

　行為者が、取引相手方に対して、取引相手方が保有する知的財産権を、行為者や行為者の他の取引相手方に向けて行使してはならない、という非係争義務を課して拘束する行為が問題となることがある。行為者の検討対象市場における有力な地位の強化につながる場合や、取引相手方の研究開発意欲を損なう場合には、公正競争阻害性があるとされる（知的財産ガイドライン第 4 の 5(6)）。違反とした事例（公取委審判審決平成 20 年 9 月 16 日〔マイクロソフト非係争義務〕）と、違反なしとした事例（公取委審判審決平成 31 年 3 月 13 日〔クアルコム非係争義務〕）とがある。両者の違いは、取引相手方が自らの知的財産権を非係争義務の対象外の者にライセンスするなど、非係争義務のもとでもなお利益をあげることができる場合に、これをどう受け止めるかという基本的考え方にある。マイクロソフト審決では、取引相手方が得る利益は非係争条項によって減少するのだからそれだけで研究開発意欲は損なわれる、とされた。クアルコム審決では、取引相手方が別のところで得ることのできる利益を考えれば同事件では研究開発意欲が損なわれたとはいえない、とされた。

155

7　不公正な取引方法の条文の詳細

(1)　全体像

　ここでは、前記2のうち不公正な取引方法に関する部分を、補足する。

　不公正な取引方法で垂直的制限行為を扱うのは、一般指定11項、2条9項4号、一般指定12項、である。いずれも、「相手方」を「拘束」するという行為要件を持っている。これらは、下の図のように重なっている。右半分の他者排除型の弊害をもたらす垂直的制限は、排除型私的独占とともに、追って他者排除行為として解説する（後記第4節）。それを除く左半分で、他者排除行為を除く垂直的制限行為を、2条9項4号と一般指定12項が担当することになる。

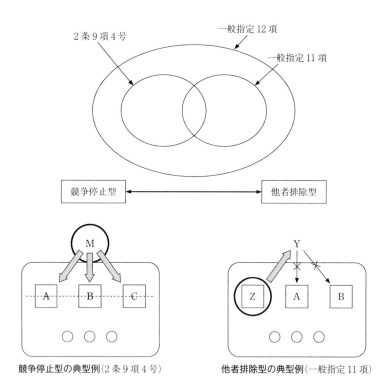

競争停止型の典型例（2条9項4号）　　　他者排除型の典型例（一般指定11項）

(2)　2条9項4号と一般指定12項の棲み分け

　2条9項4号においては、「自己の供給する商品を購入する相手方に」対して、「その販売する当該商品の販売価格」を拘束する、などといった要件がある。これらの2条9項4号の行為要件を満たさない行為は、一般指定12項で拾うことになる。一般指定12項は、「相手方とその取引の相手方との取引その他相手方の事業活動を不当に拘束する条件をつけて」としか規定しておらず、他の事業者の事業活動のどのような側面を拘束するのであっても拾える。

　まず、2条9項4号は、相手方が他の者に対して販売するときの「販売価格」を拘束することが要件となっている。それ以外のものを拘束する行為は、一般指定12項で拾うことになる。販売地域の制限、販売方法の制限、価格そのものを制限するのではなく安売り広告をしないようにさせる制限（公取委命令平成22年12月1日〔ジョンソン・エンド・ジョンソン〕）、などである。

　2条9項4号は、相手方が「当該商品」すなわち同じ商品を販売する場合のみを対象としている。「再販売価格拘束」とか「再販」などと俗称される所以である。したがって、原材料供給者が川下のメーカーに対して最終製品の価格を拘束する行為は、原材料と最終製品は同じ商品ではないから、一般指定12項で拾うことになる。特許権者がライセンシーに対して、ライセンシーが製造する製品の価格を拘束する場合も、同じである。

　2条9項4号は、「商品」の価格の拘束であることを要件としている。したがって、およそ有体物ではないと考えられているようなものの価格の拘束は、一般指定12項で拾うことになる。映画館の入場料を拘束した事件で、現在の2条9項4号でなく現在の一般指定12項を適用した事例がある（公取委勧告審決平成15年11月25日〔20世紀FOXジャパン〕）。日本独禁法において「商品」と「役務」の区別を論じなければならない唯一の場面である（本書39頁）。

　以上のように、2条9項4号は価格制限行為で一般指定12項は非価格制限行為、というように綺麗に棲み分けているわけではない。2条9項4号は全て価格制限行為だが、一般指定12項にも価格制限行為が混じる。

　2条9項4号と一般指定12項の行為要件の違いを述べてきたが、結局のところ、2条9項4号か一般指定12項かによって、他の行為要件や弊害要件の議論に影響することはない。形式的に一般指定12項が適用される場合でも、

157

価格制限行為であれば、2条9項4号が適用される場合と同様、原則違反とされる。法令上、2条9項4号か一般指定12項かで何か違いが生ずるとすれば、累積違反課徴金の有無である。しかし、累積違反課徴金はさほど重要な制度ではない（本書134〜136頁）。そうすると、2条9項4号と一般指定12項の区別にもさほどの意味はないということになる。

☕ 著作物に関する再販売価格拘束の適用除外（23条） ➤➤➤➤➤➤➤➤➤

23条は、特定の商品について再販売価格拘束の規制を適用除外としている。1項によって指定されたものは現在では存在しない。専ら、4項によって「著作物」が適用除外の対象となっている。再販売価格拘束の適用除外を認めていることが「再販制度」と呼ばれることがあるが、再販売価格拘束を「しなければならない」わけではない。再販売価格拘束を「してもよい」というだけである。

この適用除外規定を廃止しようという意見があった。その代表格が、公取委に付設された研究会の中間報告書である（平成7年7月。ジュリスト1086号）。著作物の業界（新聞・出版・レコード）を中心とする存続派は激しく反発した。

著作物が適用除外の対象となっている理由としては、第1に、著作物には文化の普及という任務があり、それを全国一律の価格で平等に提供する必要があること、第2に、新聞については、再販売価格拘束によって新聞販売店の経営を安定化させないと、戸別配達ができなくなり、言論・文化・情報などの面で都市部以外の人々が切り捨てられてしまうこと、などが挙げられた。

廃止派は決して、文化や言論といった価値を否定したのではない。そうではなく、再販売価格拘束が許されているがゆえに文化や言論などの価値が守られている、という関係が本当に成立しているのかどうか疑わしいという立論をした。存続派は、十分な因果関係があると主張した。

平成13年3月23日に公取委が、存続論に配慮して、「当面同制度を存置することが相当である」と発表したため、論争は下火となっている。

以上のようなわけで23条は現在も存在するのであるが、そうすると今度は、適用除外となる「著作物」の具体的内容が問題となる。公取委の解釈によると、23条4項の「著作物」は、著作権法にいう著作物の全てを指すわけではない。適用除外規定が制定された昭和28年改正当時に想定されていた新聞・書籍・雑誌・レコード盤（針を使うレコードのこと）の4品目は、適用除外の対象とされる。音楽用CDや音楽用テープは、レコード盤と同等のものということで、やはり適用除外の対象とされている。他方、公取委は、後れて出てきた新種の著作物は適用除外の対象と考えていない。例えば、コンピュータソフトウェア、映画のDVDソフト、ゲームソフト、電子書籍などである（公取委審判審決平成13年8月1日〔SCE〕、公取委ウェブサイト「よくある質問コーナー（独占禁止法）」Q13に対す

る回答）。立法当時に念頭にあったものに絞る、という限定的な解釈を行って、競争促進政策を優先しようとするものである。もっとも、適用除外の対象でないということは、2条9項4号や一般指定12項で違反の成否を判断するということであり、必ず違反となると決まったわけではない。

〰〰

第3節　他者排除行為（総論）

1　総　説

　他者排除行為は、取引拒絶系、略奪廉売系、その他、といった広範囲にまたがる。節を分けて各論的に解説する（後記第4節〜第6節）。

　その前に、ここでは、他者排除行為の全体に関係することを概観する。まず、条文について概観し（後記2、3）、次に、外国との比較においても重要となる基本的な考え方を概観する（後記4、5）。

2　排除型私的独占の定義規定

(1)　総　説

　他者排除行為に適用可能な違反類型には、排除型私的独占と不公正な取引方法とがある。以下ではまず、2条5項で定義される私的独占（本書137〜138頁）のうち「他の事業者の事業活動を排除し」を要件とする排除型私的独占について、その構造と既存の議論を確認する。

(2)　「排除」総論

　2条5項の「他の事業者の事業活動を排除し」にいう「排除」は、「人為性」と「排除効果」の2つの要素に分けられ、これらをいずれも満たす必要があると考えられている。

　その根拠となるJASRAC最高裁判決によれば、「本件行為が独占禁止法2条5項にいう「他の事業者の事業活動を排除」する行為に該当するか否かは、本件行為につき、自らの市場支配力の形成、維持ないし強化という観点からみて

159

正常な競争手段の範囲を逸脱するような人為性を有するものであり、他の管理事業者の本件市場への参入を著しく困難にするなどの効果を有するものといえるか否かによって決すべきものである」（最判平成27年4月28日〔JASRAC〕）。NTT東日本最高裁判決では、「人為性」と「排除効果」が一体となっていたが（最判平成22年12月17日〔NTT東日本〕）、JASRAC最高裁判決では、事件の経緯により、「人為性」と「排除効果」が別々のものとされた。好むと好まざるとにかかわらず、この枠組みが定着しつつある。

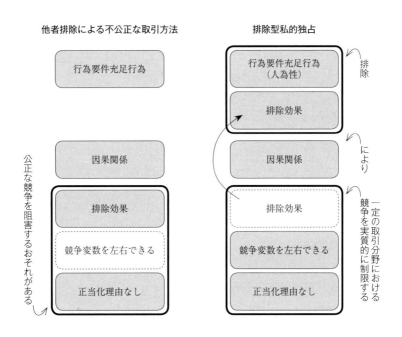

(3)　人為性

「人為性」は、自らの商品役務の優秀性によって競争する（competition on the merits）という方法以外の要素が存在することであると考えられている（JASRAC最高裁判決調査官解説（『最高裁判所判例解説民事篇　平成27年度(上)』224〜225頁））。NTT東日本最高裁判決より前に策定された排除型私的独占ガイドラインでは、「事業者が自らの効率性の向上等の企業努力により低価格で良質な商品を提供したことによって、競争者の非効率的な事業活動の継続が困

難になったとしても」違反とならない、という表現によって同様の考え方が示されていた（排除型私的独占ガイドライン第2の1(1)）。不公正な取引方法においては、そのような意味での「人為性」のあるもののうち主要なものを行為類型（行為要件を満たす行為）として列挙している。排除型私的独占の違反要件においては、「人為性」が行為要件に相当することになる。

(4)　排除効果

「排除効果」は、JASRAC 最高裁判決において、「［検討対象市場］への参入を著しく困難にするなどの効果を有するもの」とされている。

　排除型私的独占ガイドラインによれば、「他の事業者の事業活動が市場から完全に駆逐されたり、新規参入が完全に阻止されたりする結果が現実に発生していることまでが必要とされるわけではない。」とされる（排除型私的独占ガイドライン第2の1(1)）。完全に駆逐されない場合や、排除という結果が現実に発生せず蓋然性があるにとどまる場合でも、他の事業者の競争参加機会は一定程度において奪われ、競争変数が左右される状態の原因となり得る。

　そのような考え方は、不公正な取引方法の事例において排除効果の考慮要素として掲げられるものとも共通している（本書170頁、185〜186頁、193〜194頁）。すなわち、排除効果は、排除型私的独占における「排除」の要素であるとともに、他者排除的な不公正な取引方法における「公正な競争を阻害するおそれ」のうち反競争性に相当する部分の内容ともなっている。

(5)　公共の利益に反して

「公共の利益に反して」については、不当な取引制限の定義規定の同じ文言と同様、この文言に特別な意味は読み込まず、正当化理由があるならば「競争の実質的制限」がないとする枠組みが定着している（本書64〜65頁）。

(6)　一定の取引分野における競争の実質的制限

「一定の取引分野における競争を実質的に制限する」については、基本的には、弊害要件総論で論じたとおりの違反要件論を行えばよい（本書第4章）。

　これはつまり、「競争の実質的制限」の解釈として原則論貫徹説が採られて

いる、ということである（後記 4）。

3　不公正な取引方法の定義規定

不公正な取引方法の定義規定のうち多くのものが他者排除行為に関係する。

複雑な不公正な取引方法の定義規定の全般については既に解説した（本書 138 ～ 142 頁）。排除型私的独占の定義規定を解説するなかで、不公正な取引方法の定義規定との比較も行った（前記 2 (3)、(4)）。不公正な取引方法において排除効果重視説が採られることは次に述べる（後記 4）。さらに細かなことは、各論に委ねる（本書 165 頁、177 頁、191 頁、197 頁）。

4　排除効果重視説と原則論貫徹説

他者排除行為が問題となる場合であっても、「一定の取引分野における競争を実質的に制限する」を満たすためには競争変数が左右される状態が必要であるとされる（排除型私的独占ガイドライン第 3 の 2 (1)、NTT 東日本最高裁判決）。既に見た原則論（本書 31 ～ 32 頁）のとおりであるから、原則論貫徹説と呼ぶ。

しかし、別の考え方として、他者排除行為の場合には、他者に対する排除効果が起これば反競争性があるとしてよいのであって、競争変数が左右される状態が生ずることまでは違反要件とはならない、とする考え方があり得る。排除効果があることを重視する見解であるので、排除効果重視説と呼ぶ。

原則論貫徹説と排除効果重視説とで結論に差が生ずるのは、誰かが排除されたが残されたものだけで活発な競争が続いており競争変数は左右されていない、という場合を規制対象とするか、という点においてである。

現在の日本では、既に述べたように、私的独占については原則論貫徹説が採られているが、後記第 4 節～第 6 節で述べるように、不公正な取引方法については排除効果重視説が採られている。

競争法の目的論（価格等の帰結が同じであればよいのか、それとも、事業者が競争に参加する機会が与えられることが重要であるのか）にも絡む興味深い問題である。米国では原則論貫徹説と同様の考え方が採られているのに対し、EU で

は排除効果重視説と同様の考え方が採られている。日本は、2つの違反類型が
あることを奇貨として、足して2で割ったような状況となっている。

　排除効果重視説が採られる場合には、非効率な競争者を排除しただけで排除
効果が認定されることのないよう、違反要件を鍛えて磨く必要がある。

　原則論貫徹説と排除効果重視説の違いが、略奪廉売規制という蛸壺のなかで
特有の方言によって語られているのが、「埋め合わせ可能性要件の要否」とい
う問題である（本書186頁）。

5　排除者と被排除者との間の競争関係

　他者排除行為を競争法違反とするためには、排除者と被排除者との間に競争
関係があることが必要か、という問題がある。例えば、図で、YとBとの間
に競争関係がない（言い換えれば、YとZとの間に資本関係等がない）という場
合に、YのBに対する取引拒絶を違反とすることはできるか。

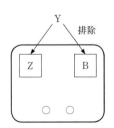

　日本やEUでは、違反とできることは当たり前であると考えられている。当
たり前すぎて教科書等に書いてさえいない。

　米国では、競争関係がなければ違反とできないと考えられている（例えば、
Intergraph v. Intel, 195 F.3d 1346, 1352-1356 (Fed. Cir. 1999)）。こちらはこちらで、
当たり前だと考えられているようで、教科書等で解説されることは少ない。

　解説されることが少ないので、考え方の根拠も明確ではないのであるが、こ
のあたりの違いが、日本やEUでは搾取型濫用規制（優越的地位濫用規制）が
行われ、米国では行われていないという違いと、通底しているように思われる。

第4節　他者排除行為（取引拒絶系）

1　どのような行為が問題となるか

　他者排除行為の各論として、まず、取引拒絶系の他者排除行為を取り上げる。最初にこれを取り上げるのは、前記第2節で取り上げた垂直的制限行為との連続性があるからである。世界的に垂直的制限行為と分類される行為のなかには、まず、他者排除の要素が薄く主に競争停止の観点から取り上げられる類型があり、それを前記第2節で取り上げた。しかしそれ以外に、他者排除の要素に着目して規制される垂直的制限行為がある。そのようなものはいずれも、取引拒絶系の他者排除行為である（本書156頁の図の右半分）。

　このように、他者排除行為のなかには、垂直的制限行為とも呼ばれるもの、すなわち、行為者が他者をして取引拒絶またはそれに準ずる行動をさせる行為がある（間接取引拒絶またはそれに準ずる行為）。排他的取引とも呼ばれる。

　他方で、取引拒絶系の他者排除行為のなかには、垂直的制限行為と呼ばれないものもある。行為者自身が取引拒絶またはそれに準ずる行為をする場合である（直接取引拒絶またはそれに準ずる行為）。

　他者排除行為が、垂直的制限行為でもあるか否かによって、弊害要件に差が生ずるわけではない（後記5で見るように、「市場閉鎖効果」と「排除効果」は同じ意味である）。そして、それは、他者排除の要素のない垂直的制限行為における弊害要件とは、違うものだと認識され、違う名称となっている（「市場閉鎖効果」と、本書152頁の「価格維持効果」）。

　したがって本書では、「垂直的制限行為」から、他者排除の要素があるものを切り離し、それを他の他者排除行為と合流させて、解説するものである。

　日本では、行為者が競争者と共同して取引拒絶を行う場合は「共同取引拒絶」と呼び、それ以外を「単独取引拒絶」と呼ぶ。取引の相手方をして自己の競争者との取引を拒絶させる場合も、広い意味では共同しているのであるが、日本では共同取引拒絶とは呼ばれない。

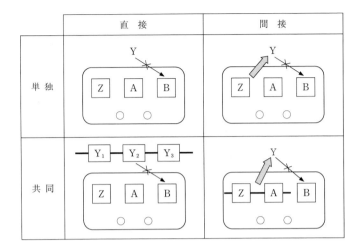

　抱き合わせも取引拒絶系と分類してもよいのであるが、話がややこしくなり
過ぎるので、後に回す（後記第6節）。

2　条文の概略

(1)　私的独占
　私的独占の規定を用いる場合には2条5項のうち排除型私的独占が念頭に置
かれるのが通常である。「排除」の文言において行為要件（人為性）と排除効
果を論じ、「一定の取引分野における競争を実質的に制限する」の文言におい
て競争変数が左右される状態と正当化理由を論ずる。総論的には、既に触れた
（本書159〜162頁）。

(2)　不公正な取引方法
　不公正な取引方法の規定を用いる場合の具体的な条文については、後述する
（本書173〜176頁）。

3　交通整理

(1)　差別対価

相手方によって価格を変える行為を「差別対価」と呼ぶ。

差別対価には、取引拒絶系という面と略奪廉売系という面の2つの顔がある。電気の取引を想定しながら架空の例を考えてみよう。

取引拒絶系の観点からの問題をもたらす差別対価とは、例えば、電力会社Yが関連会社Zを作って他の事業に参入する際、Zから徴収する電気料金を安く、Zの競争者Bから徴収する電気料金を高くする、という行為である。Bに対する取引拒絶に準じた行為であり、Bの排除が懸念される。

略奪廉売系の観点からの問題をもたらす差別対価とは、例えば、電力会社Yが、自己の競争者Aに奪われそうになった需要者Qだけに対して電気を安く売り、そうではない需要者Pに対しては安く売らない、という行為である。Aの排除が懸念される。

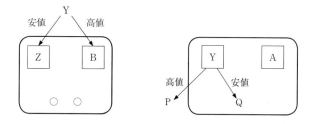

略奪廉売系の差別対価規制については、後述する（本書184～185頁）。

取引拒絶系の差別対価規制については、取引拒絶系の他者排除行為についてこの節で述べることが全て妥当する。

略奪廉売系の差別対価規制においては安い価格がコスト割れであることが要件となるか否かということが大きな論点となるが、取引拒絶系の差別対価規制の場合は、安い価格がコスト割れであることはもともと要件とはならない。Zに対して安く売ることを問題にしているというよりは、Bに対して高く売ることを問題にしているからである。

　差別対価が独禁法上の関心事項となる場合として、他に、次のような場合がある。すなわち、YがRには高く売り、Sには安く売っているという事案において、YのRに対する優越的地位濫用を立証する際、YがSには安く売っていることを、濫用の立証を支える有力な事実としようとする場合である。

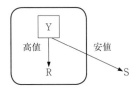

(2)　不当な目的を達成するための手段としての取引拒絶等

　取引拒絶系の行為が、被拒絶者の排除という文脈ではなく、独禁法上の不当な目的を達成するための手段となっているために規制対象とされる、という議論がされることがある。例えば、再販売価格拘束を達成する手段として安売り業者に対して取引拒絶をする、自己の競争者Bとの取引拒絶を自己の取引の相手方Yが確実に履行してくれないためにYに対して取引拒絶をする、などと、目的でなく手段のほうを捉えて、取引拒絶系行為と位置付けて一般指定2項を適用する、といった議論である。取引拒絶でなく、例えば、差別対価（2条9項2号、一般指定3項）やその他の差別的取扱い（一般指定4項）であっても、同じような議論をすることはあり得るであろう。

　そのような議論は、法的思考としては、筋が悪い。譬えるなら、人を射殺した者に対して銃刀法を適用して事足れりとするのと同様の気持ち悪さである。

　電力会社が、自分から離れていった需要者が結局は自分に戻ってきた、という「戻り需要」に対して高い価格を提示したことが、差別対価だとされた例がある（公取委公表平成29年6月30日〔北海道電力戻り需要差別対価〕）。しかしこのような行為のねらいは、戻り需要となった場合には不利な扱いとなることを現在の顧客に知らしめ、他の電気事業者に切り替えないようにさせることにあったのではないかと推測される。そうであるとすると、この行為は、目的は排他的取引であり、手段が差別対価（将来において差別対価をするという脅し）であった、ということになる。排他的取引のほうをもとに適用条文を考えたほう

167

が、よいように思われる。

　以下では、不当な目的を達成するための手段としての取引拒絶等は捨象し、取引拒絶等によって被拒絶者が排除されるという議論のみを念頭に置く。

4　行為要件

　自ら取引拒絶をし、あるいは、それに準じて価格などの取引条件を相手方にとって不利なものとする行為は、行為要件を満たす。

　他の事業者をして、取引拒絶またはそれに準じた行動をさせる行為も、行為要件を満たす。

　取引拒絶に該当するか、それに準じたものにとどまるか、を議論する意味はない。いずれであっても行為要件は満たす。

　不公正な取引方法においては以上のいずれの行為も列挙されているし（本書173～176頁）、私的独占においてもそのような行為には人為性があると考えられている（本書160～161頁）。

5　排除効果

(1)　はじめに

排除効果について、総論的には既に見た（本書161頁）。

　これを取引拒絶系に即して敷衍し、判断の考慮要素を探究する。

(2)　考慮要素

(i)　NTT 東日本最高裁判決　　まず、NTT 東日本最高裁判決である（最判平成22年12月17日〔NTT東日本〕）。行為者が競争者に対して事実上は取引拒絶をしたと認定され、排除効果の成否が論ぜられた事案である（以下で特に言及するのは判決の理由4）。この事件では、FTTH だけか ADSL も含むかという市場画定も争点となったが（本書46頁）、169頁の上の図は、FTTH だけに絞られることを前提としてそれだけを描いたものである。

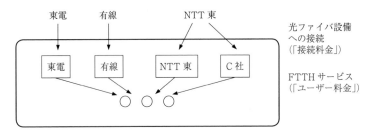

　最高裁判決は、考慮要素として、①競争者が川上市場で他に代わり得る供給者を確保することの難易、②検討対象商品役務の特性、③行為の態様、④検討対象市場における行為者と競争者の地位や競争条件の差異、⑤行為の継続期間、を挙げた。

　そして、それぞれ、事案に即して次のように述べて、排除効果を認定した。①事実上不可能であった。②事業の規模が大きいほど効率が高まる商品役務であり、いったんいずれかの供給者と契約した需要者が他の供給者に切り替えるということは起こりにくい。③行政的規制を潜脱するかのような態様の行為であった。④地位や競争条件において相当の格差があった。⑤1年10か月。

(ii)　**JASRAC 最高裁判決**　　次に、JASRAC 最高裁判決である（最判平成27年4月28日〔JASRAC〕）。行為者が、需要者である放送事業者との間で、利用回数等に関係なく料金を一律とする契約を結んだために、競争者であるイーライセンスに対する排除効果の成否が問題となった事案である（以下で特に言及するのは判決の理由3）。

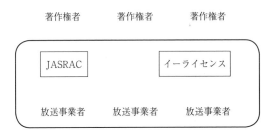

　最高裁判決は、考慮要素として、①検討対象市場や川上市場の状況、②行為

者や競争者の検討対象市場や川上市場での地位や競争条件の差異、③放送利用における音楽著作物の特性、④行為の態様、⑤行為の継続期間、を挙げた。

　そして、それぞれ、事案に即して次のように述べて、排除効果を認定した。①・②・④については、検討対象市場と川上市場のいずれでも事実上の独占状態にあり、参入は困難であって、ほとんど全ての放送事業者は上記の内容の契約を行為者と結んでおり、競争者との取引が抑制される状況にあった。③多くの音楽は相互に代替的な関係にあり、放送事業者が行為者の音楽を選べば競争者の音楽が選ばれなくなるという関係にある。⑤７年余。

　(iii)　**流通取引慣行ガイドライン**　　流通取引慣行ガイドラインは、他者排除の観点から垂直的制限行為を論ずる場合には「市場閉鎖効果」が生ずるならば反競争性が認められるとし（流通取引慣行ガイドライン第１部 3(2)ア）、その考慮要素として、「価格維持効果」（本書 152 頁）の場合と同様、次の５点を挙げる（流通取引慣行ガイドライン第１部 3(1)）。①ブランド間競争の状況、②ブランド内競争の状況、③垂直的制限行為を行う事業者の市場における地位、④垂直的制限行為の対象となる取引先事業者の事業活動に及ぼす影響、⑤垂直的制限行為の対象となる取引先事業者の数および市場における地位、である。

　(iv)　**排除型私的独占ガイドライン**　　排除型私的独占ガイドラインも、取引拒絶系他者排除行為に該当する「排他的取引」や「供給拒絶・差別的取扱い」において、排除効果の認定のための考慮要素として同様のものを掲げている（排除型私的独占ガイドライン第２の 3、5）。

　(v)　**まとめ**　　以上のような考慮要素は、記述の好みや念頭に置いた事案の違いなどによって少しずつ差はあるものの、概ね似通っている。そして、そこにおいて特に重要な地位を占めているのが、ターゲットとなった者にとっての代替的競争手段の有無である。NTT 東日本判決では、競争者が、川上市場において他に供給者を確保できなかった、とされた。JASRAC 判決では、競争者にとっての取引先となり得る需要者のほとんど全てが JASRAC と一律料金の契約を結んでいた。市場閉鎖効果に関する流通取引慣行ガイドラインの基準では、多数の取引先事業者が（⑤）、行為者の競争者との取引をしない方向で行動すれば（④）、排除効果が生じやすいのであり、ここでもやはり、競争者にとっての代替的競争手段の有無が重要な地位を占めている。

排除効果は、排除の蓋然性があるだけでも認定できる（本書161頁）。

6　競争変数が左右される状態

排除型私的独占に該当し違反であるとするためには、競争変数が左右される状態が要件となるが（本書162〜163頁）、この要件については、弊害要件総論で述べたとおりである（本書第4章）。

7　正当化理由

取引拒絶系他者排除行為を検討する際にしばしば登場する正当化理由の主張は、不適格な商品役務や事業者の排除、知的創作・努力のためのインセンティブ確保、物理的困難、などであろう（本書67〜70頁）。

8　因果関係

取引拒絶系他者排除行為において因果関係が問題となる場面としては、並行的な排他的取引が行われている場合などが考えられる（本書77頁）。

☕ 間接ネットワーク効果 ▶▶▶▶▶▶▶▶▶▶▶▶▶▶▶▶▶▶▶▶▶▶▶▶▶▶▶▶▶▶▶

プラットフォームでは、「間接ネットワーク効果」がしばしば強調される。

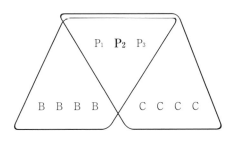

「間接ネットワーク効果」とは、Pと取引する取引者群Bの数が増えれば取引

者群 C の数が増え、取引者群 C の数が増えれば取引者群 B の数が増える、という現象を指す言葉である。例えば、P₂ が B らに対して排他的取引をすると、P₂ の競争者であるプラットフォーム事業者 P₁ や P₃ にとっては取引できる取引者群 B の数の減少をもたらし、そうすると P₁ や P₃ が取引できる取引者群 C の数も減少して、ますます取引者群 B の数が減少する。このように、間接ネットワーク効果があれば、他者排除行為による排除効果が生じやすい、という形で、競争当局に有利な道具として強調されることが多い。

しかし、Amex 米国連邦最高裁判決のように、間接ネットワーク効果による相互作用があるからまとめて 1 つの検討対象市場を観念すべきである、として、競争当局を立証不可能の窮地に追い込む道具となることもある（本書 50 頁）。例えば、B に向けた競争が減少し P の利益が増すことで、P が C に対する利益還元をしやすくなる、などと主張される場合である。

なぜ「間接」ネットワーク効果と呼ばれるかというと、これが広く知られるより前に「ネットワーク効果」という言葉が普及していたからである。こちらでは、取引者群が 1 つしか出てこない（下の図の取引者群 A）。例えば、皆が同じメッセージングサービスを使っているから自分も同じサービスのユーザにならざるを得ない、とか、皆が同じワープロソフトによる文書をメールで回覧し修正したりしているから自分も同じワープロソフトを使わざるを得ない、といった現象である。これと対比して、取引者群が複数ある場合の現象を「間接ネットワーク効果」と言っているわけである。そこからの逆輸入で、単なるネットワーク効果が「直接ネットワーク効果」と呼ばれることもある。

「間接」などといった接頭語が付くかどうかは、論者らがどちらに先に気付いたかによって決まっているのであって、物事の本質とは必ずしも関係がないように思われる。

9　条文の詳細

(1)　総　説

　以下では、取引拒絶系他者排除行為を不公正な取引方法とする場合に登場する条文をまとめて掲げ、細かな論点にも触れる。私的独占の場合も含め、概要は既に述べた（本書 165 頁）。

(2)　2 条 9 項 1 号と一般指定 1 項

　2 条 9 項 1 号と一般指定 1 項は、競争者との共同取引拒絶等に関する規定である。直接の共同取引拒絶（2 条 9 項 1 号イ、一般指定 1 項 1 号）と間接の共同取引拒絶（2 条 9 項 1 号ロ、一般指定 1 項 2 号）がある。

　排除効果に相当する明文の文言は置かれていないが、これは、共同取引拒絶であれば通常は排除効果があると考えられたためであり、例外的に排除効果のない事案では、違反とはされない（大阪高判平成 17 年 7 月 5 日〔関西国際空港新聞販売〕）。条文では、排除効果がないので「正当な理由がないのに」を満たさない、と位置付けるしかない。

　言い換えれば、「正当な理由がないのに」という文言は、排除効果があり、かつ、正当化理由がない、ということを、その内容としていることになる。

　2 条 9 項 1 号は供給に関する共同取引拒絶を対象とし、一般指定 1 項は供給を受けることに関する共同取引拒絶（つまり不買）を対象としている。供給の共同取引拒絶だけを累積違反課徴金の対象としたのは、平成 21 年改正の際の思いつきに過ぎない。なぜそうしたのかの合理的説明は不可能であり、考えるだけ無駄である。

　2 条 9 項 1 号・一般指定 1 項は、完全に取引拒絶をせず少しだけ取引するなどの行為も含んでいる。一般指定 1 項に「共同の取引拒絶」という見出しがついているため、「拒絶」に該当しない行為でも 2 条 9 項 1 号・一般指定 1 項に該当し得ることはあまり知られていない。

173

(3)　一般指定 2 項

　競争者と共同するのでない取引拒絶は一般指定 2 項で拾われる。「共同取引

拒絶」との対比で「単独取引拒絶」と呼ばれることが多いが、一般指定2項の公式の見出しは「その他の取引拒絶」であり、競争者でない者と共同する取引拒絶も含む。一般指定2項も、2条9項1号・一般指定1項と同様に、完全に取引拒絶をせず少しだけ取引するなどの行為も含む。

「不当に」が、弊害要件の全て、すなわち、排除効果があり、かつ、正当化理由がない、ということを、その内容としている。

(4)　2条9項2号と一般指定3項

取引拒絶には至らないが、他の取引との比較において差別した不利な価格で取引する行為は、2条9項2号または一般指定3項で拾われる。2条9項2号を一般指定3項と比較すると、「継続して」と「他の事業者の事業活動を困難にさせるおそれがある」という2つの文言がある点で異なっている。「継続して」については、特に独自の解釈論は発展していないので、2条9項3号の「継続して」をめぐる議論にならえばよい（本書185頁）。「他の事業者の事業活動を困難にさせるおそれがある」は、排除効果と同義である。一般指定3項においても「不当に」に排除効果を読み込むことになるので、2条9項2号と一般指定3項との間には実際には差はない。

2条9項2号では、「他の事業者の事業活動を困難にさせるおそれがある」が排除効果に相当しており、排除効果をそちらにアウトソーシングしているので、「不当に」の要件では正当化理由がないかどうかだけを検討する。

一般指定3項では、「不当に」が、弊害要件の全て、すなわち、排除効果があり、かつ、正当化理由がない、ということを、その内容とする。

「地域又は相手方により」という文言があるが、需要者の地域によって差別する行為も、相手方による差別の一種である。「地域」による差別か「相手方」による差別かによって基準が異なるということは論理的にあり得ない。

174

(5)　一般指定4項

価格以外の取引条件について差別し他者排除をする行為は、一般指定4項で拾われる。価格に関する差別と価格以外に関する差別とが相俟って他者排除をする場合も一般指定4項で拾う（公取委勧告審決平成12年2月2日〔オートグラ

ス東日本〕）。

　ここでも、「不当に」が、弊害要件の全て、すなわち、排除効果があり、かつ、正当化理由がない、ということを、その内容とする。

⑹　一般指定 5 項

　一般指定 5 項は特殊であり、出番はほとんどない。そのような規定があることを知っている程度でよい（実例として、岡山地判平成 16 年 4 月 13 日〔蒜山酪農農業協同組合〕）。

　ここでも、「不当に」が、弊害要件の全て、すなわち、排除効果があり、かつ、正当化理由がない、ということを、その内容とする。

⑺　一般指定 11 項と一般指定 12 項

　垂直的制限行為の条文とされているもののうち、他者排除行為に使えるのは、一般指定 11 項と一般指定 12 項である（本書 156 頁の図の右半分）。

　一般指定 11 項は、一般指定 12 項の典型例である。取引相手方を拘束して行為者のいずれの競争者とも取引しないようにさせる行為は、一般指定 11 項が受け持つ。

　その他の他者排除的な垂直的制限行為は一般指定 12 項となる。例えば、取引相手方を拘束して行為者の競争者の一部と取引しないようにさせる行為は一般指定 12 項となる（公取委令平成 21 年 12 月 10 日〔大分大山町農業協同組合〕）。しかし、それだけでなく、例えば、取引相手方を拘束して当該取引相手方が行為者の競争者とならないようにする行為も一般指定 12 項で拾える。

　一般指定 11 項には、「競争者の取引の機会を減少させるおそれがある」という文言があり、ここに排除効果がアウトソーシングされている。「不当に」の要件では正当化理由がないかどうかだけを検討する。

　一般指定 12 項には、「不当に」しかないので、これが、弊害要件の全て、すなわち、排除効果があり、かつ、正当化理由がない、ということを、その内容とする。

(8)　その他

このほか、取引拒絶系他者排除行為が抱き合わせと構成される場合がある（本書 191 頁）。

また、他者排除行為は常に、一般指定 14 項の適用の可能性も持つ（本書 199 ～ 200 頁）。

 デジタルプラットフォーム透明化法 ━━━━━━━━━━━━━━━━━━

「特定デジタルプラットフォームの透明性及び公正性の向上に関する法律」（令和 2 年法律第 38 号）という法律がある。以下、「透明化法」という。

対象となる事業の区分と事業の規模を政令で定め、そのもとで、規制対象となる特定デジタルプラットフォーム提供者を経済産業大臣が指定する。指定の際に念頭に置かれるデジタルプラットフォームは「特定デジタルプラットフォーム」と呼ばれる（以上、透明化法 2 条 6 項、4 条 1 項）。

政令で対象とされているのは、総合物販オンラインモール、アプリストア、メディア一体型広告デジタルプラットフォーム、広告仲介型デジタルプラットフォーム、の 4 種類である。それぞれについて特定の事業者が特定デジタルプラットフォーム提供者として指定されている。

特定デジタルプラットフォーム提供者は、特定デジタルプラットフォームの利用条件などを、利用者（商品等提供利用者と一般利用者）に対し、開示しなければならない（透明化法 5 条）。また、特定デジタルプラットフォーム提供者は、商品等提供利用者との間の取引関係における相互理解の促進を図るために必要な措置を講じなければならない（透明化法 7 条 1 項）。これらに反する場合には、経済産業大臣による勧告があり得る。開示に関しては命令もあり得る（以上、透明化法 6 条、8 条）。

競争への影響をもたらす行為を直接に取り締まるわけではなく、そのようなものがある場合には経済産業大臣が公取委に措置請求をするものとする、とされているだけである（透明化法 13 条）。上記の開示などによって、デジタルプラットフォームについて少しでも透明化させることで、競争への影響をもたらす行為を行う能力・意欲を減少させようとする法律であるといえる。

━━━━━━━━━━━━━━━━━━━━━━━━━━━━━━━━━━━━━

第5節　他者排除行為（略奪廉売系）

1　どのような行為が問題となるか

通常は、競争によって価格を下げるのが望ましいとされるのであるが、それが行き過ぎると、廉売による他者排除が独禁法違反となることがある。

2　条　文

(1)　私的独占

私的独占の規定を用いる場合には2条5項のうち排除型私的独占が念頭に置かれるのが通常である。「排除」の文言において行為要件（人為性）と排除効果を論じ、「一定の取引分野における競争を実質的に制限する」の文言において競争変数が左右される状態と正当化理由を論ずる。総論的には、既に触れた（本書159〜162頁）。

(2)　不公正な取引方法

(i)　**不当廉売の規定**　　不公正な取引方法の規定を用いる場合には、2条9項3号または一般指定6項を用いるのが基本である。

2条9項3号と一般指定6項の違いは、「その供給に要する費用を著しく下回る対価で」（本書181頁）と「継続して」（本書185頁）をいずれも満たすものであれば2条9項3号、そうでなければ一般指定6項、というところにある。

買う側の不当高価購入には、一般指定7項を用いる。

(ii)　**差別対価の規定**　　差別対価の規定を、略奪廉売系差別対価に対して適用することもあり得る。2条9項2号または一般指定3項が用いられることになる（本書174頁）。そのような場合には、安いほうの価格がコスト割れである必要があるか否かが論点となる（本書184〜185頁）。

3　言葉の整理

(1)　「略奪廉売」と「おとり廉売」

「略奪廉売」という言葉は、米国や EU の競争法で廉売を論ずるときに用いられる「predatory pricing」を日本語にしたものである。時おり、商品役務 α について廉売して客を集めて商品役務 β を買わせる「おとり廉売」が議論されることがある。それとは異なる問題を議論するのであることを示すために「略奪廉売」という表現を用いる。

(2)　「単純廉売」と「差別対価」

略奪廉売のうち、需要者によって価格が異なり、そのうち安い価格が他の供給者を排除することが問題となる場合を差別対価と呼ぶ（本書166 ～ 167 頁のように取引拒絶系差別対価と区別する場合には略奪廉売系差別対価と呼ぶ）。

それに対し、誰にでも安く売る行為を、本書では便宜上、単純廉売と呼ぶ。

(3)　「不当廉売」

単純廉売は、私的独占の規定でなく不公正な取引方法の規定を用いる場合には、「不当廉売」と呼ばれることが多い。私的独占の規定を用いる場合に不当廉売と呼んではならない根拠があるわけではないが、不公正な取引方法を適用する場合だけを指して「不当廉売」と呼ばれることが多い。

(4)　「対価」と「価格」

略奪廉売に関係する不公正な取引方法の規定では、価格を指す文言として「対価」が用いられている。「価格」と異なる意味は特にない。

4　行為要件

(1)　総　説

（i）**コスト割れ**　　略奪廉売の行為要件は、価格が費用を下回る「コスト割れ」であることである。以下に見るように費用には 2 段階あり、一方を満たさ

なくとも他方を満たせば違反となり得るなど、論理的に厳密な意味で行為要件とは言えない場合もあるが、便宜上、行為要件と位置付けて、ここで解説する。

(ii)　**コスト割れを論ずる趣旨**　　コスト割れの有無が問題とされるのはなぜか。主に2つの視点を挙げることができる。

第1は、正常な経済活動を萎縮させないようにすべきであるという視点である。競争政策の原則が価格競争の促進にある以上、その例外となる略奪廉売規制は十分に抑制的でなければならない。そこで、ある水準以上の価格は常に正常である、あるいは、ある水準以上の価格なら違反の可能性はあるがその可能性は低い、などといった指標を提供し、行為者が安心して価格設定を行えるようにすべきだ、という考え方である。

第2は、被排除者の効率性如何という視点である。つまり、ある水準の価格を分水嶺として、その水準以上の価格で行為者が売ってもなお排除される者は非効率なのであるから排除されてもやむを得ないと考え、他方で、行為者がその水準未満の価格で売ったために排除される者は、市場にとって有用な効率的供給者である可能性があるから、行為者のそのような廉売を規制する場合があることとすべきだ、という考え方である。行為者と同等以上に効率的な競争者のみを保護する考え方であるとも言える。

(iii)　**誰の価格と誰の費用を比べるか**　　コスト割れを論ずる際には、行為者の価格を行為者の費用と比較する。被排除者の費用と比較するのではない。

前記(ii)の第1の視点からいえば、行為者は、自分の価格と費用を比べるのであれば安心できる。被排除者の費用を知ることはできないから、被排除者の費用を下回らなければよいなどと言われても安心できない。

前記(ii)の第2の視点からいえば、もし被排除者の費用を基準としてしまうと、場合によっては非効率な被排除者を基準とすることとなり、非効率で高コストの者より安い価格を設定してはならないという本末転倒を招くことになる。

179

(2)　**価　　格**

コスト割れの議論は、費用とは何か、という問題に集中しがちなのであるが（後記(3)）、その前に、費用と比較される価格のほうを見ておこう。

通常は、価格とは何か、などと問題となることはない。

　価格とは何かが論点となり得る事例として、問題の商品役務を購入するには前提として年会費を支払っていなければならないという場合がある。このようなときには、商品役務の購入者が全体としてどのような行動をとっているかを見ることになる。多数の商品役務を販売している年会費制のコストコにおいて、ガソリンの廉売が問題となった事例がある（公取委公表平成 27 年 12 月 24 日〔コストコおよびバロン・パーク〕）。需要者は廉売期間中のガソリンを購入するだけであるというのであれば、年会費分も廉売期間中のガソリンの価格に算入することになる。しかし、廉売期間中のガソリンを購入した需要者はコストコで他の商品役務も購入するというのであれば、年会費は、購入される他の商品役務も含めてならして価格に算入することになる。

(3)　費　　用

(i)　**総説**　　価格と比較されるべき費用とは、何か。

　コスト割れが認定されれば違反となりやすいのであるから、当該事件において費用が高く認定されればされるほど、違反となりやすい。

(ii)　**「可変的性質を持つ費用」とそれ以外の費用**　　日本の排除型私的独占ガイドラインと不当廉売ガイドラインは、コスト割れの問題について基本的に同内容を述べている。

　両ガイドラインは、費用を大きく 2 種類に分ける。廉売対象商品を供給しなければ発生しない費用と、それ以外の費用とである。不当廉売ガイドラインは「廉売対象商品を供給しなければ発生しない費用」を「可変的性質を持つ費用」と言い換えている。本書もそれにならう。供給量の変化に応じて増減するため「可変的」と呼ばれる。

　例えば、商品役務 α を、通常は 3 か月で 250 個（1 年で 1000 個）売る事業者が、特定の 3 か月間だけ、問題の廉売を行って 450 個売り、1 年で 1200 個売ったとしよう。

　「可変的性質を持つ費用」とは、当該 3 か月間の商品役務 α 450 個の供給をしなかったならば発生しなかった費用であり、具体的には、製造原価や仕入原価、運送費、倉庫費などが通常は含まれる。

　それ以外の費用には、いろいろなものがあり得る。まず、α の販売のため

に一般的に必要となった費用として、例えば、通常行う広告の費用がある。また、当該事業者において商品役務 α に限らず他と共通して必要となる費用として、例えば、当該事業者の本社経費や福利厚生費がある。

(iii)　**2種類の基準費用**　　両ガイドラインは、コスト割れを論ずる際、2種類の基準費用を併用している。高いほうの基準費用以上の価格であれば青信号、2つの基準費用の間の価格であれば黄信号、低いほうの基準費用を下回る価格であれば赤信号、ということである。

　両ガイドラインを紹介する以下の叙述は、少し長くなるが、最後に図でまとめてある（本書183頁の図）。

(iv)　**低いほうの基準費用＝「可変的性質を持つ費用」**　　2種類の基準費用のうち低いほうを下回る価格での廉売をすると、短期的には売れば売るほど赤字が増える。そのような価格で廉売をするというのは特段の事情がない限りは異常であり、効率的な他者を排除する程度も大きくなる。

　両ガイドラインは、低いほうの基準費用として、「可変的性質を持つ費用」を採用している。厳密には、廉売した450個のために要した費用を450個で割り算した1個分の平均費用を1個分の価格が下回っているか否かを認定することになる。両ガイドラインは、割り算をする前の数値と後の数値を同じ名前で呼んでいるのであるが、そのあたりは気にしないこととしよう。

　価格が「可変的性質を持つ費用」を下回る場合には、排除型私的独占との関係では排除効果の成立を認定する際の有力な参考資料となり（排除型私的独占ガイドライン第2の2(1)）、また、2条9項3号の要件である「その供給に要する費用を著しく下回る対価で」を満たす（不当廉売ガイドライン3(1)ア）。

　両ガイドラインによれば、「可変的性質を持つ費用」は、欧米を含め有力化している平均回避可能費用の概念を、実務的に使いやすいよう修正したものだとされている。

　平均回避可能費用（AAC: average avoidable cost）とは、廉売期間中に増えた供給量を供給するために余分に必要となった費用を、増えた供給量で割り算したものである。上記の例では、3か月なら通常は250個しか売れないはずのところ200個多い450個が売れたわけであるので、200個を余分に供給するために必要となった費用を200個で割り算する。そうすれば、売れば売るほど赤字

181

が増えるような廉売であるか否かを、最も純粋に判定することができる。考え方として有力化している所以である。

　しかしそのためには、「可変的性質を持つ費用」のうち、200個のために余分に必要となった費用がいくらであるのかを認定しなければならない。また、上記の記述は、通常の価格なら250個売れて廉売でさらに200個売れた、ということを前提としているのであるが、廉売がなければ本当に250個だったのか、という点も、本来なら、きちんとした認定を要する。両ガイドラインは、そのあたりの煩瑣を回避するため、「可変的性質を持つ費用」の全体を450個で割り算するのを通常の実務とすることとした。割り算をした後の1個あたりの「可変的性質を持つ費用」は、図では便宜上、「JAAC」と表記している。「日本版AAC」とでも、「ジツム上のAAC」とでも、適当に解釈してほしい。

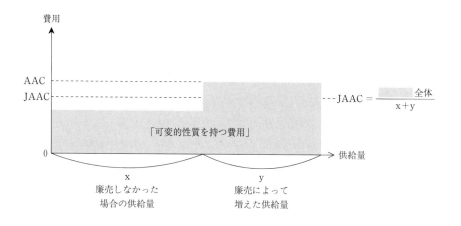

(v)　**高いほうの基準費用＝平均総費用**　　2種類の基準費用のうち高いほうは、「可変的性質を持つ費用」だけでなく、それ以外の費用をも含めた総費用だとされる。総費用を商品役務 α の個数で割り算した平均総費用（ATC: average total cost）が用いられる。「総販売原価」とも呼ばれる。

　価格が平均総費用を下回る場合には、排除型私的独占との関係では行為要件としてのコスト割れ要件を満たし（排除型私的独占ガイドライン第2の2(1)）、また、一般指定6項の「低い対価で」の要件を満たす（不当廉売ガイドライン4(1)）。

　言い換えれば、価格が平均総費用以上である場合には、排除型私的独占にも不公正な取引方法にも該当しない。ただ、差別対価の場合には必ずしもそうではないという見解もある（後記(vii)）。

　「それ以外の費用」には、商品役務 α に固有ではあるが α の販売全体のために必要となった費用と、当該事業者において商品役務 α に限らず他と共通して必要となる費用とがある（前記(ii)）。このうち後者の、他と共通して必要となる費用は、その費用によって商品役務 α が便益を受ける程度等に応じて、商品役務 α の総費用に組み込まれるべき部分を切り分けることになる。この作業を「配賦」という。

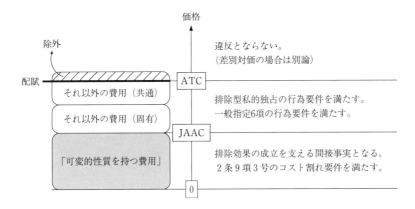

　図を見ればわかるように、配賦の方法についていかなる考え方を採っても、「可変的性質を持つ費用」（JAAC）の水準には影響しない。平均総費用（ATC）の水準に影響するのみである。

　(vi)　**内部補助**　コスト割れの成否を考えるうえでは、内部補助の問題に留意する必要がある。

　内部補助の典型例は、独占事業から競争事業へのそれである。廉売行為者が、商品役務 β の市場では独占していて大きな利潤をあげており、商品役務 α の市場ではライバルと激しく競争している、という場合に、β での利益を α に注ぎ込む。そのおかげで、α について廉売をしてもコスト割れでないかのような外観を演出することができる。書類上は、本来なら α について発生して

いる費用を β の費用として付け替えることになる。α 事業部に届いた請求書をせっせと β 事業部に送っているところをイメージすればよい。

これをそのまま許容したのでは、略奪廉売規制においてコスト割れを論じている趣旨が没却される。したがって、コスト割れの成否を判断する場合には、上記のような費用の付け替えを認めないようにしなければならない。

もちろん、内部補助があるからといって直ちに独禁法違反となるわけではない。適正に基準費用を算出し価格と比較してもやはりコスト割れではないという場合があり得るし、排除効果などの他の要件を満たさないこともあり得る。

内部補助を論ずる場合には、検討対象市場の見極めが重要である。かりに α と β が一体で売られていたとしても、それを切り分けて市場 α を観念し、β から α への内部補助があるのではないかという視点から検討する必要がある場合がある（大阪高判平成 6 年 10 月 14 日〔葉書〕）。もっとも、需要者の側が α と β を常に一体で発注している場合には、一部の安値入札事件の処理にみるように、検討対象市場を切り分けようがない（本書 187 ～ 188 頁）。

(vii)　**差別対価事案におけるコスト割れ要件の要否**　　単純廉売の場合は、何らかの意味でのコスト割れが行為要件となることに異論はない。価格が平均総費用以上であれば違反の可能性はない。

ところが、差別対価の場合にはコスト割れ要件は不要であるとする考え方が有力に主張されている。

公取委の文書には、コスト割れ要件を重視するものがある一方で（電力ガイドライン第二部 I 2(1)①イ ii など）、コスト割れか否かには言及しないまま差別対価を違反とした事例もある（公取委勧告審決平成 16 年 10 月 13 日〔有線ブロードネットワークス〕）。不当廉売ガイドラインは、差別対価の場合の考慮要素を列挙し、そのなかで「供給に要する費用と価格との関係」を掲げている（不当廉売ガイドライン 5(1)イ(イ)）。排除型私的独占ガイドラインは、略奪廉売型差別対価規制については敢えて詳述していない。

差別対価事案でもコスト割れ要件は必要であるとする立場からは、例えば、以下のような 2 つの点を主張することができるであろう。第 1 に、コスト割れ要件が必要ないとすると、安心してビジネスをすることのできる範囲が明確とならない。第 2 に、コスト割れでなくとも差別対価が違反となり得るというこ

とになると、行為者は常に同じ価格を需要者に提示せざるを得なくなり、それを知った他の供給者は、行為者の手の内を容易に知ることができて、かえって当該市場で協調的行動が起こりやすくなる。

　(viii)　**差別対価でなく排他的な取引と構成される場合**　　差別対価に見えても、自己の競争者との取引を一定割合以下に抑えることを条件として安く売り、条件を満たさない者には高く売っている、と認定された場合には、需要者を拘束して自己の競争者と取引させないようにするという意味での取引拒絶系の他者排除行為をしている、と位置付けられることになり、コスト割れは要件とはならない（公取委勧告審決平成 17 年 4 月 13 日〔インテル〕）。

　インテルの事件では、需要者に支払われるリベートという形で安売りが行われたわけであるが、排除型私的独占ガイドライン第 2 の 3(3)は、どのようなリベートであれば単なる安売りでなく需要者を拘束する取引拒絶系の他者排除行為といえるのか、を論じている。それによれば、リベートの水準、リベートの供与基準、リベートの累進度、リベートの遡及性、などを考慮すべきであるとされる。

　他方で、単なる安売りであるとされれば、前記(vii)の議論に基づき、コスト割れが要件となるか否かが論点となる。

(4)　継続して

　2 条 9 項 3 号と一般指定 6 項とではコスト割れ要件の内容が異なるほか（本書 181 頁、182 頁）、2 条 9 項 3 号だけに「継続して」という要件がある。不当廉売ガイドラインは、毎週末のみに行うような廉売でも、需要者が毎週末に多くなるような商品役務なら「継続して」に当たる旨を述べている。

5　排除効果

　取引拒絶系他者排除行為では、排除効果の有無を判断する際、代替的競争手段の有無という要素を中心に論ずることができた（本書 170 頁）。

　それに対して略奪廉売系他者排除行為の場合には、そのような便利な中心的考慮要素が開発されていない。排除型私的独占ガイドライン第 2 の 2 と不当廉

売ガイドライン 3(2)を総合すると、以下のような考慮要素が浮かび上がる。ま
ず、基本的には、他者が実際にどのような苦しい状況にあるかという点を正面
から見るほかに、行為者の事業の規模や態様、廉売された商品役務の数量、廉
売期間、広告宣伝の状況、商品役務の特性、行為者の意図・目的、などを総合
的に考慮する。

　価格が「可変的性質を持つ費用」を下回っていれば、排除効果が起こると判
断されやすい。「可変的性質を持つ費用」を下回っていなくとも、市場シェア
の高い行為者が、継続的かつ大量に廉売をする場合や、他者にとって経営上重
要な商品役務を集中的に廉売する場合には、排除効果が認定される可能性があ
るが（不当廉売ガイドライン 4(2)）、その可能性は低いとされている（排除型私的
独占ガイドライン第 2 の 2(1)）。

6　競争変数が左右される状態

　排除型私的独占に該当し違反であるとするためには競争変数が左右される状
態が要件となるが（本書 162 ～ 163 頁）、この要件については、弊害要件総論で
述べたとおりである（本書第 4 章）。

　略奪廉売系の他者排除行為においては、「埋め合わせ可能性」が違反要件と
なるか否かが論ぜられる。略奪廉売で出た赤字を、他者排除後の超過利潤によ
って埋め合わせる（recoup）ことができそうである場合にだけ規制するのか、
そのような可能性の有無にかかわらず規制するのか、という問題である。

　これはつまり、原則論貫徹説を採って競争変数が左右される状態を違反要件
とするのか、それとも排除効果重視説を採って競争変数が左右される状態に至
らなくとも違反となり得るとするのか、という一般的な対立を、略奪廉売の文
脈にあわせて言い換えただけの論点である。埋め合わせが可能か否かは、他者
排除後に競争変数が左右される状態が生ずるか否かと密接に関連しているから
である。日本では、私的独占では原則論貫徹説、すなわち埋め合わせ可能性を
要件とし、不公正な取引方法では排除効果重視説、すなわち埋め合わせ可能性
を要件としない、という考え方が採られている（本書 162 ～ 163 頁）。

7　正当化理由

　略奪廉売系の他者排除行為においてしばしば登場する正当化理由は、公共性である。いわゆる「官業による民業の圧迫」という問題意識から「民業」が「官業」を裁判所で訴えた場合に、「官業」の廉売を正当化する理由付けとして用いられることが多い（本書71頁）。

　市況の低落にあわせたコスト割れ廉売や、いわゆる「きずもの」「B品」「型落ち品」のコスト割れ廉売について、正当化理由がある、とされることもある（不当廉売ガイドライン3(3)）。しかしこれらは、正当化理由の問題ではなく、排除効果を起こさない、あるいは、排除効果への因果的寄与がない、という理由で問題視されないだけなのではないかとも思われる。

8　因果関係

　略奪廉売において因果関係が問題となる典型例は、並行的廉売である。既に総論で触れた（本書78頁）。

☕ **安値入札** ►►►►►►►►►►►►►►►►►►►►►►►►►►►►►►►►►►►►►►►

　官公庁が発注する物件等の競争入札では、落札価格を高くしようとする入札談合だけでなく、安くすることを問題とする「安値入札」または「低価格入札」などと呼ばれる問題もある。

　企業が安値入札を行うのは、社会の注目を浴びる仕事なら採算度外視でも宣伝や実績作りになるという動機による場合もあるが、先行発注物件を落札すれば後続発注物件の競争において有利になるという思惑による場合もある。後者の場合には特に、略奪廉売により後続発注物件について他者排除をしているのではないかという観点からの検討が必要となる。

　警察庁発注の「放置駐車違反処理システム試作・標準仕様書案作成等」について安値入札で落札した松下電器産業に対しては、後続する各都道府県発注の「放置駐車違反処理システム」の競争入札における他者排除の観点から、警告がされた（公取委公表平成16年12月14日〔松下電器産業安値入札〕）。

　それに対し、林野庁発注の「衛星携帯電話端末」について安値入札で落札した電気通信事業者（ある地域ではKDDIで他の地域ではソフトバンクテレコム）については、後続する「通信サービス」において有利となるにもかかわらず、警告はさ

れなかった（公取委公表平成 25 年 4 月 24 日〔林野庁地方森林管理局発注衛星携帯電話端末安値入札〕）。

　この 2 件の処理の違いは、発注側が別々の商品役務として発注することを予定していたか（警察庁発注物件事件）、先行発注物件の落札者に自動的に後続発注物件を発注することを発注者が示唆していたか（林野庁発注物件事件）、の違いによる。前者であれば、先行発注物件に関するコスト割れ廉売により後続発注物件について他者排除を行っている、と評価することが可能となる。後者であれば、需要者がそれを望んでいるというのであるから、先行発注物件と後続発注物件とをまとめて 1 個の商品役務と見ざるを得ず、コスト割れの成否も両者を合算した価格と費用の比較によって判断することになる。

第 6 節　他者排除行為（その他）

1　抱き合わせ

⑴　どのような行為が問題となるか

⒤　2 つの型　　抱き合わせ行為とは、従たる商品役務の供給もあわせて行うことを条件として主たる商品役務の供給を行う行為を指す。

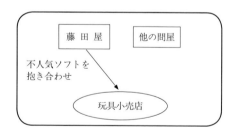

　多くの人が頭に描く抱き合わせとは、例えばドラクエⅣをめぐる事件のようなものであろう（公取委審判審決平成 4 年 2 月 28 日〔ドラクエⅣ藤田屋〕）。玩具の問屋である藤田屋は、超人気ゲームソフトであるドラクエⅣを入荷できたのをよいことに、ドラクエⅣ 1 本につき不人気ゲームソフト 3 本を抱き合わせて小売店に売った。

　ところが、競争法の本家を自認する米国法では、そのようなものは競争法の問題ではないとされる。それでは、どのような行為が問題とされるのか。

　2017年夏、私はボストンのフェンウェイパークでレッドソックスがヤンキースを迎え撃つ試合を観戦した。試合開始前に球場外でペプシのコーラのペットボトルを売っていたので、購入し、球場内で飲むつもりであった。しかし、セキュリティゲートで、「水は持ち込めますがペプシは持ち込めません」と言われてしまったのである。かわいそうなペプシのペットボトルは廃棄せざるを得ない。球場に入ってみると、やはり、コカ・コーラの大きな広告看板があった。

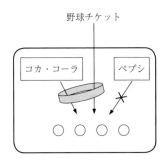

　このような行為が、米国競争法において抱き合わせと呼ばれる行為である。米国競争法流に構成すれば、「レッドソックスは、野球のチケットに、コカ・コーラのコーラを抱き合わせて販売している」ということになる。もちろんこれは、抱き合わせの行為要件を満たすという意味である。弊害要件を満たすか否かは、以下の解説を読んで考えてみてほしい。

　同じ年、ニューヨークのヤンキースタジアムには、ペプシの大きな広告看板があった。コカ・コーラを持ち込めたかどうかは、試していない。

　(ii)　**2つの型の違い**　　ドラクエⅣの事例とコーラの事例とは、独禁法的に見て具体的にどのような点で異なっているのであろうか。

　ドラクエⅣの事例が独禁法上の問題となるのはなぜかというと、欲しくもない不人気ソフトを買わされる需要者が気の毒だからである。このような着眼をもとに行われる規制を、不要品強要型抱き合わせ規制と呼ぶことにする。

　それに対し、コーラの事例が独禁法上の話題となり得るのはなぜかというと、

189

フェンウェイパークにおけるコーラの市場においてペプシが排除されるからである。もちろん、需要者にとっても、フェンウェイパークで飲めるコーラはコカ・コーラだけになるという弊害はある。しかし、コーラを買いたくなければ買わなくてよいのである。このように、需要者が買いたくないものを買わされるということに着目するのでなく、他の供給者が排除されることに着目した規制を、他者排除型抱き合わせ規制と呼ぶことにする。排除型私的独占ガイドラインが「抱き合わせ」として論じているのも、他者排除型の観点からのものである（排除型私的独占ガイドライン第 2 の 4）。

　「いかなる抱き合わせも必ずいずれか 1 つの型に分類される」というのでは全くない。いかなる抱き合わせも必ず、不要品強要という面と他者排除という面をあわせ持っている。しかし、それらの各側面がいずれも独禁法の違反要件を満たしているとは限らない。ここで言おうとしているのは、独禁法違反があるかどうかを論ずる以上は、どちらの面の弊害に着目しているのかという法的観点を明確にする必要がある、ということである。

　(iii)　**以下の組立て**　　以下では、他者排除型抱き合わせ規制のみを解説する。不要品強要型抱き合わせ規制は、その実質は搾取行為の規制であるから、そちらで触れる（本書 208 頁）。

　本書では、「主たる商品役務」「従たる商品役務」という言葉を使っている。ドラクエⅣや野球チケットが主たる商品役務であり、不人気ソフトやコーラが従たる商品役務である。

☕ **法的観点** ▸━━━

　むかし民事訴訟法の講義を受講した際に出てきた言葉でなぜかよく覚えているものとして、「法的観点指摘義務」がある。民事訴訟法におけるその意義や機能は、専門外でもあり深入りを避けるが、「法的観点」という観点は重要である。

　法的な議論というものは、生の事実に対して、特定の法的な切り口から光を当てた結果として生ずるものである。例えば、バイクが爆音を上げながら爆走する、という生の事実は、速度という法的観点からも、騒音とか改造とかの法的観点からも、論じ得る。

　抱き合わせの「不要品強要型」と「他者排除型」も、同じ独禁法の中ではあるが、それぞれ、法的観点である。

　「この抱き合わせは不要品強要型ですか他者排除型ですか」といった質問を受

けることがある。生の事実としての抱き合わせが、不要品強要型または他者排除型のいずれかだけに分類されるというわけではない。どのような抱き合わせについても、不要品強要型という法的観点から光を当て、かつ、他者排除型という法的観点から光を当てる、ということは、できる。そうしたところ、ある抱き合わせは不要品強要型の法的観点からは問題が大きいが他者排除型の法的観点からはほとんど問題がない、という場合に、その抱き合わせを、便宜的表現として、「不要品強要型抱き合わせ」と呼んでいるのである。

　独禁法の別の分野では、例えば、「水平型企業結合」「垂直型企業結合」「混合型企業結合」（本書 228 頁）も、それぞれ、法的観点である。

　「本件は商品役務 α と商品役務 β の混合型企業結合に該当する」という表現は、この企業結合には他にも法的観点があるかもしれないが、そのうち、α と β の混合型企業結合という法的観点が重要なので、それに重点を置いて検討する、という意味である。

　2 つの当事会社が競争関係にある商品役務が多数存在するところ、そのうち競争に与える影響が比較的大きい商品役務 γ の水平型企業結合について詳述する、と述べる事例がある。これは、企業結合という行為が多数行われるのではなくて、1 件の企業結合について多数の法的観点があるところ、そのうち「商品役務 γ の水平型企業結合」という法的観点に特に注目する、という意味である。

　「これは他者排除型抱き合わせです」「これは垂直型企業結合です」といった表現に遭遇した場合、上記のような意味で言っているのである（言っている人自身がそのように理解できているか否かは別として）と受け止めることができれば、色々なものが氷解し、前に進みやすいと思われる。

(2)　条　文

(ⅰ)　**私的独占**　　私的独占の規定を用いる場合には 2 条 5 項のうち排除型私的独占を論ずる。「排除」の文言において行為要件（人為性）と排除効果を論じ、「一定の取引分野における競争を実質的に制限する」の文言において競争変数が左右される状態と正当化理由を論ずる。総論的には、既に触れた（本書 159 〜 162 頁）。

(ⅱ)　**不公正な取引方法**　　不公正な取引方法の規定を用いる場合には、一般指定 10 項がまず目に付く。しかし、事案により、一般指定 11 項、一般指定 12 項、一般指定 14 項などを用いることも可能である。

(3)　行為要件

　他者排除型抱き合わせ規制の行為要件は、主たる商品役務の供給に際し、従たる商品役務の供給を条件とすることである。裏返せば、従たる商品役務を他から買うのであれば主たる商品役務は売らない、という行為であるとも言える。このように、他者排除型抱き合わせ規制は、取引拒絶系他者排除行為の規制の一種である。排除型私的独占ガイドラインの「抱き合わせ」に関する記述も、「排他的取引」や「供給拒絶・差別的取扱い」に関する記述と似通っている（排除型私的独占ガイドライン第2の3、4、5）。

　A社の商品役務 α は、A社の商品役務 β と組み合わせた場合だけ動き、他社の商品役務 β と組み合わせても動かない、という仕組みとするのが「技術上の抱き合わせ」、A社から商品役務 α を買うなら商品役務 β もA社から買わなければならないという契約をA社が需要者と結ぶのが「契約上の抱き合わせ」、と言われることがある。いずれであっても違反要件は同じであるから、区別の実益はない。

　通常の感覚では、「抱き合わせ」というと、需要者が不本意ながら応じている様子を想像するが、需要者が不本意であることを違反要件としてしまうと、他者排除型規制においては不都合である。需要者が喜んで抱き合わせに応ずれば応ずるほど、抱き合わせによる排除効果は大きくなる。ときおり、「この事業者は、従たる商品役務を無料で付けているのだから、抱き合わせではない」という意見を聞くことがあるが、適切ではない。

(4)　排除効果

　(i)　**検討対象市場**　　弊害要件を論ずるに際して最初におさえる必要があるのは、「他者排除型抱き合わせ規制での検討対象市場は、従たる商品役務の市場だ」ということである。他者排除型規制で着目するのは、従たる商品役務についての競争者が被害を受け、それと表裏一体の結果として、従たる商品役務についての選択肢を狭められた需要者が被害を受ける、といった弊害である。いずれも従たる商品役務の市場に関連している。

　ところで、抱き合わせとは、2つの異なる商品役務をあわせて売ることである。2つに見えるものが実は一体として1つの商品役務であるならば、そもそ

も抱き合わせとは呼ばない。

　この問題を他者排除型抱き合わせ規制の議論に噛み合うように言い換えるなら、「従たる商品役務の市場というものを、独禁法上の保護に値する市場として、独立に観念できるかどうか」ということである。他者排除型抱き合わせ規制での検討対象市場は従たる商品役務の市場なのであるから、従たる商品役務の市場というものが成立しないならば、独禁法違反となるはずがない。

　(ii)　**排除効果**　他者排除型抱き合わせ規制での排除効果の要件については、取引拒絶系の他者排除行為に準じて考えればよい（本書 168 〜 171 頁）。

　抱き合わせ規制の分野では、他の他者排除行為規制よりも違反の範囲を広く、つまり、排除効果は違反要件ではない、と考える傾向が根強かった。すなわち、「能率競争侵害」などという難解なレッテルのもと（本書 142 頁）、需要者の選択肢の幅を狭めるのは不正手段である、という勢いで、論ぜられてきた。

　しかし、抱き合わせ行為と取引拒絶系他者排除行為との間の違いは形式的な紙一重の差に過ぎない。次の図で、ある商品役務について強い立場にある Y が、需要者と契約する立場にあるのなら抱き合わせとなり（左の図）、A と契約する立場にあるのなら取引拒絶となる（右の図）。この紙一重の違いを根拠として違反要件に差を持たせるという考え方自体、法律論としてセンスが悪い。

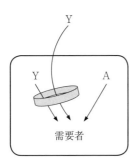
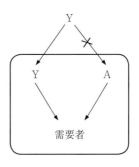

　ドラクエⅣ審決に対する反省から他者排除型規制と不要品強要型規制とが峻別されるようになり、前者については他の取引拒絶系他者排除行為と同様に排除効果を要件とする議論が定着しつつあるが（公取委勧告審決平成 10 年 12 月 14 日〔マイクロソフトエクセル等〕、平成 24 年度相談事例 2〔鉄道事業者電子マネー契

約義務付け〕、平成29年の改正で新設された流通取引慣行ガイドライン第1部第2の7、令和2年度相談事例4〔分析機器消耗品〕）、抱き合わせは不正手段であるとする過去の考え方も念のため残されている（平成29年の改正で新設された流通取引慣行ガイドライン同注10）。

(5)　競争変数が左右される状態

排除型私的独占に該当し違反であるとするためには競争変数が左右される状態が要件となるが（本書162〜163頁）、この要件については、弊害要件総論で述べたとおりである（本書第4章）。

(6)　正当化理由

他者排除型抱き合わせ規制では、不適格な商品役務や事業者の排除や、効率性が、正当化理由としてしばしば論ぜられる。前者は、需要者が従たる商品役務について不適格な商品役務や事業者を用いると主たる商品役務についての安全性を確保できない場合などである（大阪高判平成5年7月30日〔東芝昇降機サービス〕）。効率性を根拠に正当化される場合とは、例えば、まとめて売ることによって種々の費用を下げたり効用を上げたりすることができる事例である。

(7)　因果関係

並行的な排他的取引などがあり得るのと同様、他の他者排除行為と並行して抱き合わせが行われていることはあり得るであろう。検討する内容は、同じであると思われる（本書77〜78頁）。

2　セット割引とマージンスクイーズ

(1)　セット割引

他者排除型抱き合わせ規制の応用問題として、セット割引（bundled discounts）と呼ばれる問題がある。厳密な意味での抱き合わせ行為ではなく、主たる商品役務は単品でも売っている（p円）。しかし需要者が主たる商品役務と従たる商品役務とをあわせて買うなら割引をする（合計q円）。主たる商品役務の単

品の価格に対して非常に小さな追加的支払をするだけで、従たる商品役務もあわせて買える、というのが典型例である。

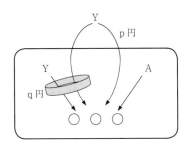

　かりに、主たる商品役務と従たる商品役務とを抱き合わせたとしたならば違反要件を満たすような状況にあるなかで、実質的には抱き合わせをしていると言えるほどに単品価格とセット価格とを非常に近付けたなら、違反となる。

　それ以外の場合には、従たる商品役務に関する略奪廉売の問題だと考えて、従たる商品役務の実質価格と費用とを、比較することになろう。この場合も、Yが主たる商品役務について力を持っていることが前提であるから、需要者が主たる商品役務をYからp円で買うことを前提として、Yが従たる商品役務をq−p円で売っていると見る。そして、q−p円が従たる商品役務のコスト割れとなっているかどうかを点検する。これが、割引総額帰属テスト（discount attribution test）と呼ばれているものである。

　例えば、Yにとって、商品役務 α は価格100円（費用70円）、商品役務 β は価格60円（費用30円）、α と β のセット価格120円（セット費用は70 + 30 = 100円）、であるという場合を考える。「α 単品」「β 単品」「α と β のセット」のいずれを見てもコスト割れでないように見える。しかし、セット割引をしない場合の合計価格から見て、セット価格は、160 − 120 = 40円、割引をしている。ここで、需要者が、α はYから買うが β はAから買う、という場合を考えてみる。Yからは α を単品で買うことになるから100円を支払うことになるので、もし需要者が β をYから買うならセット割引で20円追加すれば買える。AはそのようなYと競争することになる。そこで、セット割引においてはYは β を20円で売っていると見る。そうすると、Yにと

195

っての β の費用は 30 円であるから、コスト割れをしていることになる。この
ように、セット割引の場合の割引額 40 円を、全て（総額）、β に帰属させ Y
が β を 60 円から 20 円に割り引いたものと見て、Y にとっての β の費用 30 円
と比較して β についてコスト割れが生じているか否かを見るのが、割引総額
帰属テストである。

(2) マージンスクイーズ

マージンスクイーズとは、川上市場と川下市場の両方で事業を営む行為者 Y
が、川上市場での需要者＝川下市場での競争者である A から徴収する価格（p
円）と、川下市場での Y 自身の価格（q 円）とを近付けて、川下市場での競争
者 A にとっての利益マージンを圧搾（スクイーズ）するような行為を指す。

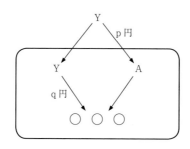

マージンスクイーズは、本質的にはセット割引と同じ問題である。Y が強い
立場にある商品役務を、まずは A に売るのか、それとも需要者に直接販売す
るのか、という違いがあるだけであって、p 円と q 円とを金額において近接さ
せ A を排除することが問題となっている点においては同じだからである。

したがって、マージンスクイーズもセット割引と同様の手順で考えていけば
よい。かりに川上商品役務の取引拒絶をしたとするならば川下市場を検討対象
市場として違反要件を満たすような場合に、取引拒絶と同視し得るほど川上価
格と川下価格とを近付けたなら、違反となる。

それ以外の場合には、川下商品役務に関する略奪廉売の問題だと考えて、q
円という価格のコスト割れの有無等を検討することになろう。

マージンスクイーズを、取引拒絶の枠組みでも違反とならず略奪廉売の枠組

みでも違反とならないような行為を違反とするための第三の考え方として、強調する向きもある。貴重な問題提起ではあるが、そのような論者が強調する最高裁判決は、取引拒絶の枠組みで簡単に違反といえる行為を排除型私的独占としたものに過ぎず、第三の考え方によって違反とした判決ではない（最判平成22年12月17日〔NTT東日本〕）。

3　一般指定14項

(1)　総　説

　一般指定14項は、行為要件が「自己……と国内において競争関係にある他の事業者とその取引の相手方との取引について……妨害する」という、漠然とした広いものであるために、様々な他者排除行為の交差点となっている。

　一般指定14項に相当する規定は、昭和28年改正で導入された際、もともと、不正手段型行為（後記(2)）を念頭に置いていた。

　しかし現実には、上記のように行為要件が抽象的であって広範囲の他者排除行為が該当し得る文言となっているため、むしろ、排除効果必要型行為（後記(3)）の一般条項として用いられる場合が多い。初期のものを除き、公取委のほとんどの事例は、排除効果必要型行為を取り上げたものである。

　一般指定15項は、事例が現れる可能性が低いので省略する。

(2)　不正手段型行為

（i）**対象となる行為の概要**　　他者の価格や品質などの競争変数を歪めて需要者に伝える行為や、他者の競争変数が需要者に全く伝わらないようにする行為は、手段それ自体が不正であり、排除効果がなくとも弊害要件を満たす。

　他者の競争変数を歪めて需要者に伝える行為の典型例は、根も葉もない情報を流布させる誹謗中傷行為である。Aが、競争者Bの顧客Cなどに対し、BはAとの契約に違反して原材料を調達していると告知していたという事案において、裁判所が、契約違反はないので当該告知は誹謗中傷に相当すると判断したうえで、一般指定14項に該当するとした事例がある（東京地決平成23年3月30日〔ドライアイス〕）。競争者の製品は自己の特許権を侵害しており特許法

上の差止請求の対象となるとして、競争者の取引先に通知する行為をしたが、当該特許権はFRAND宣言をした標準必須特許であって差止請求が認められるものではなかったために（本書68頁）、一般指定14項に該当するとされた事例もある（公取委公表平成28年11月18日〔ワン・ブルー〕）。

他者の競争変数が需要者に全く伝わらないようにする行為の典型例は、物理的妨害である。他者の売り場の周囲に障壁を設けて需要者が近寄れないようにした事例（公取委勧告審決昭和35年2月9日〔熊本魚〕）、タクシー乗り場に乗り入れた他のタクシーのドアの前に立ちはだかるなどした事例（大阪高判平成26年10月31日〔神鉄タクシー〕）、などがある。

また、競争入札において価格を書いた札を入れるだけでなく工事の具体的な内容を記載した技術提案書を提出してその内容をあわせて競う「総合評価落札方式」のもとで、需要者である発注官庁の担当者に事前に自社の技術提案書の案を見せて添削を受け、また、他社の技術提案書に対する評価点と順位を問い合わせて情報の教示を受けるなどした行為が、一般指定14項に該当するとした事例がある（公取委命令平成30年6月14日〔フジタ〕）。

(ii) **排除効果必要型行為との違い**　取引拒絶系や略奪廉売系の行為も、上でみた誹謗中傷行為等も、他者排除行為であるのには違いがない。それなのに、なぜ取引拒絶系や略奪廉売系は排除効果を立証する必要がある排除効果必要型であり、なぜ誹謗中傷等はその立証を要しない不正手段型なのであろうか。

その答えは結局、取引拒絶系の行為を規制することは「取引しない自由」との緊張関係があり、略奪廉売系の行為を規制することは「価格設定の自由」との緊張関係があるのに対し、誹謗中傷行為等を規制することには同等の緊張関係がない、ということであろう。

(iii) **不正競争防止法との比較**　不正手段型の他者排除行為規制は、不正競争防止法2条1項21号にも規定されている。同法3条による差止請求などの対象となる。

ただ、不正競争防止法2条1項21号は、違反要件が限定されており、誹謗中傷行為（営業上の信用を害する虚偽の事実の告知・流布行為）しか対象としていない。その意味で、一般指定14項のほうが広い。

☕ 一般指定8項と一般指定9項 ⋙⋙⋙⋙⋙⋙⋙⋙⋙⋙⋙⋙⋙⋙⋙⋙⋙⋙⋙

　不正手段が少し話題となったのを機に、一般指定14項以外の不正手段の項として、一般指定8項と一般指定9項にも触れておくこととしたい。

　一般指定8項に基づく独禁法の規制は、もともと、景表法（不当景品類及び不当表示防止法）の不当表示規制にとっての一般法であった。したがって、景表法で対応できる一般消費者向けの不当表示は消費者庁等による景表法の規制に任せ、一般指定8項は、実際上、一般消費者以外に向けた不当表示を担当する。

　一般指定9項に基づく独禁法の規制は、もともと、景表法の不当景品類規制にとっての一般法であった。したがって、景表法で対応できる取引付随性のある景品類は消費者庁等による景表法の規制に任せ、一般指定9項では、実際上、それ以外の景品類や、それ以外の不当利益顧客誘引行為を取り上げることになる。他の法令等の規範やその趣旨に反する方法での顧客誘引は、一般指定9項の適用対象となり得る（最判平成12年7月7日〔野村證券損失補塡株主代表訴訟〕、公取委公表平成28年7月6日〔義務教育諸学校教科書発行者〕）。

　以上のほかにも、一般指定8項・一般指定9項は、独禁法24条による差止請求の根拠となり得る。

⋙⋙⋙⋙⋙⋙⋙⋙⋙⋙⋙⋙⋙⋙⋙⋙⋙⋙⋙⋙⋙⋙⋙⋙⋙⋙⋙⋙⋙⋙⋙⋙⋙⋙

(3)　排除効果必要型行為

　一般指定14項の規定が抽象的で、他者排除行為のほぼ全体を対象としているため、一般指定14項が排除効果必要型他者排除行為規制の一般条項として用いられることがある。というよりも、公取委の一般指定14項の事例は、ほとんど全てがこちらである。

　筋の良い法律論、という観点からは、一般条項の利用は抑制し、なるべく、具体的な要件の規定された項を適用すべきであろうが、しかし、他に該当項がない場合にはやむを得ないという面もある。例えば、略奪廉売系の行為と取引拒絶系の行為の合わせ技一本によって排除効果を認定する場合（公取委勧告審決平成15年11月27日〔ヨネックス〕）などは、一般指定14項の活用が許されるべき例であろう。

　注意すべきは、排除効果必要型行為規制のためにやむを得ず一般指定14項を使う場合には、その行為が現に排除効果の要件を満たしていることを、常に確認する必要がある、ということである。ややもすれば、一般指定14項がもともと不正手段型行為規制のためのものでもあることを奇貨として、排除効果がなければ違反とできないはずの行為をたやすく違反とするための道具として

一般指定 14 項を用いようとする議論が行われがちである。

　第一興商審決は、競争者を「徹底的に攻撃」するために間接取引拒絶をしたから不正手段である、という理由付けを強調しており、その点で不適切である（公取委審判審決平成 21 年 2 月 16 日〔第一興商〕）。

　原材料供給業者に対し競争者 B に原材料を供給しないように求めた間接取引拒絶の事案で、B への排除効果に相当する十分な認定のないまま、一般指定 14 項を用いて排除措置命令をした事例もある（公取委命令平成 23 年 6 月 9 日〔DeNA〕）。対照的に、全く同種の事案で、B への排除効果を明確に認定し、現在の一般指定 12 項を適用した事例がある（公取委命令平成 21 年 12 月 10 日〔大分大山町農業協同組合〕）。両者を比較すると、前者の不自然さが際立つ。

4　アフターマーケット

(1)　総　説

　アフターマーケットという問題がある。エレベータやプリンタのように長く使う製品（基軸品）を購入すると、それで買い物が終わりとなるのでなく、定期メンテナンスやトナーカートリッジのように長い間の使用に応じて必要となるもの（消耗品）を購入し続ける必要がある場合がある。このようなものをアフターマーケットと呼んでいる。基軸品に関する競争が激しいと、基軸品それ自体ではあまり利益を出さずに安く売って、消耗品で利益を出す、というビジネスモデルも生ずる。ところが、それほど利益が出るのであれば、消耗品だけを売ろうとする非純正の独立系（サードパーティ）が登場する。そうすると、基軸品を売るメーカー系は、何とかして独立系を遠ざけようとする。これが、競争法のアフターマーケット問題である。

(2)　中間品が登場する類型

　(i)　**総　説**　　これまでに日本で登場した多くの事例では、中間品が登場する。すなわち、需要者が基軸品を購入したあと、消耗品は独立系から購入しつつ、平穏に基軸品を使用していたが、ある時、基軸品が故障を起こして部品の交換が必要となり、部品にはメーカーの知的財産権が多く盛り込まれているためメ

ーカー系のものしかなく、需要者としてはメーカー系に部品の供給を依頼せざ
るを得なくなって、メーカー系が、その際あわせて、消耗品を独立系からメー
カー系に切り替えるよう何らかの働きかけをする、といった事案である（ここ
での部品に相当するものを、一般化して「中間品」と呼ぶことにする）。

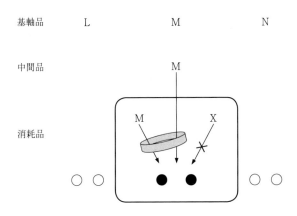

　このような行為は、中間品（主たる商品役務）に消耗品（従たる商品役務）を
抱き合わせた、と構成することもできるし、行為要件が抽象的な一般指定14
項に投げ込むこともできる。一般指定14項を使う場合でも、不正手段という
わけではないから、排除効果の立証が必要である（前記3(3)）。

　アフターマーケット事案は、以下のように、他者排除行為の違反要件論の全
般にわたり、話題を提供する。

　(ii)　**行為要件**　　行為要件では、次のようなことが問題となる。定期メンテ
ナンスについて独立系と契約していた需要者のエレベータが部品交換を要する
故障を起こし、需要者は、部品をメーカー系に発注し、定期メンテナンスもメ
ーカー系に切り替えた。ここで、メーカー系が、定期メンテナンスを独立系か
らメーカー系に切り替えるなら部品を早期に供給すると需要者に述べたと事実
認定するか、それとも、需要者が、独立系に定期メンテナンスを発注していた
ために故障が起きたと理解して切り替えたと事実認定するか、という問題が重
要となる（東京高判平成23年9月6日〔ハイン対日立ビルシステム〕）。

　(iii)　**排除効果**　　排除効果の認定にあたっては、市場画定が重要となる。基

軸品が消耗品に比べて高価である場合などには、基軸品を購入した需要者が他メーカーの基軸品に逃げることができないため、中間品や消耗品について、購入済みの基軸品のブランドにロックインされ小さな市場が画定される、という場合がある（大阪高判平成 5 年 7 月 30 日〔東芝昇降機サービス〕）。

　(ⅳ)　**正当化理由**　　正当化理由の思考材料も提供する。かりに、独立系の消耗品の信頼性が乏しいために基軸品の安全性を確保できないなど、独立系の消耗品の存在を許したのではメーカー系の評判等を維持できない場合には、独立系を排除する行為が正当化理由を持つ可能性がある（一般論として、東芝昇降機サービス大阪高裁判決）。

　後記(3)の中間品が登場しない類型の事案ではあるが、公取委が、正当化理由があれば一定の行為は許される旨を述べたこともある（公取委公表平成 16 年 10 月 21 日〔キヤノン〕）。

　(ⅴ)　**損害賠償**　　消耗品を売ることができなくなったことに基づいて損害賠償請求をする独立系（原告）は、メーカー系（被告）の行為の別の側面について独禁法違反を主張しても駄目であり、消耗品の市場で自己が排除されたことに着目した独禁法上の立論をしなければならない。東芝昇降機サービス大阪高裁判決（乙事件）は、部品と、部品の取替え調整工事との抱き合わせであるとする原告の主張を退け、部品と定期メンテナンスとの抱き合わせである旨の立論で、現在の一般指定 14 項に言及し、損害賠償請求を認容した。

(3)　中間品が登場しない類型

　プリンタの消耗品（トナーカートリッジなど）が問題となる事例は多いが、そこでは、中間品が登場しないことが多い。独立系の非純正消耗品を用いて平穏に使っていたら故障が起きた、というのでなく、プリンタを買う当初から、独立系の非純正消耗品を用いても保証できない、トナー残量を表示できない、そもそも動作しない、といったことがわかっていることが多い。

　この場合に、基軸品（プリンタ）と消耗品（トナーカートリッジ）との抱き合わせという構成をすることそれ自体は可能であるが、そこでは、主たる商品役務である基軸品について、従たる商品役務の市場での排除効果をもたらし得るほどの力があることが必要となる。基軸品と消耗品の抱き合わせと構成して一

般指定 10 項に該当し違反であるとした判決があり、控訴されず確定しているが、基軸品に関する力を認定しておらず、説得性に欠ける（東京地判令和 3 年 9 月 30 日〔ブラザー工業〕）。基軸品の市場シェアが大きければ、中間品が登場しない事案でも違反となり得る（令和 2 年度相談事例 4〔分析機器消耗品〕）。

　プリンタにおいて独立系の非純正消耗品を用いると、保証できないことが表示され、トナー残量は「？」と表示される場合でも、需要者による消耗品の購入行動に影響はないから排除効果はない旨を述べた事例がある（知財高判令和 4 年 3 月 29 日〔リコー対ディエスジャパン〕）。

第 7 節　優越的地位濫用行為

1　どのような行為が問題となるか

　日本法で「優越的地位濫用」の規制と呼ばれるものの本質は、強い地位に立つ者が取引相手方から「搾取」する行為の規制である（後記 3）。搾取行為の規制としては、EU 競争法を含むいくつかの類例がある。

　以下では、公取委の優越的地位濫用ガイドラインにならい、濫用する側を甲、濫用される側を乙とする。

　優越的地位濫用規制では、大規模小売業者が納入業者に対して優越的地位濫用行為を行う事例、つまり乙が供給者で甲が需要者であるという事例が特にしばしば登場する。需要者甲が供給者乙に対して、見返りに何かを購入することを強制する行為、協賛金や従業員派遣を要請する行為、約定された代金の一部しか支払わない行為、などである。企業による人材に対する優越的地位濫用行為も、人材が企業に対して役務を売っているのが通常であるから、需要者による濫用行為ということになる（本書 85 ～ 88 頁）。

　甲が供給者で乙が需要者であるという事例も、もちろん、ある。本書第 1 章に掲げた三井住友銀行審決や後出のセブン – イレブンに対する命令は、売る側による濫用の事例である。

2　条　文

(1)　2条9項5号のみが用いられる

　優越的地位濫用は、不公正な取引方法の一部として規定された2条9項5号によって論ぜられる。

　優越的地位濫用について定めた不公正な取引方法の指定として、2条9項6号ホのもとにある一般指定13項およびいくつかの特殊指定があるが、忘れてよい。なぜ忘れてよいかを説明するには多くの行数を要し、しかし些末なことであるので、いちいち述べない。2条9項5号だけを見ておけば足りる。

(2)　2条9項5号の内容

　2条9項5号の違反要件は、優越的地位の要件、濫用行為の要件、因果関係の要件、公正競争阻害性の要件、に分かれると考えられている。

　優越的地位の要件は、条文では、「自己の取引上の地位が相手方に優越していること」と表現されている（後記5）。

　濫用行為の要件は、条文では、「正常な商慣習に照らして不当に」、2条9項5号のイ・ロ・ハのいずれかに該当する行為をすること、という形で表現されている。本書では、まず行為の要件を先に見て（後記4）、優越的地位の要件も見たあと（後記5）、「濫用行為」の「濫用」の部分を見る（後記6）。

　そのほか、「利用して」の要件がある（後記7）。

＊　この第10版では、2条9項5号のイ・ロ・ハのいずれかを満たす行為は「行為要件充足行為」などと呼び、行為要件充足行為が「正常な商慣習に照らして不当に」を満たす場合に「濫用行為」と呼ぶこととする。第9版では、公取委が用いる「不利益行為」という語を用いたが、この語の位置付けは必ずしも明瞭ではない。公取委は、2条9項5号イ・ロ・ハに該当する行為（行為要件充足行為）を「不利益行為」と呼んでいるようにも見えるが、実際には、行為者と相手方との間の諸状況も勘案したうえで「不利益行為」に該当するか否かを論じており、結局は、「正常な商慣習に照らして不当に」に関する要素を含む概念となっている。この第10版では、不明瞭な概念には、当面、依拠せずに解説することとした。

3　位置付け論

(1)　搾取規制説

本書は、優越的地位濫用規制を、素直に、取引相手方に対して強い立場にある行為者が取引相手方に不利益を課して搾取する行為を規制するものである、と位置付ける。便宜上、「搾取規制説」と呼ぶ。これが、優越的地位濫用規制に対する通常の実感を説明している。EU 競争法の TFEU 102 条における搾取型濫用規制なども同様の受け止め方をされている。

そのような規制を競争法で行う理由の説明が必要であるなら、競争を期待できない状態での濫用行為の規制も、反競争性をもたらす行為の規制と並んで、同質の問題意識による法規制である、と説明することになる。

(2)　間接的競争阻害規制説

これに対し、公取委の優越的地位濫用ガイドラインは、「取引の相手方の自由かつ自主的な判断による取引を阻害する」という搾取規制説的な位置付けにも触れつつ、「取引の相手方はその競争者との関係において競争上不利となる一方で、行為者はその競争者との関係において競争上有利となるおそれがある」ということを強調する（優越的地位濫用ガイドライン第 1 の 1）。行為者甲が取引相手方乙に不利益を与えることが、乙とその競争者との競争に影響をもたらし、甲とその競争者との競争に影響をもたらす、ということであり、間接的競争阻害規制説と呼ぶことができる。

間接的競争阻害規制説が唱えられる背景には様々なものが考えられるが、論者が明確に説明することは少ない。最も考えられるのは、競争法は競争をなくす行為を規制するものであり、競争がなくなった状態での濫用行為の規制をするには複雑な説明を要する、という発想であろう。

しかし、実質的には前記(1)のような反論が可能であるうえに、形式的にも、現在の 2 条 9 項 5 号には、公正競争阻害性を要件とする明文はなく（本書 140 ～ 141 頁）、競争を阻害する行為であると説明しなければならない理由はなくなっている。

公取委は、実際の事件で間接的競争阻害を具体的に認定しているわけではな

く、抽象的な影響に言及して形ばかりの認定をしているだけである。実際には、間接的競争阻害があるから規制する、と考えている者は多くないように見受けられる。昔から言われているから、最近では課徴金の論点もあるから（後記8(3)(iv)）、という主張が中心であるように見受けられる。

(3)　まとめ

　間接的競争阻害規制説のような持って回った説明でなく、本質を捉えた単純で自然な説明である搾取規制説のほうが魅力的であるように思われる。そのうえで、EUなどにおける搾取型濫用規制との比較研究などを充実させ、より高次元における政策論争につなげていくほうが有意義である。公取委・日本独禁法は、優越的地位濫用規制に関する実務を蓄積し、豊富なノウハウ等も持っている。外国から法整備支援などを依頼された際、間接的競争阻害規制説という、持って回ったような実態を欠く話をせざるを得ないのでは、残念なことであろう。

　なお、競争法の母国を自認する米国では、搾取規制は行わないというのが「常識」である。そのコロラリーとして、不要品強要型抱き合わせへの関心は低く（本書188〜190頁）、競争関係のない者を排除する行為は競争法の問題ではないとする（本書163頁）。しかし、最近においては搾取規制導入論も有力となっている。

4　行為要件

(1)　総　説

　2条9項5号には、イ・ロ・ハがある。

　このうちハの「その他」以下が包括的な一般条項となっている。イ・ロ・ハにおいて除外されていて優越的地位濫用となり得ないような行為というものは、ほとんどない。また、ハの「その他」以下が包括的である以上、イ・ロやハの「その他」の前を精密に読み込んでもあまり意味はない。もっとも、具体的なイメージを持つためにイ〜ハを見ておくのは有益である。

　それとは別に、イ・ロ・ハに共通して、「取引」と「相手方」が要件となる。

これらは、ハの「その他」以下にもあり、2条9項5号の柱書きにもある。

　以下では、共通要件である「取引」と「相手方」を見て（後記(2)）、ハの「その他」以下を満たせば足りることを念頭に置きつつイ・ロ・ハをみる（後記(3)〜(5)）。

(2)　共通要件

(i)　**取引**　　金銭を対価として商品役務を供給したり供給を受けたりすることが「取引」に該当することには異論がない。

　ウェブサービスなどで見られるような、無料でユーザにサービスを供給することは、「取引」に該当するか。私見では、対価がなくとも「取引」に該当するとしてよい。公取委は、個人情報等を対価としてウェブサービス事業者に提供している「場合は当然」、ウェブサービスの供給は「取引」に該当する旨を述べている（個人情報等優越的地位濫用ガイドライン2）。この表現は、個人情報等を対価として提供していなくとも取引に該当し得ることを示唆している。そのように理解したほうが、特に断りなく無料取引の市場に独禁法を適用している公取委実務と整合的である（本書36頁）。

(ii)　**相手方**　　公取委は、これまで専ら、「相手方」が事業者である事例のみを優越的地位濫用としてきた。このことは、優越的地位濫用規制に対して中小企業保護という政治的期待が込められていたことと無関係ではない。

　他方で、「相手方」には、非事業者、すなわち消費者も含み得るのではないか、と、かねてから指摘されてきた。搾取規制説を採るならば相手方が事業者であるか否かは関係がない。条文においても、「相手方」としか書かれておらず、事業者であることが明文で求められているわけではない。

　公取委は、この問題について長いあいだ沈黙し、または否定的であったが、デジタルプラットフォーム事業者によるユーザに対する優越的地位濫用を問題とすべきであるとする考え方の盛り上がりを機に、非事業者も「相手方」に含み得ることを明確化した（個人情報等優越的地位濫用ガイドライン2）。そうすると労働者も含み得ることになり、それはそれで大きな問題をもたらすので、調整が図られている（本書87頁）。

(3)　2条9項5号イ

(i)　**不要品強要型抱き合わせ**　　2条9項5号イは、購入強制とも呼ばれるが、つまり、不要品強要型抱き合わせである（本書188〜190頁）。

「売り」と「売り」の抱き合わせだけでなく、買う側が「買い」と「売り」の抱き合わせをすることも多い。大規模小売業者が納入業者にスーツやクリスマスケーキを買わせる、などといった行為である。

ある程度の数は必要であるものを必要以上に買わせた、という場合には、イには該当しないかもしれないため、ハが用いられる（公取委公表平成31年1月24日〔大阪ガスファンヒーター〕）。

(ii)　**継続性について**　　2条9項5号イにおいて、行為者甲と取引相手方乙との継続的取引が必要であるかのように規定されているが、条文の全体を見ると、そのようには言えない。まず、括弧書きにおいて、新規取引でもよいことが明確にされている。また、単発取引であってもハの「その他」以下は満たす（後記(5)(ii)）。

2条9項5号の「継続」は、課徴金要件である20条の6の「継続」とは意味が異なる（後記8(3)(ii)）。

(4)　2条9項5号ロ

2条9項5号ロは、利益提供を要請する行為を挙げている。例としては、大規模小売業者が納入業者に対し、協賛金を要請する行為や、店舗に納入業者の従業員を派遣するよう要請する行為などがある。

ロにおける「継続」にもイの括弧書きが妥当する（同括弧書き）。

(5)　2条9項5号ハ

(i)　**条文の概要**　　2条9項5号ハは、「その他」以下が一般条項的である。

「その他」より前には、下請取引を意識した行為が列挙されている。「その額を減じ」は、優越的地位濫用・下請法界隈では「減額」と呼ばれるが、これは、買う側にとっての支払額が既に約定されているにもかかわらず買う側がそこから減じた額を支払うという行為を指す。新たな価格交渉において、安すぎる価格を提示する行為は、「減額」とは呼ばず「買いたたき」と呼ぶ。

「その他」以下には、様々なものが該当し得る。例えば、相手方に商品開発をさせておいて知的財産権は全て発注者に帰属することとする行為や、人材に対する移籍制限（本書85〜88頁）や取引相手方が望まない排他的取引（本書143〜144頁）などのように選択の自由を奪う行為は、ハの「その他」以下によって行為要件を満たすものと考えられる。他にも例は多くあり得る。

(ii)　**単発取引**　　単発取引に際しての濫用行為も、ハの「その他」以下によって行為要件を満たすと考えられる。公取委の事例が乏しいだけであり、条文上は、単発取引に際しての優越的地位濫用を認定することに何の障害もない。

(iii)　**取引拒絶**　　優越的地位濫用というと、取引に際して濫用行為を行う、というイメージが強いため、濫用行為と認定されるような条件を提示したために取引に至らなかった、または単純に取引を拒絶し困窮させた、という行為は行為要件を満たさないのではないか、という受け止め方がされることが多い。

ハの「その他」以下に、「取引の相手方に不利益となるように取引の条件を設定し」という文言がある。少なくとも、濫用行為と認定されるような条件を提示したために取引に至らなかったという場合は、含み得るかもしれない。

公取委はこのような事例をあまり取り上げないので、この論点は民事裁判において潜在的に検討されることが多い。実務的には、一般指定2項をあわせて主張することで論点が回避されることが多いが、一般指定2項では被拒絶者が事業者でなければならないという副作用が生ずる。

5　優越的地位

(1)　取引必要性基準

「優越的地位」は、2条9項5号では「自己の取引上の地位が相手方に優越していること」と表現されている。

甲が乙に対して優越的地位にある、と言えるのはどのような場合か。

かつては資本金や従業員数などの企業の大きさの比較で決するというようなことが何となく言われていた時代もあったが、今では、乙にとって甲と取引する必要性があれば甲は乙に対して優越的地位にある、と考える取引必要性基準が定着している。

209

　優越的地位濫用ガイドラインは、そのことを、次のように表現している。「甲が取引先である乙に対して優越した地位にあるとは、乙にとって甲との取引の継続が困難になることが事業経営上大きな支障を来すため、甲が乙にとって著しく不利益な要請等を行っても、乙がこれを受け入れざるを得ないような場合である」（優越的地位濫用ガイドライン第 2 の 1）。

　優越的地位濫用ガイドラインは、優越的地位の成否を判断する際の考慮要素として、「乙の甲に対する取引依存度、甲の市場における地位、乙にとっての取引先変更の可能性、その他甲と取引することの必要性を示す具体的事実を総合的に考慮する」、を挙げている（優越的地位濫用ガイドライン第 2 の 2）。「取引依存度」とは、例えば乙が甲に売る立場にある場合には、乙の甲に対する売上高を乙の全売上高で除した数字であるとされる。「甲の市場における地位」にいう「市場」が何を指すのかは明確ではない。

(2)　具体的内容

　問題は、乙にとって甲との取引がどれほど必要であることを求めるのか、である。乙にとって、甲の競争者との取引に切り替えることが可能であるなら取引必要性はないと見るのか。それとも、そのような受け皿はあるとしても現在の取引先甲と取引できなくなると短期的損失があるというだけでも取引必要性があると見るのか。

　最近の公取委審決・東京高裁判決は、後者に近い判断をしている。具体的には、例えば、乙にとっての取引依存度 10 ％未満の甲との取引ができなくなって乙に短期的損失が出る（乙のビジネスとして甲と取引できるに越したことはない）という水準でも、優越的地位の成立を認めている。その際、公取委の報告命令に対する乙の回答を重視している（公取委審判審決令和元年 10 月 2 日〔エディオン〕、公取委審判審決令和 2 年 3 月 25 日〔ダイレックス〕、東京高判令和 3 年 3 月 3 日〔ラルズ〕）。

　この立場に対しては、批判が可能である。どのような取引者にとっても、現在の取引先は大事であり失ったら短期的損失が生ずるので「困る」と述べるのは自然であることに鑑みると、そのような証拠だけで優越的地位を認めるのは根拠として脆弱である。

エディオンやダイレックスに関する東京高裁判決、場合によっては最高裁判決があれば、さらに議論を深めることができるであろう（ラルズについては上告不受理の最高裁決定がされたが（令和4年5月18日）、上告不受理決定は最高裁が東京高裁判決の判断基準を是認したということを意味しない）。

　搾取規制を行っているEU競争法では、甲の立場の者が「dominant position」を持つことを必要としており、強い地位の立証が求められる。公取委を含む日本の多くの専門家は、「dominant position」に、優越的地位とは異なる「支配的地位」という訳語を充てることで、それよりも弱い地位でも日本独禁法の「優越的地位」は満たされる、ということを印象付けようとしている。以上のような考え方の相違は、質的な相違であるというよりも、乙にとって甲との取引がどれほど必要であることを求めるのか、という枠内での程度問題の相違である。

6　濫　用

(1)　総　説

「濫用行為」の要件のうち、「行為」に関する部分は既に見たので（前記4）、「濫用」に相当する部分を以下で解説する。「濫用」は、2条9項5号では「正常な商慣習に照らして不当に」と表現されている。現実の商慣習に合致した行為であっても、「濫用」とされることはある。現実の商慣習それ自体が好ましくない場合が、あるからである。

　濫用の根拠は、大きくいうと2種類に分類される（後記(2)、(3)）。現実はこれらの中間にあることが多い。以下にみる2つの考慮要素に代表されるような様々なものを総合考慮することになる。

(2)　あらかじめ計算できない不利益を与える行為

　第1は、契約時には乙が計算できなかった不利益を甲が課す、というものである。わかりやすく言えば、甲が約束を反故にする行為、とも言える。納入者に落ち度はないのに、納入者に支払うべき代金を約束に反して減額する、返品する、やり直しを求める、といった行為である。従業員派遣や協賛金の要請も、

211

こちらに該当することがある。

　コンビニの、本部（甲）と、実際に店舗を経営する加盟者（乙）との間の契約にはなかった「見切り販売禁止」を本部が求め、販売期限が近づいた弁当などの安売り（見切り販売）をさせずに乙に不利益を与える行為も、この類型の一例ということになろう（公取委命令平成21年6月22日〔セブン‐イレブン排除措置〕）。他方、乙が公共料金の収納代行サービス等を行うべきことが、基本契約に明記はされていなかったが、契約の解釈によって、基本契約に含まれていると認定された事案では、優越的地位濫用の成立が否定されている（東京高判平成24年6月20日〔セブン‐イレブン収納代行サービス等〕）。

　あらかじめ計算できない不利益を与える行為は、正当化理由がない限り、濫用行為と認定されやすい。

(3)　合理的範囲を超える不利益を与える行為

　第2は、あらかじめ内容は明らかではあったが、乙にとって合理的範囲を超える不利益となっている、という場合である。

　協賛金や従業員派遣の要請について、優越的地位濫用ガイドラインは、それが乙にとっての「直接の利益」を超えるものであれば濫用となる、としている。例えば、家電量販店甲に対して従業員を派遣する家電メーカー乙の「直接の利益」とは、当該派遣によって甲の店舗で乙の家電製品が多く売れたり、顧客のニーズを把握できたりする、という利益を指す、とされる（以上、優越的地位濫用ガイドライン第4の2(1)ア注9、(2)ア注12）。

　甲と乙との間の取引価格それ自体が濫用だ、という議論になると、話は簡単ではなくなる。甲が買い手なら著しい低価格（前記4(5)(i)の買いたたき）、甲が売り手なら著しい高価格、ということになるが、どこからが著しく不当なのかの線引きが、難しいからである。

　しかし、例えば、通常の取引の場合よりも条件の厳しい納期で発注した取引であるにもかかわらず代金が同じである場合など、比較対象が明確である場合には、濫用と言いやすい（フリーランスガイドライン第3の3(3)）。消費税インボイス制度の導入に伴って、インボイスを発行しない者への支払を減らす行為に関する相談事例も現れている（令和3年度相談事例7〔消費税インボイス制度対

応〕）。

　また、甲が買い手の場合に、乙が甲に売る価格が乙の仕入価格をも下回るほどに低い場合は、濫用行為と認定されやすい（公取委勧告審決平成 17 年 1 月 7 日〔ユニー〕、大阪地判平成 22 年 5 月 25 日〔フジオフードシステム〕）。

　不要品強要型抱き合わせは、合理的範囲を超える不利益と認定されやすい例である（三井住友銀行審決など）。

(4)　応用例

　約定した代金を後から減額する行為は、通常は、あらかじめ計算できない不利益であるために濫用とされる。

　しかし、そのような行為が、大規模小売業者甲の店頭にある納入業者乙の旧商品を特に安売りして売り切り、甲の店頭の空いた陳列棚に乙の新商品を並べて早期に売り始めるためのものであるならば、濫用なしとされる可能性が生ずる。甲としては、乙の新商品を早期に売り始めることができるようにするために旧商品を安売りするのであるから、安売りによって受ける甲の損失を乙に負担してもらいたい、という考えが生ずる。乙がそれを負担することは、見かけ上は、旧商品の代金を甲が事後的に減額していることになる。

　そのような場合、安売りのための負担、すなわち減額を、乙の側から申し出ており、かつ、そのような行為が乙の直接の利益となっているならば、減額は濫用とはならない。また、同様の観点から甲と乙があらかじめ合意した枠組みによって減額をした場合にも、濫用とはならない（以上、公取委審判審決平成 27 年 6 月 4 日〔日本トイザらス〕）。

(5)　公正競争阻害性

　「正常な商慣習に照らして不当に」は、まず、以上のように、甲が乙に濫用といえる不利益を与えているかを問題とする要件であると理解できるが、加えて、公正競争阻害性の存否を問題とする要件でもあるとする理解もあり得る。

　公取委は、間接的競争阻害規制説をとり、その点を強調する（前記 3(2)）。もっとも、それに基づいて個別事例において実質的な判断をしているわけではない。搾取規制説を形の上で否定し、課徴金を見据えて全体で 1 個の違反行為

であると主張するための（後記8(3)(iv)）、方便となっている感がある。

　平成21年改正により、「正常な商慣習に照らして不当に」に公正競争阻害性の要素を読み込まなければならない条文上の必然性はなくなった（本書140〜141頁）。「正常な商慣習に照らして不当に」の要件は、不利益の有無に関するものである、と割り切る解釈が可能となっている。

7　利用して

　「利用して」の要件は、優越的地位と濫用行為との間に因果の関係があることを求める。確かに甲は乙に対して優越的地位にあるが、乙が濫用行為を受けたのは甲の優越的地位とは関係がなく、全く別の事情によるものである、という場合には、2条9項5号の「利用して」の要件を満たさない。

　公取委は、これまでに検討した事例が乏しいためか、「優越的地位」と「濫用行為」があれば「利用して」もほぼ自動的に満たすかのような短い記述にとどめており（優越的地位濫用ガイドライン第2の3）、それに追随した裁判例がある（東京地判令和4年6月16日〔韓流村対カカクコム食べログ〕）。

　しかし、このような枠組みでは、優越的地位の有無や取引の有無に関係なく全ての者に一律に影響が及ぶような行為の場合であっても、たまたま「優越的地位」と「濫用行為」の要件を満たすならば、「利用して」の要件も満たすことになってしまう。公取委のように「優越的地位」の成立を広く認める場合には（前記5(2)）、「利用して」で絞らなければ、日常的ビジネスへの影響は大きいように思われる。

8　法執行

(1)　総　説

　2条9項5号の優越的地位濫用に対しては、排除措置命令（20条）と課徴金納付命令（20条の6）の規定がある。確約制度の対象ともなる（48条の2〜48条の9）。刑罰の規定はない。民事裁判での援用はもちろん可能であり、24条による差止請求の根拠とすることも可能である。

　もっとも、課徴金の事例は、平成 23 ～ 26 年に 5 件が現れた後はゼロとなっている。

　他方で、最近では、デジタルプラットフォームの取引相手方に対する行為、コンビニ本部の加盟店に対する行為、企業のフリーランス等に対する行為、などにおける問題に光が当てられ、実態調査、ガイドライン改定、確約制度の適用など、課徴金のない啓蒙活動などに重点が置かれているようにも見える。

(2)　金銭的価値の回復

　金銭的価値の回復が、確約制度の導入を機に改めて議論されている。甲が乙に対して減額をしたり経済的利益の提供をさせたりした場合に、それに相当する金銭的価値の回復を乙に対して行うべきではないか、という問題である。

　公取委は、排除措置命令において、金銭的価値の回復を求めてこなかった。そうしたところ、平成 28 年改正によって確約制度が導入され、金銭的価値の回復を盛り込んだ場合だけ確約認定を行う、というアイデアが生じた。

　これについては様々な議論があるが、公取委としては、確約措置に必ず盛り込まれるべき内容であるとすることはできず、金銭的価値の回復を盛り込めば確約認定を得るために「有益である」と述べるにとどめている（確約手続方針 6(3)イ(カ)。

(3)　課徴金

　(i)　**総説**　　2 条 9 項 5 号に該当する行為の課徴金については、20 条の 6 に規定されている。1 回の違反行為で直ちに課される課徴金である。

　(ii)　**違反行為の継続性**　　厳密には、2 条 9 項 5 号該当行為の全てが課徴金対象となるわけではなく、そのうち「継続してするもの」だけが課徴金対象となる（20 条の 6 の最初の括弧書き）。軽微な行為を課徴金対象としないようにしようとするものであろう。

　この「継続」は、違反行為が継続するという意味である。2 条 9 項 5 号イ・ロの「継続」は取引が継続するという意味であり（前記 4(3)(ii)）、全く異なる。

　(iii)　**当該違反行為の相手方との間における売上額・購入額**　　課徴金額は、「当該違反行為の相手方との間における……売上額（……購入額……）」の 1 ％で

ある。甲が買い手である事例では、甲の乙からの「購入額」の1％となる。甲が買い手である事例が多いので、以下では便宜的に購入額のみに言及する。

課徴金対象期間は、18条の2第1項で定義される「違反行為期間」である。違反行為の開始日から終了日までであることを原則とし、両者が約10年を超えて離れている場合は終了日から遡って約10年間とされる（「約10年」については、本書117〜119頁の「実行期間」と同じ考え方）。

「当該違反行為の相手方」とされているので、行為要件を満たす行為の標的となった者のなかに、$乙_1$と$乙_2$がいて、甲は$乙_1$との関係では優越的地位に立っているが$乙_2$との関係では優越的地位に立っていない、という場合には、$乙_2$は「当該違反行為の相手方」に含まれない。この場合、$乙_1$からの甲の購入額のみが、課徴金の算定基礎となる。

このように、どの乙に対して優越的地位の要件が満たされ濫用行為の要件が満たされるかによって課徴金額が左右されるので、平成21年改正による課徴金導入後は、乙の数だけ、何度も繰り返し違反要件の成否が判断されている。

(iv) **違反行為の個数**　乙の数だけ違反要件の成否などが判断されることになると、次に、全体としての違反行為の個数が問題となる。

100名を超える多数の乙が登場する事例も珍しくないが、簡単にするため、次の図のように、乙が3名登場する事例を考える。図の中の●は、その乙に対して実際に濫用行為が行われたことを示している。横軸は年月である。

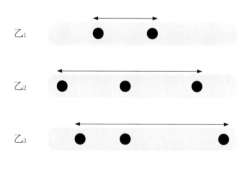

違反行為が、乙₁ に対するもの、乙₂ に対するもの、乙₃ に対するもの、というように別々に 3 個のものとして観念されるなら、課徴金の対象となる購入額は、それぞれの乙ごとに、←→で示した期間のみとなる。

他方で、違反行為を全体で 1 個と考えるなら、課徴金の対象となる購入額は図中の網掛けになっている全ての期間となる。公取委は、違反行為が組織的かつ計画的に一連のものとして行われていることを強調し、全体で 1 個の違反行為を認定しようとする傾向がある。

公取委は、間接的競争阻害規制説（前記 3(2)）、公正競争阻害性に関する考え方（前記 6(5)）、違反行為の個数に関する考え方（上記）、を総合的に押し出して、違反行為は全体で 1 個であるとする結論を強調する。

それに対し、搾取規制説の考え方からは、個々の相手方乙に対してそれぞれ違反行為が成立するという見方も、有力なものとなる。現に、公取委自身が、個々の乙ごとに、優越的地位や濫用行為（不利益行為）の認定を行っている。

9　下請法

(1)　総　説

下請法は、正式の題名を「下請代金支払遅延等防止法」といい、独禁法典の優越的地位濫用規制の特別法的な役割を果たしている。買う側の甲が売る側の乙と取引する下請取引を、一定の場合に機動的に取り締まるものである。

下請法は、企業実務において重視されている。中小企業保護などの観点から政治的関心も高い。専門の弁護士等が行う講習会には多数の企業関係者が参加するのが通例である。他方で、後記(3)のように法執行が「勧告」を中心としており裁判所で適用されることがほとんどないため、伝統的に裁判中心で展開してきた日本の法学教育では光が当たりにくい。両者の間には大きなギャップがある。

217

(2)　違反要件の特色

下請法は、対象となる下請取引を、「製造委託」、「修理委託」、「情報成果物作成委託」、「役務提供委託」の 4 つに限定している（下請法 2 条 1 項〜4 項）。

　下請法は、独禁法典の優越的地位濫用規制における「優越的地位」とは異なり、資本金の額や出資の総額を基準として「親事業者」と「下請事業者」という概念を形作っている。このため、被規制者からみても明確であり、規制する公取委側も迅速に動きやすい。この基準を満たせば、取引必要性のない事案でも、規制対象となり得る。他方、資本金の額などの基準は満たさないが取引必要性が存在し濫用行為が行われる、という例は、規制し得ない。

　下請法は、独禁法典の優越的地位濫用規制における「濫用行為」に対応するものとして、親事業者が行ってはならない行為を列挙している（下請法4条）。そこには、受領拒否、支払遅延、代金減額、著しく低い代金の設定、不要品強要、などが挙げられている。下請法4条の判断基準は、独禁法の優越的地位濫用規制における「濫用行為」の判断基準と、実際上、同じだと考えてよい。ただし、運用において、独禁法の場合よりも画一的な判断がされがちであると指摘されている。

　下請法は、上記のような禁止行為を予防するため、親事業者に対し、書面交付義務（3条）および書類作成保存義務（5条）を課している。

(3)　法執行の特色

　下請法4条に違反する行為があった場合には、公取委は、親事業者に対し、下請法7条に基づいて勧告を行うことができる。勧告は、独禁法の排除措置命令と同様、違反行為を取りやめるべきことその他必要な措置をとるようにさせることを内容としている。

　勧告は、それ自体に強制力はないが、一定の意味は与えられている。すなわち、第1に、勧告に従えば独禁法の優越的地位濫用の規定の法執行がされないことになっている（下請法8条）。第2に、勧告は公表されるのが例となっており、公表という事実上の力も無視できない。

第9章
事業者団体規制

1 違反要件と法執行

事業者団体規制の違反要件は、8条に規定されている。1号〜5号がある。

事業者団体規制の法執行としては、まず排除措置命令がある（8条の2）。8条1号・2号の違反行為は、一定の要件のもとで課徴金納付命令の対象となるが（8条の3）、3号〜5号の違反行為は課徴金の対象とならない。8条1号違反行為は、悪質な場合には刑罰の対象ともなる（89条1項2号、95条）。民事訴訟での援用も可能である。8条5号違反行為は24条による差止請求の根拠ともなる。

2 独禁法のなかでの位置付け

事業者団体規制は、事業者団体を違反者とし、命令等をすることを可能としている。事業者が主導する違反行為は三大違反類型で取り上げて、事業者団体が主導する違反行為は事業者団体規制で取り上げる、という役割分担となる。

日本の独禁法に8条が置かれたのは、昭和20年代の歴史的経緯による。米国やEUの競争法には、事業者団体に特化した条文は置かれていない。

3 事業者団体の定義

「事業者団体」の定義が2条2項に置かれている。

独禁法から離れた一般的文脈では、「事業者団体の定義は？」と聞かれたら、あるべき望ましい団体をイメージして定義を述べてしまうものである。しかし、独禁法においては「事業者団体」に該当することが違反要件となるのであって、

望ましいものだけに絞って定義したのでは、望ましくない団体であればあるほど違反の確率が減ることになり、本末転倒である。2条2項の定義にはそのきらいがあり、したがって、「共通の利益を増進する」や「主たる目的」の拡張解釈で条文の失敗を補っている。

　各事業者が自社の名前でなく従業者の名前で参加している団体であっても、8条の規制対象である事業者団体とされることがあり得る（2条1項後段）。

4　8条各号

(1)　8条1号

　8条1号は、事業者団体が違反者となる、ということを除いては、不当な取引制限や私的独占と同じである。条文のなかに「公共の利益に反して」という文言がない点で私的独占や不当な取引制限と異なっているが、実際上の差をもたらすわけではない（本書64〜65頁）。

(2)　8条2号

　8条2号は、6条の事業者団体版である。立法論としてあまり適切でない規定であり、そのことは国際事件の箇所で述べる（本書242頁）。

(3)　8条3号

　8条3号は、他者排除行為について、8条1号よりも広い弊害要件を用意している。つまり、「事業者の数を制限する」だけで違反となり得る点で排除効果重視説と通底し（本書162〜163頁）、競争の実質的制限（原則論貫徹説）を要件とする8条1号を満たさない行為の受け皿となっている。

　事業者団体への加入を拒否する行為は、単にそれだけで8条3号に違反するわけではなく、当該事業者団体への加入が事業活動にとって必須である場合に初めて8条3号に違反する（例えば、東京高判平成13年2月16日〔観音寺市三豊郡医師会〕）。つまり、排除効果が要件となっている。例えば、事業を行うには損害賠償責任保険に加入することが必要であり、損害賠償責任保険に加入するには事業者団体に加入することが事実上は必須であるという場合には、事業

者団体への加入拒否が8条3号違反となる（東京高判令和3年1月21日〔神奈川県LPガス協会〕）。

正当化理由があれば、当然のことながら、違反とはされない。

8条3号の「一定の事業分野」という文言は、実質的には市場と同じ意味なのであるが、「事業者の数を制限する」か否かを判断する際に需要者の数を数えず供給者の数だけを数えるのだということを示すため、敢えて作り出された概念だとされている。

(4) 8条4号

8条4号は、主に競争停止的な行為について、8条1号よりも広い弊害要件を用意している。「不当に」は、公正競争阻害性と同義だと解釈されている。

8条4号違反行為の例として、構成事業者の広告を事業者団体が抑制する行為（公取委審判審決平成8年6月13日〔広島県石油商業組合〕）、構成事業者たる医療機関の診療科目の追加や増床などを事業者団体たる医師会が抑制する行為（観音寺市三豊郡医師会東京高裁判決）、構成事業者の広告に価格を表示させない行為（公取委命令平成19年6月18日〔滋賀県薬剤師会〕）、がある。

8条4号に特有の行為類型というものは、存在しない。8条4号で処理されることの多い行為類型でも、競争変数が左右される状態をもたらして8条1号違反となる可能性は、論理的には、常にある。逆に、事業者団体による価格協定は多くの場合は8条1号に違反するが、当該団体の構成事業者の市場シェアが小さいなどの理由で競争変数が左右される状態を立証できない場合には、8条4号が適用され、課徴金の対象外となる（例えば、公取委審判審決平成7年7月10日〔大阪バス協会〕）。

実際上は、8条4号は、8条1号に該当する可能性のある行為に課徴金をかけずに済ませる場合の受け皿として機能している。8条1号は課徴金の対象となるが（8条の3）、8条4号は課徴金の対象とはならないからである。そのような事案に課徴金を課さない方法としては、8条4号違反として排除措置命令だけを行う、8条1号を根拠に警告や注意を行う（公取委公表平成24年6月14日〔白干梅〕、公取委公表平成27年6月30日〔西日本私立小学校連合会等〕、など）、などがある。

(5)　8 条 5 号

　8 条 5 号については、不公正な取引方法に関して述べたことに特に付け加えるべき点はない。事業者団体が構成事業者に一般指定 1 項 1 号の共同取引拒絶をさせたとされた「田澤ルール」の事例がある（公取委公表令和 2 年 11 月 5 日〔日本プロフェッショナル野球組織〕、本書 87 頁）。

☕ **組合の行為の適用除外（22 条）** ≫≫≫≫≫≫≫≫≫≫≫≫≫≫≫≫≫≫≫≫≫≫≫≫≫

　独禁法典に規定されている適用除外規定のうち 21 条（本書 69 頁）と 23 条（本書 158 〜 159 頁）については既に触れた。残るは 22 条である。

　22 条は組合の行為のうち一定のものを適用除外としている。典型例は、組合が組合員の商品役務の共同販売事業を行う場合である。

　22 条ただし書に例外が定められている。第 1 に、不公正な取引方法を用いる場合は適用除外とならない（例えば、公取委命令平成 21 年 12 月 10 日〔大分大山町農業協同組合〕）。第 2 に、競争の実質的制限により不当に対価を引き上げる場合には適用除外とならない。競争の実質的制限の場合には多くの事例で対価が引き上げられるので、適用除外とならないことが多いようにも思われる。結局、22 条の主な機能は、組合の共同販売事業に対して他にも競争者がおり競争の実質的制限がそもそも起きないような事例で、組合が安心して共同販売事業を行えるようにするところにある、と言ってよいかもしれない。

　共同販売事業とは関係のないところで、例えば組合が組合員の独自の販売活動についてカルテルを主導するなどした場合には、そもそも「組合……の行為」に該当しないために適用除外とされない（例えば、公取委命令平成 27 年 1 月 14 日〔網走管内コンクリート製品協同組合〕）。

≫≫≫

第10章
企業結合規制

第1節 総説

1 どのような行為が問題となるか

　企業結合規制において問題となるのは、合併や株式取得のように企業の組織構造それ自体を変容させるような行為である。そのような行為は、市場の状況も一定程度において不可逆的に変化させるので、もし企業結合行為が行われたあとに弊害が起こりやすくなりそうであるならば、事前に企業結合行為をやめさせる必要がある、と考えられている。このように、企業結合規制は事前規制を中心とする点に特徴がある。

　もっとも、かりに違反とされても、排除措置命令によって企業結合が禁止されるということは日本では稀であり、当事会社が申し出た問題解消措置の履行を条件に企業結合それ自体は容認される、ということが多い。当事会社が企業結合計画を取りやめることは、もちろんあり得る。

　そのような規制の対象となり得る行為を総称して企業結合（企業結合行為）と呼ぶ。競争法の英語において単に「merger」という場合には、合併より広く、株式取得なども含み、企業結合の概念全体を指す（後記第2節2）。

2 条文

　企業結合規制の違反要件は、10条および13条〜17条に規定されている。

　これらには、将来における競争の実質的制限に着目した規制と、不公正な取引方法による企業結合の規制とが混在しているが、後者は本書では省略する。

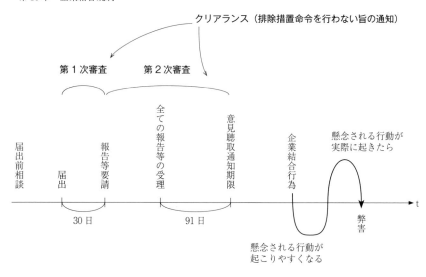

　企業結合規制の法執行の基本は、排除措置命令による事前規制である（17 条の 2）。そして、事前規制をすべき重要な企業結合計画を逃さず捕捉できるようにするため、一定以上の規模の企業結合計画に事前届出義務を課し（10 条 2 項、15 条 2 項、など）、それに伴う事前審査を行う（10 条 8 項〜 14 項（15 条 3 項などで準用する場合を含む））。

　例外的には、届出義務がない企業結合などの場合に、企業結合行為の実行より後に企業結合審査をすることもあり得る。

第2節　違反要件

1　全体像

　前章までに見た独禁法違反行為には、複数の者が絡んで行われる行為が多い。まず、価格協定のように共同で行われる行為がある。また、排他的取引のように、違反者とされるものは単独であるけれども他者を道具として用いる行為もある。

　それらの行為と同等のことは、それに絡む複数の者が合併や株式取得によっ

て結合すると、行われやすくなる。左の図で、ＡとＢの価格協定と同等の統一的価格設定は、ＡとＢとが合併してしまえば、「ＡＢ」という単独供給者の日常的行為として行われる。右の図で、ＢがＡに依頼する排他的取引は、ＡとＢとの間に株式取得によって資本関係ができれば、起こりやすくなるかもしれない。そういった観点から、企業結合に対する規制は行われる。

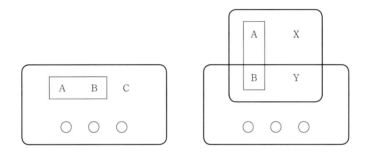

　以上のような企業結合規制の論理構造を言語化すれば、次のようになる。まず第1に、株式取得や合併など、行為要件を充足する企業結合行為が行われる。第2に、そのような企業結合行為がかりに行われたとするなら、上記の統一的価格設定や排他的取引などのような懸念される行動が起こりやすくなる。そして第3に、かりに懸念される行動が実際に起きたならば弊害（競争の実質的制限）がもたらされる。これらの条件が満たされる場合に、違反となる。

　このように、企業結合規制においては、企業結合行為を行ったらどうなるか、ということを、企業結合行為より前の時点で、審査し判断するのが基本である。判断対象は、企業結合行為後という将来の状況である。ところが、議論においては、これまでの市場シェアなど、過去の状態に関するものが頻繁に登場する。これは、過去の状態に第一義的に関心があるからではない。将来のことを判断するための参考として、過去の状態を調べているのである。多くの事案では、過去の状態が将来においてもある程度は続くと考えられているからである。

225

2　行為要件

(1)　総　説

日本独禁法では、10 条および 13 条〜 16 条のように、企業結合の形式的態様ごとに条を分けている。

(2)　10 条

10 条 1 項は、会社による株式の取得に着目した企業結合規制である。

「所有」という文言があるため、取得時には独禁法上の問題とされなかったにもかかわらず事後の競争環境の変化により株式所有が違反とされる可能性が、論理的にはある。しかし、実際にはほとんど議論されない。

(3)　13 条

13 条は役員兼任に着目した企業結合規制である。形のうえでは、役員となろうとする自然人が規制対象となる。条文から明らかなように、出身会社において役員である必要はない。「他の会社」の役員となって当該「他の会社」の意思決定を出身会社が支配できるか否かが、重要だからである。

13 条には、届出制度がない。

役員兼任が単体で問題とされることは稀である。株式取得が「結合関係」（後記 5）をもたらすか否かを判断する際の考慮要素として登場する場合が多い。

(4)　14 条

14 条は、会社以外の者による株式の取得・所有に着目した企業結合規制である。過去においては、14 条は財閥家族による株式取得・所有を念頭に置いたものだと説明されたこともあったが、特殊法人や組合形式の投資ファンドによる株式取得・所有についても、14 条で論ずることになる。

14 条には、届出制度がない。10 条と 14 条の違いは、届出制度の有無にある。

(5)　15 条

15 条は合併に着目した企業結合規制である。

(6) 15条の2

15条の2は共同新設分割や吸収分割に着目した企業結合規制である。

(7) 15条の3

15条の3は共同株式移転に着目した企業結合規制である。共同株式移転とは、AとBが共同で持株会社を設立し、ともにその下にぶらさがる、という形態による企業結合である。

(8) 16条

16条は事業等の譲受けに着目した企業結合規制である。

16条1項において、譲渡会社の事業の全部または重要部分の譲受けであることが違反要件となっている。したがって、例えば、巨大企業である譲渡会社にとって取るに足らない事業であれば、検討対象市場にとっては大きな意味をもつ事業譲受けであっても、行為要件を満たさないとされる可能性がある。平成10年改正前は、16条1項の行為要件を満たす事業等の譲受けが全て事前届出義務の対象となっていたため、行為要件を狭く規定することによって届出義務の対象を絞っていた。平成10年改正により16条2項以下において正面から届出義務を絞るよう届出要件が法定されたのであるから、立法論としては、16条1項において行為要件を殊更に絞る必要はなくなっているはずである。

(9) いずれにも該当しない場合

10条および13条〜16条のいずれの行為要件も満たさず、17条で例外的に拾われることもなく、事後規制の条文で解決されることになったとしても、弊害要件は同じである。事前規制をすることができないだけである。不当な取引制限などの事後規制の違反類型については、事前に相談する仕組みがあるから（本書13頁）、当事者が黙ってこの手順に乗ってくれた場合には、実質的には企業結合規制の場合と同じように事前規制をすることができる。この場合は、公取委での担当部署の違いが生ずるという程度の違いにとどまる。しかし、当事者が正面から争う構えを見せた場合には大きな差がもたらされる。

227

3　弊害要件

(1)　総　説

(i)　**弊害要件の構造**　　企業結合行為により、懸念される行動が起こりやすくなり、かりに懸念される行動が起きたならば弊害が起こる、という場合には、弊害要件を満たす（前記1）。

条文では、各条1項の、「により（によつて）一定の取引分野における競争を実質的に制限することとなる」によって表現されている。「こととなる」は、企業結合行為を行った瞬間に弊害が起こるわけではないが将来において起きやすくなる、という場合を含む趣旨である。「により（によつて）」は、因果関係の問題（後記4）にも対応する文言でもある。

以下では、理解しやすくするために、弊害要件の問題を、懸念される行動が起こりやすくなるか否かと、かりに懸念される行動が起こったならば弊害が起こるか否かとに、分けて説明する。

この2つを完全に分けて考えなければならないわけではない。この2つは、「により（によつて）一定の取引分野における競争を実質的に制限することとなる」か否かを総合的に判断する際の2つの大きな考慮要素であるに過ぎない。ただ、一応は分けておいたほうが、議論の構造をつかみやすくなる。

(ii)　**水平型・垂直型・混合型**　　企業結合規制を論ずる場合には、水平型企業結合・垂直型企業結合・混合型企業結合、の3類型がしばしば言及される。競争関係にある者同士の企業結合が水平型、取引関係にある者同士の企業結合が垂直型、いずれでもない者同士の企業結合が混合型、である。

これらを区別する実益は、企業結合事案がどの類型に該当するかによって、「懸念される行動」としてどのようなものが頻出するかが異なる、ということにあり、そして、それに尽きる。違反要件は、3類型のいずれであっても同じである。適用条文も、例えば株式取得なら、3類型のいずれであっても10条1項であり、合併なら、3類型のいずれであっても15条1項1号である。水平型企業結合・垂直型企業結合・混合型企業結合というものは、法的観点であり（本書190〜191頁）、ある企業結合がいずれか1つだけに分類されるわけではない。

⑵　懸念される行動が起こりやすくなる

⑴　水平型企業結合において頻出する懸念される行動

水平型企業結合の場合に、懸念される行動として頻出するのは、同一または連動的な価格設定等である。

合併・事業譲受け等や、株式取得による親子会社化の事例においては、競争関係にある当事会社の間で同一または連動的な価格設定等が行われるようになるのは当然であるが、そこまではいかない少数株式取得の事例であるならば、株式取得という行為を行ったとしても同一または連動的な価格設定という懸念される行動が起こりやすくなるとは限らない（後記5⑷）。

⑴　垂直型企業結合において頻出する懸念される行動

川上当事会社Aと川下当事会社Bが企業結合をする場合に、その企業結合は垂直型と呼ばれる。それぞれの市場には、それぞれの当事会社の競争者が存在するのが通常である。川上競争者をXとし、川下競争者をYとする。

垂直型企業結合において起こりやすくなる懸念される行動の代表例として、競争者に対する取引拒絶系他者排除行為と、競争者からの情報入手とがある。それぞれ、川下市場が検討対象市場となるような視角からの議論と、川上市場が検討対象市場となるような視角からの議論とがある。順に見ていこう。

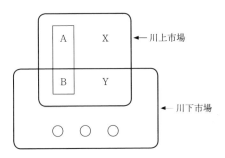

第1に、川下市場が検討対象市場となるような視角である（企業結合ガイドライン第5の2⑴、3）。まず、懸念される行動として、川上当事会社Aが川下競争者Yに対して供給拒絶またはそれに準ずる行為をするのではないか、ということが問題となる（この懸念される行動を「投入物閉鎖」と呼ぶ）。また、A

229

がYに対して供給拒絶をしないとすれば、AはYと取引し、Yの内情やニーズに関する情報を得ることになるが、この場合の懸念される行動として、このようにして得たYの情報を、AがBにそのまま流すのではないか、というものがある。BがYの情報を入手した場合、Yの施策に対して常に先手を打つことでYの排除が容易となるかもしれないし、逆に、Yの手の内を知ることができるのでBとYとの間の協調的行動が促進されるかもしれない。

　第2に、川上市場が検討対象市場となるような視角である（企業結合ガイドライン第5の2(2)、3)。懸念される行動は、全て、上記の裏返しである。まず、川下当事会社Bが川上競争者Xに対して購入拒絶またはそれに準ずる行為をするのではないか、ということが問題となる（この懸念される行動を「顧客閉鎖」と呼ぶ)。また、BがXから入手した情報をAに流すことで、Xが排除されたり、AとXの協調的行動が促進されたりするかもしれない。

(iii)　**混合型企業結合において頻出する懸念される行動**　　両当事会社が競争関係にもなく取引関係にもない場合に、その企業結合は混合型と呼ばれる。

　混合型企業結合の場合に、懸念される行動として頻出するのは、抱き合わせまたはそれに準ずる行為である（企業結合ガイドライン第6は、これを「組合せ供給」と呼んでいる)。代替関係になく取引関係にもない商品役務甲と商品役務乙があるとして、甲を供給するAと、乙を供給するBとが、企業結合をすると、甲と乙の組合せ供給によって甲または乙に関する競争者を排除することが懸念される。典型例は、乙をBから買わないならば甲をAが売らない、という抱き合わせである。また、抱き合わせまではいかなくとも、乙をBから買うことを条件として甲をAから買う際の価格を引き下げるというセット割引もあり得る。

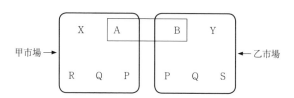

　見た目は異なるが、閉鎖的行動である点で、垂直型企業結合における投入物閉鎖や顧客閉鎖と本質的には同じものである。

　このように、組合せ供給の懸念は、甲市場の需要者と乙市場の需要者の全部または重要な部分が同一の者である場合に生ずる。

　また、垂直型企業結合の場合と同様、懸念される行動として情報入手を検討すべき事例もあり得る。例えば、需要者が商品役務甲を A から買い、商品役務乙を Y から買う場合に、2 つの商品役務の相互接続性の確保のため A と Y が秘密情報を交換することが必要となるようなときには、A が Y から情報を入手し、その情報が A から B に流れる、ということがあり得る（企業結合ガイドライン第 6 の 2(1)イ）。

　最近の事例を使って具体的なイメージをつかむと、理解を深めやすい（例えば、令和 2 年度企業結合事例 4〔富士フイルム／日立製作所〕）。

　他に、混合型企業結合の場合、当事会社の一方が他方の市場に参入して競争関係に立つ可能性を失わせる、といったことが懸念される場合がある（企業結合ガイドライン第 6 の 2(2)）。実質的には水平型の観点である。

　(iv)　**起こりやすくなるか否か**　　以上のような懸念される行動が起こりやすくなるか否かは、企業結合行為後において当事会社にそのような能力と意欲があるか否かによって決まる。能力については、他の当事会社の意思決定を左右するだけの議決権等を得るに至るか否かなどが問題とされる。意欲については、例えば、投入物閉鎖・顧客閉鎖・組合せ供給を行った場合にグループ外の取引先を失うことによる損失のほうが大きいならば、そのような閉鎖的行動をとる意欲は小さくなるであろう。

(3)　**弊　害**

　かりに懸念される行動が起こったとしても、弊害が常に起こるとは限らない。例えば、競争関係にある当事会社が企業結合をして、同一または連動的な価格設定が起こったとしても、他の供給者による牽制力や需要者による牽制力が働くために弊害が起きないということは十分にあり得る。このように、懸念される行動が起こりやすくなるか否かと、かりに懸念される行動が起こったならば弊害が起こるか否かとは、別の問題として整理しておくほうが、漏れのない検

討をするのに役立つ。

　弊害が起こるか否かの判断基準は、本書では弊害要件総論で論じた（本書第4章）。企業結合規制は、弊害要件総論の発展のリード役を果たしてきた。

　公取委の企業結合事例集を見ていると、例えば、投入物閉鎖（懸念される行動）が行われても排除が起きない（弊害が起きない）ことを指摘して、懸念される行動の能力がない、とするものが少なくない。懸念される行動をめぐる検討と弊害をめぐる検討とは最終的には一体として行えばよいので、2つの検討が融合することもあるということであろう。

4　因果関係

　企業結合規制は、因果関係についても有益な事例を輩出しているが、これらはいずれも弊害要件総論で解説した（本書79〜83頁）。「counterfactual」論についても、そこで触れた。

5　公取委がいう「結合関係」の概念

(1)　総　説

　公取委は、企業結合審査において、「結合関係」という概念を用いる。かなり過去から用いられている概念であり、違反要件における位置付けなどが明らかにされないまま何となく言及され、現在に至っている。

　「結合関係」の定義は、「複数の企業が株式保有、合併等により一定程度又は完全に一体化して事業活動を行う関係」とされており（企業結合ガイドライン第1冒頭）、「結合関係」を満たすと、「当該企業結合により結合関係が形成・維持・強化されることとなるすべての会社」が「当事会社グループ」と呼ばれ、企業結合審査において一体として扱われることになる（企業結合ガイドライン第2冒頭）。

　企業結合審査における「結合関係」の概念の機能は、暗黙のものを言語化すると、少なくとも以下の2種類に分かれる（後記(2)、(3)）。

(2)　株式取得における別角度からのセーフハーバー設定

10条1項では、極端にいえば、1株を取得するだけでも、「株式を取得し」という行為要件を満たす。

これでは、問題にならない株式取得を多く含みすぎるので、実際の企業結合審査は、「結合関係」の概念で絞り、株式取得によって「結合関係」を満たすこととなるものだけを対象としている。そのような株式取得なら、被取得会社の意思決定を支配したり、被取得会社の利益状況に対する利害関係が生じて取得会社が非競争的行動をとったり、するかもしれないという発想である。

具体的な基準としては、A社がB社の株式を取得する場合、①B社の議決権をA社が保有する割合（議決権保有比率）が20％超かつ1位なら、当然に「結合関係」はあるものとし、②議決権保有比率が10％以下または4位以下なら、当然に「結合関係」はないものとし、③いずれでもない場合は、議決権保有比率の程度、順位、他の株主の議決権保有比率との格差、B社がA社の議決権を持つかなどの相互関係、A社の者がB社の役員となっているか、A社とB社の取引関係や業務提携関係、などを総合考慮して判断する、とされる（企業結合ガイドライン第1の1(1)）。

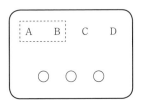

上記③によって「結合関係」があるとされたために、当然に「結合関係」がないとされる上記②の水準まで取得株式を減らす場合もある（令和3年度企業結合事例1〔日本製鉄／東京製綱〕）。

企業結合規制におけるセーフハーバーとしては、市場シェアや市場集中度（HHI）の観点からのものが有名であるが（本書60〜62頁）、株式取得の場合には、議決権保有比率の観点から、もうひとつのセーフハーバーが置かれている（「結合関係」がないならセーフハーバーに該当する）ということになる。

株式取得と役員兼任を除く企業結合行為では、基本的に、当事会社は完全に一体化するので（事業譲受けや分割などでは、移動する事業が移動先で一体化する）、行為要件だけで足りるから、「結合関係」の有無を論ずる必要はない。企業結合ガイドラインでも、それらの企業結合行為における「結合関係」については、形骸化した短い記述しかされていない。

(3) 「当事会社グループ」の範囲（企業結合前からの関係）

前記(2)とは別に、株式取得に限らず全ての企業結合行為において、弊害要件の成否を検討するために、どの範囲を一塊の当事会社グループと見ればよいのか、が問題となる。例えば次のような事例である。今回の企業結合行為はA社とB社の合併であり、完全に一体化するから、「結合関係」の有無を論ずる必要はない。他方で、A社は、以前から、G社の議決権を19％保有している。この場合に、G社を、合併後の「AB」の当事会社グループの一員と考えるべきか否かが問題となる。

この場合にも、「結合関係」がある範囲が当事会社グループの範囲となる。基準は、やはり、前記(2)の①・②・③である。

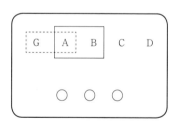

企業結合事例集で「結合関係」が言及されるのは、前記(2)よりも、上記のパターンであることが多い。そして、難しい判断をした場合には詳しく言及される（例えば、令和3年度企業結合事例9〔イオン／フジ〕、令和3年度企業結合事例10〔GMO-FH／ワイジェイFX〕）。

(4)　柔軟な検討の必要性

　平成 20 年代初め頃まで、「結合関係」の概念は、水面下で、公取委と企業との間の大きな火種となっていた。公取委の担当官の検討過程が必ずしも明確に説明されない手続環境のもとで、「結合関係」があるとされ、内発的牽制力がある旨の主張は門前払いとなり、企業結合計画について不利な判断をされる、という不満が、企業の間に根強かった模様である。

　そのなかで、事前相談の「廃止」によって公取委担当官の検討過程の透明化が図られ（後記第 4 節 1）、また、内容的にも、結合関係はあるが内発的牽制力もある旨を公取委が初めて公式に認める事例も現れた（平成 23 年度企業結合事例 2〔新日本製鐵／住友金属工業〕（本書 54 〜 55 頁））。

　「結合関係」が、最近は必ずしも大きな争点とならないことが多いのは、上記のような平成 23 年以後の柔軟な検討の蓄積があるためである。

第3節　届出義務

　企業結合規制は事前規制を中心とするので、重要な企業結合計画を捕捉できるよう、規模の大きなものに事前届出義務を課している（10 条 2 項〜 7 項、15 条 2 項、など）。

　届出義務の有無は、企業結合形態ごと、すなわち 10 条または 15 条〜 16 条の条ごとに、「企業結合集団」の「国内売上高合計額」を主な基準として、規定されている。

☕ スタートアップ企業の買収

　デジタルプラットフォーム事業者のような巨大企業がベンチャー的なスタートアップ企業を買収することで力を強めているのではないか、という問題意識が強調されることがある。「killer acquisition」などと呼ばれる。

　しかし、届出基準との関係でいうと、そのようなスタートアップ企業は、潜在力が優れているだけであって現時点では売上高が高くなかったり、無料でユーザを集めている段階なので売上高がなかったり、ということもある。そこで、スタートアップ企業の買収額が高い場合には届出義務があることにする、という制度を導入する法域もある。ところが、そうすると、ほとんど問題のない多くの企業結合計画が届出義務の対象となり、届出をする側も、届出を受ける競争当局の側

も、困ることになるかもしれない。

　届出義務がなくとも、企業結合規制を適用することは可能であり、巨大企業による買収案件なら多くの場合は世界的に話題となるので、届出義務を拡大しなくとも公取委は探知できるのではないかとも考えられる。企業結合手続方針 6(2)も、届出義務を拡大せず、現行法の運用で適切に対処する方向を採用している。

　届出義務のない事例を公取委が探知し、問題解消措置を条件としたクリアランスで終わった事例が現れている（公取委公表令和元年 10 月 24 日〔エムスリー／日本アルトマーク〕）。

第4節　企業結合審査手続

1　総　説

　事前届出が行われると、公取委は、10 条 8 項〜 14 項が規定する骨組みに従って、企業結合審査を行う（15 条〜 16 条も、10 条 8 項〜 14 項を準用している）。公取委は、手続の具体的な進め方を公表している（企業結合手続方針）。公取委は、特に最近において、当事会社に内部文書の提出を求める場合があることを強調している。企業結合課の担当官が 47 条 2 項の意味での審査官として 47 条 1 項の権限を行使すること（本書 14 頁、16 頁）もあり得ることも明確化されている（令和 3 年政令第 76 号による政令改正）。

　かつては、この法定の審査手続の前に事前相談が活発に行われ、実際上はそこで決着がついていたようであるが、平成 23 年の企業結合審査手続の見直し後は、事前相談が「廃止」された。事前相談が行われていた時代には、これが法定の手続でないために、担当官によって所要日数が区々で長期間にわたることもあり予測可能性がない、担当官がどのような点を問題視して質問をしているのかわからない、などの批判があった。

　平成 23 年の企業結合審査手続の見直し後も、企業のなかには、いきなり届出をして第 1 次審査に入るのでなく、早めに担当官に業界知識を説明するなど、円滑な進行のために届出前相談を活用する例も多いようである。

　事前届出義務のない企業結合計画についても、公取委は、届出義務のあるものに準じた手続で「相談」に応ずるとしている。

2　第1次審査

届出受理の日から30日は、その企業結合を行ってはならない（10条8項）。公取委はこれを「禁止期間」と呼んでいる。「waiting period」という英語を訳して「待機期間」と呼ばれることも多いが、第2次審査の期間も含むようにも見えて紛らわしいので、公取委にならって「禁止期間」と呼ぶのが無難である。

この間に公取委は、第1次審査を行う。

問題がなければ、公取委は「排除措置命令を行わない旨の通知」を行う。世界的には、クリアランスなどと呼ばれているものである。

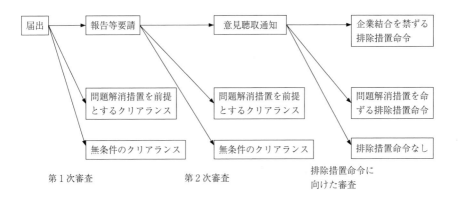

3　第2次審査

それに対し、問題がある可能性があれば、公取委は、禁止期間内に、届出会社に対して報告等要請を行う（10条9項）。企業結合計画その他に関する詳細な資料の提出を求めるものである。報告等要請の日から、「第2次審査」ということになる。公取委は、この段階で、当該企業結合計画の概要を公表し、広く第三者の意見を募集する。他の供給者や需要者の実感を聴いて、企業結合後の当事会社に対する牽制力の有無などに関する公取委の判断に役立てる。

公取委は、全ての報告等を受理したら、その日から90日を経過した日まででなければ、排除措置命令の事前の意見聴取をすることを告げる意見聴取通知

（50条1項）をすることができない（10条9項）。「90日を経過した日」とは「91日目」なのであるが、これはマニアだけがわかればよい。

　逆に、当事会社の側で、公取委を時間切れに追い込むと不利な結論が出る可能性を高めてしまうと考える場合には、公取委に十分な資料を提出しつつ、瑣末な問題についての報告等をしないようにすることで「全ての報告等（の）受理」となることを回避して、公取委とじっくり交渉する、という可能性もある。

　審査の結果、問題がなければ、公取委はクリアランスを行う。

　問題がある場合、公取委は、届出会社が提案した問題解消措置を条件としてクリアランスを行うか、または、排除措置命令に向けた意見聴取通知を行う。

4　排除措置命令に向けた手続

　意見聴取通知をした場合は、排除措置命令の事前の意見聴取手続に入り、排除措置命令をして企業結合を禁止する、問題解消措置を採るよう命ずる排除措置命令をする、結局は排除措置命令をしない、といった結末となる。

5　問題解消措置

　問題解消措置とは、公取委が抱く法的懸念を払拭するため、当事会社がとる措置である。

　論理的には、違反要件のいずれかを不成立とさせるようなものであればよい。最も多いのは、他の供給者が牽制力を持つようにさせる措置である。

　問題解消措置としては、構造的措置（structural remedy）をとることが原則とされる。その典型が、工場や店舗などを他の供給者に売却する措置である（一例として、平成24年度企業結合事例9〔ヤマダ電機／ベスト電器〕）。銀行の企業結合における債権譲渡も、構造的措置の一種であろう（平成30年度企業結合事例10〔ふくおかフィナンシャルグループ／十八銀行〕）。

　しかし、例外的に、行動的措置（behavioral remedy）でもよいとされる場合がある。第1に、構造的措置では解決できない場合である。例えば、新規参入者にとって備蓄義務が重荷となるという事案において、当事会社が備蓄義務を

肩代わりし、それに要する料金をコストベースで新規参入者から徴収する等の措置がとられたことがある（平成28年度企業結合事例３〔石油会社並行的企業結合〕）。第２に、構造的措置をとると無関係の他の商品役務に関する資産まで売却することになり問題解消措置として過剰となってしまう場合である。そのような場合には、例えば、問題となった商品役務について競争者が十分な牽制力を持つよう支援する、という措置がとられることがある（令和３年度企業結合事例３〔神鋼建材工業／日鉄建材〕）。

　以上のいずれにおいても、牽制力の発揮を期待される他の供給者に能力・意欲が備わっていることが必要となる。

　行動的措置が例外であるといっても、多くの事例で行動的措置がとられている。その事案において構造的措置が適切でない理由を説明できればよい。

　情報入手型の観点から懸念を持たれた場合は、関係する情報にアクセスできる従業者を限定したり、そのような従業者の人事異動に適切な範囲で歯止めをかけるなどの、情報遮断措置がとられる。

　違反要件のいずれかを不成立とするものであればよいので、因果関係の要件の不成立を確実にするための問題解消措置がとられた事例がある（平成30年度企業結合事例７〔USEN-NEXT HOLDINGS／キャンシステム〕）。

　問題解消措置をとることによって、別の市場等に副作用が生じる場合があり得る。その点にも配慮して問題解消措置を設計するのが望ましい（平成28年度企業結合事例９〔アボットラボラトリーズ／セントジュードメディカル〕）。

☕ ガンジャンピング（gun jumping）

　ガンジャンピングは、日本語では「フライング」に相当する言葉である。

　法令上の用語でもなく、皆が区々の意味で用いているが、概ね、以下の３種類のいずれかであると考えられる。

　第１は、合併契約や株式売買契約などに至るまでのＡ社とＢ社の交渉過程でＡ社とＢ社の価格等の情報がやり取りされてしまい、ハードコアカルテルの問題をもたらす、というものである。これを防ぐために厳重な情報管理措置をとったうえで交渉を行う会社ももちろんあるが、費用が高くなることを懸念する声も聞かれる。

　第２は、日本でいえば30日の禁止期間（前記２）の終了前や、禁止期間終了後であってもクリアランスが出るまでの間に、企業結合を実行する、または、それ

と同等のスキームを実行してしまう、という場合である。これは、日本でいえば、禁止期間違反に対する法執行（91条の2第4号など）の対象となったり、公取委の心証を悪くしたりすることにつながるであろう。

　第3は、クリアランス後、企業結合の実行前に、A社とB社の価格を揃えるなど、ハードコアカルテルと同等の行為を行うことである。これに対して潔癖な考え方もあるが、合併や親子会社化などでA社とB社が一体となることについてクリアランスが出ているのであれば、通常、競争の実質的制限が起きないことを公取委が確認しているのであるから、不当な取引制限の弊害要件も満たさないと見る余地があるのではないかと思われる。

第5節　一般集中規制

　以上のような企業結合規制のほかに、特定の市場での弊害に着目するわけでは必ずしもない規制がある。具体的には9条と11条である。

　9条は、会社が他の会社の株式を所有することにより「事業支配力が過度に集中することとなる」ことを禁止する。もともと持株会社に限定した規制であったが、現在では、持株会社以外にも等しく適用される。「事業支配力が過度に集中すること」は、9条3項で定義されている。

　11条は、銀行や保険会社が他の会社の議決権を保有できる上限を、数値によって定めている。銀行の場合は5％、保険会社の場合は10％である。銀行や保険会社の場合には事業支配力の過度集中をもたらしやすいと考えられているために、予防的に一律の規制を置いている。

第11章
国際事件と違反要件

1 「国際事件と独禁法」の全体像

国際事件は、どのような場合に日本独禁法に違反するのか。そして、どのような場合に日本独禁法の法執行をすることができるのか。

「国際事件と法執行」も重要ではあるが、法執行の個々の制度（調査、送達、排除措置命令、課徴金納付命令、確約認定、刑罰、民事裁判、など）ごとに行政法・刑事法・民事法の各分野の国際的法執行論の一応用として論じ得るものであって、独禁法に特有のものは少ない。

それに対し、「国際事件と違反要件」は、独禁法特有の議論を必要とする。

そこで以下では、「国際事件と違反要件」に絞って、国際事件の問題を論ずる。国際法などで「規律管轄権」の問題などと呼ばれるものである。

「域外適用」という言葉があるが、本書では用いない。この言葉には、かなり手垢がついていて、「この事件は域外適用ではないでしょうか」などという意味のない質問を生み出すことが多い。国際事件を前にして日本独禁法として解決すべき問題は、当該事件が日本独禁法に違反するか否か、および、当該事件が日本独禁法の法執行の対象となるか否か、という問題に尽きる。「域外適用」という屋上屋の概念を置いても、新たなことが解明されるわけではない。後記6(3)のブラウン管事件のように、日本国内所在のMT映像ディスプレイへの日本独禁法適用が問題となる場合もある。

2 国際法と各国法

各国の競争法がどの範囲を違反と論じてよいかという問題（規律管轄権の問題）について、国際法が特段の縛りをかけているということはなく、各国が自

国法の解釈として共通に採用している考え方に準拠していればよい、という考え方が実際上は定着している。

　したがって、自国競争法がどの範囲を違反と論じてよいかという問題は、外国競争法の状況をみながらの自国競争法の解釈問題である。「○○主義」などの国際法的な色彩をもつ用語が、便宜上、あるいは自説を権威付けるために、用いられることがある。しかし、大事なのは、自国法が具体的にどのような基準で適用可能であるのか、である。本書では以下、その検討に必要な範囲の言葉遣いに徹し、必要もないのに難解な言葉を用いるのは避ける。

3　条　文

　国際事件であっても、本書が国内・国際を特に意識せずに論じてきた通常の違反類型を、そのまま用いることができる。すなわち、私的独占・不当な取引制限・不公正な取引方法、事業者団体規制、企業結合規制、である。

　その場合、国際事件を日本独禁法違反とすることができるか否かという問題は、「一定の取引分野における競争を実質的に制限する」や「公正な競争を阻害するおそれ」の解釈問題と位置付けることになる。ブラウン管最高裁判決も、「一定の取引分野における競争を実質的に制限する」の解釈・当てはめをした事例である（最判平成 29 年 12 月 12 日〔ブラウン管〕）。

　6 条という、国際事件に特化したかのような条文があるが、忘れてよい。むしろ、6 条では、不公正な取引方法の行為者と契約関係に入った被害者的な立場の者も、形式的には、違反者となり得る。そこで何が起こったかというと、6 条を用いて、外国所在の行為者に対して命令するのでなく国内の被害者的な立場の者を違反者として命令する、という手続保障の観点から好ましくない便宜主義的な法運用が行われた（最判昭和 50 年 11 月 28 日〔ノボ天野〕）。最近では、6 条は用いられていない。6 条の派生条文である 8 条 2 号も同様である。

4　効果理論

　国際事件にも通常の違反類型を適用できるとして、さて、それではどの範囲

の国際事件について日本独禁法の成否を論じ得るのであろうか。

その基準を「当該国際事件によって自国が直接的・実質的な影響を受けるか否か」に求める「効果理論（effects doctrine）」が世界的コンセンサスとなっている。本書は「弊害要件」という言葉を用いているので（本書26頁）、ここでも「弊害理論」としたいところであるが、「効果理論」という訳が定着しているので、それにならう。

日本でも、これを受けて、「我が国市場に関係する事件であれば我が国独禁法を適用できる」という言い方がされてきた。ブラウン管最高裁判決が、「我が国の自由競争経済秩序を侵害する場合には」日本独禁法を適用できるとするのも、同旨であると分析できる。

例えば、図においてA・B・Cが需要者向けの商品役務についてハードコアカルテルを行ったならば、問題なく自国競争法違反となると考えられている。

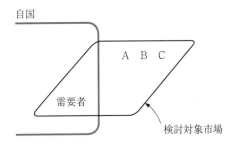

5　自国所在需要者説

それでは、効果理論にいう「効果」とは何か、「我が国市場」とは何か、というと、これが明確に言語化されていたわけではなかった。

この点について、「我が国市場」とは需要者が自国に所在するような市場である、と明確な言語で定式化したのが、自国所在需要者説である。本書では平成9年の初版から、自国所在需要者説によって解説してきた。

ブラウン管最高裁判決も、他の場合に日本独禁法を適用できる余地を形式的には残しつつ、実質的には、自国所在需要者説に立脚した一般論を述べた。

すなわち、「当該カルテルが我が国に所在する者を取引の相手方とする競争を制限するものであるなど、価格カルテルにより競争機能が損なわれることとなる市場に我が国が含まれる場合には、当該カルテルは、我が国の自由競争経済秩序を侵害するものということができる」とした。「取引の相手方」という文言は、「需要者」と同義であると考えておけばよい。「など」の後が基本的な基準で、「など」の前（自国所在需要者説）は例示である、という建前ではあるが、「など」の後の基準は抽象的であり、また、ブラウン管事件の事案の解決は「など」の前（自国所在需要者説）によって行われている（後記6(3)）。

　自国所在需要者説は、需要者保護が独禁法の法目的のうち大きな部分を占めることを、その前提としている。保護すべき需要者が自国に所在する場合は自国競争法を適用して保護する、という考え方である。

　自国所在需要者説を採らないと、外国に所在する需要者に向けた取引について課徴金を課する場合が生じ、他国との間に無用の摩擦を起こす可能性を高める。そして、そのようなことをすると、日本所在需要者に向けた取引について外国競争法が課徴金を課したり損害賠償請求を認容したりしても反論できなくなる。例えば、平成初年に、米国司法省が、日本に所在する需要者に向けた米国企業Aの輸出が伸びないことを日本企業B・Cの他者排除行為によるものであるとし、米国競争法の適用を示唆したことがある。この考え方は、日本公取委を含む各国の競争当局等から批判され、埋もれていったが、この各国からの批判に示された標準的な考え方も、自国所在需要者説で説明できる。

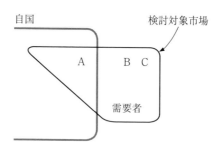

日本所在の需要者には日本所在の供給者が供給し、欧州所在の需要者には欧

州所在の供給者が供給する、という国際市場分割協定を認定しつつ、そのような協定のうち、日本所在の需要者には日本所在の供給者が供給し欧州所在の供給者は供給しないという部分のみを切り取って不当な取引制限とした事例があるが、この事例は自国所在需要者説によって最もよく説明できる（公取委命令平成20年2月20日〔マリンホース〕）。

公取委関係者などが書く文献のなかには、ブラウン管事件が争われている過程で、自国所在需要者説を認めるとブラウン管事件で不利となると考えたのか、自国所在需要者説を否定しようとするだけでなく、需要者の概念や、国際的に定着している効果理論まで否定しようとするものまで現れた。

最高裁判決は、公取委の命令は自国所在需要者説で説明できる、としたのであり、自国所在需要者説を否定して公取委を勝たせたのではない（後記6(3)）。

6　自国所在需要者説のもとでの諸問題

(1)　総　説

もちろん、自国所在需要者説についてはさらに論ずべき点が多い。後記(2)・(3)のような事例は、ますます増えるであろう。そもそも、需要者の所在国を観念することそれ自体が意味をなさない事例も出てくるかもしれない。

もっとも、そのような問題が存在することは、混沌とした議論を「需要者の所在国」という視点で整理したからこそ、初めて見えてきたものである。「効果理論」や「我が国市場」を具体的に定義しないまま空虚な議論を続けていたのでは、そのような難問の存在に気づくことすら難しかったであろう。

(2)　転々流通

国外の需要者に向けて反競争的行為が行われたが、その商品役務が転々と流通して国内に流入した場合には、どうすべきか。

同じ商品役務が転々として国内に流入した場合は、国内の購入者を検討対象市場の需要者であると言い得る場合もあろう。

また、例えば、国外の需要者に向けて部品に関する反競争的行為が行われ、その部品が完成品に組み込まれ、完成品が国内に流入した場合にも、日本独禁

法の適用対象となり得る場合があろう。

(3)　需要者の諸機能の分散

1名の需要者の諸機能が、複数の国に分散して所在していることがある。そのような場合には、需要者のどの機能に着目して、自国競争法の適用の是非を決めればよいのか。

そのような問題を提起したのが、ブラウン管事件である。日本企業・韓国企業・台湾企業の東南アジア子会社等を含む東南アジア所在の供給者が、日本企業の子会社等である東南アジア所在の需要者に向けて販売するブラウン管について価格協定をしていた、という事件である（図の A の親会社である MT 映像ディスプレイは実際には日本に所在しているが、そのことは問題の本質に関係がないので、簡潔な図とすることを優先している）。

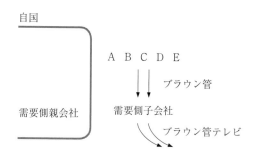

この事件の中核的本質は、需要側が、意思決定機能を持つ日本所在の需要側親会社（最高裁判決では「我が国テレビ製造販売業者」）と商品役務の受領収益機能を持つ東南アジア所在の需要側子会社（最高裁判決では「現地製造子会社等」）とに分かれていた点にある。

1つの考え方として、経済の本質は商品役務そのものの流れなのであるから、商品役務の受領収益をした需要側子会社が日本以外に所在した以上、日本の独禁法違反とは言えない、という見方が成立可能である。

それに対して最高裁判決は、一般論を立てるのは避け、事例判断として、次の①〜③の3点を挙げて、前記5の「など」の前（自国所在需要者説）を使い、

日本独禁法の適用を肯定した。①日本所在の需要側親会社は、東南アジア所在の需要側子会社のブラウン管テレビの製造を統括していた。②ブラウン管テレビの基幹部品であるブラウン管を需要側子会社が購入することについても、需要側親会社が取引内容を決定・指示していた。③需要側子会社でなく需要側親会社が、カルテルをしていたブラウン管供給者と、取引条件について交渉していた（判決の理由第2の3）。

応用事例も現れている（公取委命令平成30年2月9日〔HDD用サスペンション〕）。

☕ 世界市場 ⊶⊷⊶⊷⊶⊷⊶⊷⊶⊷⊶⊷⊶⊷⊶⊷⊶⊷⊶⊷⊶⊷⊶⊷⊶⊷⊶⊷

とりわけ企業結合規制を舞台として、「世界市場」か「国内市場」か、という議論がしばしば聞かれる。

その際、まずはじめに注意すべきは、供給者の範囲が世界（国内）だということなのか、需要者の範囲が世界（国内）だということなのか、ということである。世界中で、市場に供給者と需要者の2つの層があることすら明示せず競争法を教えるのが主流であるので、本書の読者を別とすると（本書42頁）、通常の論者は、供給者の地理的範囲を論じているのか需要者の地理的範囲を論じているのかを明確にする習慣がないのである。

さて、国内企業同士の大型企業結合事例が登場するとしばしば出てくるのが、次のような仮想事例である。AとBは、合併をして競争力を強化しなければ、外国需要者を外国供給者CやDと奪い合う競争を勝ち抜けない。しかし、国内需要者は、品質管理や納期に厳しく、外国供給者から買うつもりはない。この場合、国内需要者を出発点として市場画定をすれば、選択肢はAとBだけであり、反競争性が認定されてしまいそうである。それに対し、外国需要者を出発点として市場画定をすれば、CやDも選択肢となり、牽制力を持ちそうであるから、A・Bの企業結合について反競争性が認定される可能性は大幅に下がる。

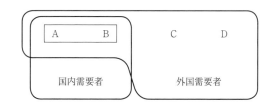

公取委は、一貫して、国内需要者を需要者とする「国内市場」に注目してきた。

これは、公取委が、自覚していたか否かは別として、自国所在需要者説を採ってきたからである。他方、経済界のなかには、外国需要者を含めた「世界市場」に注目すべきであるという意見がある。

公取委は、次のような別の事例で、「世界市場」を画定する。

つまり、「新幹線飛行機問題」（本書 62 ～ 63 頁）の応用で、各供給者が、世界中の需要者に対し、同じ価格で売らざるを得ない場合である。価格がロンドンの商品取引所での価格に連動することが業界慣行となっている場合、変化が激しく輸送費もかからない商品役務なので仕向国に応じて価格を変えるという発想がおよそない場合、など、様々なパターンがある。

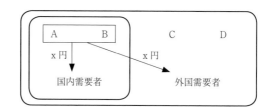

そのロジックは、「新幹線飛行機問題」の場合と同じである。つまり、「世界市場」で反競争性が発生しないなら、合併後の AB は、外国需要者に向けた競争的価格と同額（x 円）で国内需要者に売らざるを得ないから、「国内市場」でも競争変数は左右されず反競争性は発生しない。この場合は、「世界市場」での反競争性の成否と、「国内市場」での反競争性の成否とが、常に、一致するのである。ここでも実は依然として「国内市場」が究極の検討対象市場なのであって、「世界市場」は判断を助ける思考の補助線に過ぎない。この、公取委も支持する「世界市場」論も、その実質は自国所在需要者説によって説明できる。

「世界市場」論が受け入れられているのは企業結合規制だけである。企業結合規制以外の、課徴金などがある分野で、「世界市場」などというと、課徴金などの計算の基本となる売上額が大きくなり、それと同様の法執行を複数の国の競争法が重畳して行う可能性が出る。事前規制であり課徴金などのない企業結合規制であるために通用している議論であると理解するのが現時点では穏当である。

第12章
理論と実践

1　理論とは

「理論」という言葉は、時に、「大学のセンセイが弄する言説」といった意味で使われることがある。現実から乖離した無益なものだ、という意味が暗に含まれている。

「理論」という言葉は、本当は、そのような意味ではない。

本来の意味での「理論」とは、簡単に言えば、「個別の複数の事象を統一的に説明できる法則」である。

例えば、過去に先例AとガイドラインBとが出ているとする。それらに共通する法則を発見して言葉にしたものが「理論」である。法則の発見と言語化だけでも知的には有益であるが、理論の役目はそれだけではない。公取委は今後も、先例AやガイドラインBと同じ考え方に沿って動くであろう。そうであるとすると、理論を知っていれば、新たな事例Cにおいて公取委がどう動くかを予測することができる。

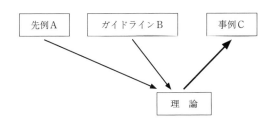

もちろん、現状を説明する理論に飽き足らないならば、現状を改革する理論を打ち立てるという取組をすることも考えられる。つまり、先例Aやガイド

ラインBを批判し、新たな事例CやDでは改革理論が妥当すべきことを説く。しかしその際、思いつきで改革を主張しても説得力はない。改革理論は、先例AとガイドラインBのそれぞれの短所を矛盾なく指摘でき、事例Cと事例Dの望ましい解決方法を統一的に説明できるものでなければならない。

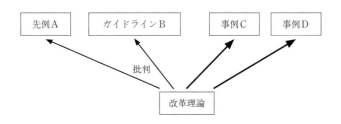

　ともあれ以上のように、複数の個別事象を統一的に説明できる法則を「理論」と呼ぶのだとすれば、そのような意味での理論的思考は、取引実務の最前線においても常に行われている。例えば、ある量販店の膨大な顧客情報から、「商品 α を買う客は商品 β も買うことが多い」という理論が抽出され、その理論をもとに、商品 α と商品 β とを並べて陳列すべきだという改革的実践が導かれることは、日常茶飯事だと思われる。同様の例は、法実務においても見出せるはずである。

2　理論と実践の役割分担

　さて、独禁法ほどの広さをもった領域で、理論と実践の全てを1名の人が担えるだろうか。もちろん、「実務家」と呼ばれる人が理論をも探究するのは素晴らしいし、「研究者」と呼ばれる人が法の実践に踏み出すのもひとつのあり方ではある。壁を設けるべきではない。しかしやはり、個々人には得意・不得意があり、また、時間その他の限界もある。主に理論に力を注ぐ人や、主に実践に力を注ぐ人がいても、全くおかしくはない。

　具体的な基準を確立して個別の案件に白黒を付ける作業は、サッカーのFW（フォワード）がゴールを決めるのに似ている。得点がなければ、試合には勝て

ない。FW は、サッカー選手の花形である。行政実務、裁判実務、立法実務、予防法務の実務、取引実務など、様々なタイプの FW がいる。

　しかし、チーム内が FW ばかりでは、ゴールは生み出せない。シュートしやすいような絶妙のパスが、MF（ミッドフィールダー）から供給される必要がある。「あのあたりにボールが行けば、FW はゴールを決めやすいのではないか」という思いをこめて、MF はパスを出す。たまには MF も自分でシュートを試みることがあるが、それは例外的である。なぜなら、シュートのうまいFW が前で待っていて、彼らによいパスを出すよう努力することのほうが自分に向いていると、よく知っているからである。MF の仕事のなかには、FW にラストパスを供給するだけでなく、別の MF に対し、その MF がパスを出しやすいようなパスをすることも含まれる。

　ゲームの役に立たない無思慮なパスなら笑われても仕方がないが、「おまえのパスは、そのまま転がってもゴールに入らないぞ」と述べる FW がいたなら、その FW が物わらいの種であろう。

　試合には、FW が必要であり、MF も必要である。その後方には、頼もしい守備陣による支えが不可欠である。それぞれの間に厳格な壁は不要だが、ある程度の役割分担は求められる。そして、プレイヤーの質は、目の肥えた観客によって高められる。

あ 行

相手方（垂直的制限行為）………………147
相手方（優越的地位濫用）………………207
アドボカシー …………………………………12
アフターマーケット ………………………200
あらかじめ計算できない不利益 …………211
アルゴリズム …………………………………101
安全性確保 ……………………………………67
域外適用 ………………………………………241
意識的並行行為 ………………………………96
意思の連絡 ……………………………………96
著しい損害 ……………………………………23
一定の取引分野 …………………35, 103
一般指定 ………………………………………140
一匹狼 …………………………………………56
一方的拘束 ……………………………………102
違反行為期間 …………………………………216
違反要件 ………………………………4, 26
意 欲 …………………………………………54
因果関係 ………………………………26, 76
埋め合わせ可能性 …………………………186
売上額 …………………………………………117
売る競争 ………………………………………34
エンフォースメント ………………………11

か 行

買いたたき ……………………………………208
ガイドライン …………………………………12
買う競争 ………………………………………34
価格維持効果 …………………………………152
価格制限行為 …………………………………149
確約制度 ………………………………………17
課徴金（私的独占・不公正な取引方法）……134
課徴金（不当な取引制限）…………………112
課徴金（優越的地位濫用）…………………215
課徴金納付命令 ………………………………18
合 併 …………………………………………226
株式取得 ………………………………………226

可変的性質を持つ費用 ……………………180
ガンジャンピング …………………………239
官製談合 ………………………………………112
間接的競争阻害規制説 ……………………205
間接取引拒絶 …………………………………164
間接ネットワーク効果 ……………………171
関連市場 ………………………………………41
企業結合 ………………………………………3
　混合型―― …………………………………228
　垂直型―― …………………………………228
　水平型―― …………………………………228
　並行的な―― ………………………………78
企業結合ガイドライン ……………………92
企業結合規制 …………………………………223
企業結合集団 …………………………………235
企業結合事例集 ………………………………73
企業結合審査手続 …………………………236
議決権保有比率 ………………………………233
基軸品 …………………………………………200
基本合意 ………………………………………105
吸収分割 ………………………………………227
供給者 …………………………………………36
　――の範囲の画定 …………………………43
供給の代替性 …………………………………43
供給余力 ………………………………………55
協賛金要請 ……………………………………208
行政指導 ………………………………………74
行政調査 ………………………………………16
業績不振の他の供給者の救済 ……………71
競 争 …………………………………………35
競争圧力 ………………………………………53
競争停止 ………………………………………2
競争の実質的制限 ………………27, 31
競争変数 ………………………………………32
競争法 …………………………………………6
協調的行動 ………………………………51, 55
共通化割合 ……………………………………54
共通の目安 ……………………………………130
共同株式移転 …………………………………227
共同購入 ………………………………………129

共同新設分割 ……………………… 227
共同取引拒絶 ……………………… 164
共同配送 …………………………… 130
共犯理論のアナロジー ……………… 88
業務提携 …………………………… 126
規律管轄権 ………………………… 241
金銭的価値の回復 ………………… 215
具体的な競争制限効果 …………… 116
組　合 ……………………………… 222
組合せ供給 ………………………… 230
クラスターマーケット ……………… 48
クリアランス ……………………… 237
経営状況 …………………………… 71
警　告 ……………………………… 17
経済法 ……………………………… 7
形成・維持・強化 ………………… 33
継続犯 ……………………………… 107
競売等妨害罪 ……………………… 124
刑　罰 ……………………………… 121
結合関係 …………………………… 232
懸念される行動 …………………… 225
減　額 ……………………………… 208
牽制力 ……………………………… 53
　　需要者による── ……………… 57
　　他の供給者による── ………… 55
　　内発的── ……………………… 54
原則論貫徹説 ……………………… 162
検討対象市場 ……………………… 40
減免申請 …………………………… 125
減免制度 …………………………… 124
合意減算 …………………………… 125
合意時説 …………………………… 109
行為要件 …………………………… 26
効果理論 …………………………… 242
公共性 ……………………………… 71
公共の利益に反して ……………… 64
公正競争阻害性 …………………… 27
公正取引委員会 …………………… 11
構造的な措置 ……………………… 238
拘　束 ……………………………… 145
行動的な措置 ……………………… 238
公取委 ……………………………… 11
購入強制 …………………………… 208
効率性 ……………………………… 70
合理的範囲を超える不利益 ……… 212

顧客閉鎖 …………………………… 230
国内売上高合計額 ………………… 235
告　発 ……………………………… 122
個人情報等 ………………………… 207
コスト割れ ………………………… 178
個別調整 …………………………… 105
混合型企業結合 …………………… 228

さ 行

最高価格制限 ……………………… 151
再販制度 …………………………… 158
再販売価格拘束 …………………… 157
搾　取 ……………………………… 3
搾取規制説 ………………………… 205
差止請求 …………………………… 22
差別化 ……………………………… 56
差別対価 …………………………… 166
参　入 ……………………………… 55
事業者 ……………………………… 84
事業者団体 ………………………… 219
事業者団体規制 …………………… 219
事業等の譲受け …………………… 227
事業法 ……………………………… 74
自国所在需要者説 ………………… 243
市　場 ………………………… 28, 33
　　検討対象── …………………… 40
　　世界── ………………………… 247
　　多面── ………………………… 49
　　二面── ………………………… 49
　　隣接── ………………………… 55
市場画定 …………………………… 40
市場画定不要論 …………………… 58
市場シェア ………………………… 60
市場支配的状態 …………………… 31
市場集中度 ………………………… 61
市場閉鎖効果 ……………………… 170
事前相談 …………………………… 13
下請法 ……………………………… 217
実行期間 …………………………… 117
私的独占 …………………………… 132
　　支配型── ……………………… 137
　　排除型── ……………… 137, 159
支　配 ……………………………… 145
支配的地位 ………………………… 211

私法上の効力 ……………………… 24
事務総局 …………………………… 11
シャーマン法 ……………………… 90
従業員派遣要請 …………………… 208
自由競争基盤侵害 ………………… 142
自由競争侵害 ……………………… 142
従たる商品役務 …………………… 190
主観的要素 ………………………… 89
主たる商品役務 …………………… 190
手段の相当性 ……………………… 72
受注調整 …………………………… 106
受動的販売の制限 ………………… 153
需要者 ……………………………… 36
　　──による牽制力 …………… 57
　　──の範囲の画定 …………… 46
需要の代替性 ……………………… 43
順位減免 …………………………… 125
状態犯 ……………………………… 107
消費者 ……………………………… 38
消費税インボイス制度 …………… 212
商品役務 …………………………… 38
商品役務の範囲の画定 …………… 44
消耗品 ……………………………… 200
人為性 ……………………………… 159
新幹線飛行機問題 ………………… 62
申　告 ……………………………… 14
審　査 ……………………………… 14
人材と競争 ………………………… 85
審査官 ……………………………… 14
遂　行 …………………………101，108
垂　直 ……………………………… 38
垂直型企業結合 …………………… 228
垂直的制限行為 …………………… 143
水　平 ……………………………… 38
水平型企業結合 …………………… 228
スタートアップ企業 ……………… 235
スタンドアローン ………………… 22
制　限 ……………………………… 145
制裁金 ……………………………… 113
政策発信 …………………………… 12
正当化理由 ……………………28，63
正当な理由がないのに …………… 141
セーフハーバー（企業結合規制） … 61
セーフハーバー（垂直的制限行為） … 152
セオリーオブハーム ……………… 30

世界市場 …………………………… 247
セット割引 ………………………… 194
専属告発 …………………………… 122
選択的流通 ………………………… 153
相互拘束 …………………………… 101
相互に ……………………………… 102
相談事例集 ………………………… 73
総販売原価 ………………………… 182
それなりの合理的な理由 ………… 67
損害賠償 …………………………… 22

た　行

第1次審査 ………………………… 237
第2次審査 ………………………… 237
抱き合わせ ………………………… 188
他者排除 …………………………… 2
他者排除型抱き合わせ規制 ……… 190
他者排除行為 ……………………… 159
立入検査 …………………………… 16
他の供給者による牽制力 ………… 55
他の事業者と共同して …………… 96
多面市場 …………………………… 49
談合罪 ……………………………… 124
単独行動 …………………………… 51
単独取引拒絶 ……………………… 164
単なる取次ぎ ……………………… 148
地域銀行 …………………………… 80
地域特例法 ………………………… 80
知的財産権 ………………………… 68
注　意 ……………………………… 17
中間品 ……………………………… 200
調　査 ……………………………… 14
調査開始の日（実行期間） ……… 118
調査開始日（繰り返し違反） …… 121
調査開始日（減免制度） ………… 125
調査協力減算制度 ………………… 125
直接取引拒絶 ……………………… 164
著作物 ……………………………… 158
地理的範囲の画定 ………………… 44
低価格入札 ………………………… 187
適用除外 …………………69，81，158，222
デジタルプラットフォーム ……… 176
当該商品又は役務 ………………… 114
東京地裁民事第8部 ……………… 19

当事会社グループ ·················· 232
同等性条件 ·························· 154
投入物閉鎖 ·························· 229
透明化法 ···························· 176
特殊指定 ····················· 140, 204
特許権 ······························· 68
独禁法 ······························· 6
独禁法改正 ··························· 25
届出義務 ···························· 235
取引依存度 ·························· 210
取引拒絶 ···························· 164
　間接—— ·························· 164
　共同—— ·························· 164
　単独—— ·························· 164
　直接—— ·························· 164
取引先制限 ·························· 152
取引必要性 ·························· 209

な　行

内発的牽制力 ························ 54
内部補助 ···························· 183
ナロー同等性条件 ··················· 155
二重処罰 ···························· 113
二面市場 ····························· 49
入札談合 ···························· 105
入札談合等関与行為防止法 ··········· 112
能率競争侵害 ······················ 142
能　力 ······························ 54
乗合バス ····························· 80

は　行

ハードコアカルテル ··············· 94, 95
排　除 ····························· 159
排除型私的独占 ················ 137, 159
排除型私的独占ガイドライン ·········· 92
排除効果 ···························· 159
排除効果重視説 ······················ 162
排除措置命令 ························· 18
排他的取引 ·························· 164
　並行的な—— ······················ 77
配　賦 ····························· 183
ハブ＆スポーク ····················· 100
反競争性 ···················· 28, 31, 51

犯則調査 ······················ 15, 122
反トラスト法 ························· 6
販売地域制限 ························ 152
販売方法制限 ························ 152
非価格制限行為 ······················ 149
被疑事件 ···························· 13
非係争義務 ·························· 155
非ハードコアカルテル ··········· 94, 126
費　用
　可変的性質を持つ—— ·············· 180
　平均回避可能—— ················· 181
　平均総—— ······················ 182
標準必須特許 ························ 68
フォローオン ························ 22
不公正な取引方法 ··················· 132
不正手段 ···························· 197
物流共同化 ·························· 127
不当な取引制限 ······················ 93
不当に ····························· 141
不当廉売 ···························· 178
不当廉売ガイドライン ················ 92
不要品強要型抱き合わせ規制 ········· 189
プラットフォーム ··················· 171
フリーライダー ············· 67, 150, 152
フリーランス ················· 85, 215
不利益行為 ·························· 204
弊害要件 ···························· 26
並行的な企業結合 ···················· 78
並行的な排他的取引 ·················· 77
並行的な廉売 ························· 78
平成17年改正 ······················· 25
平成21年改正 ······················· 25
平成25年改正 ······················· 25
平成28年改正 ······················· 25
弁護士・依頼者間秘匿特権 ············ 16
法執行 ···························· 4, 11
法的観点 ···························· 190

ま　行

マージンスクイーズ ·················· 196
民事裁判 ···························· 21
民法
　90条 ····························· 21
　709条 ···························· 22

無料取引 ……………………………… 36
目的の正当性 ……………………… 66
問題解消措置 ……………………238

や 行

役員兼任 …………………………226
安値入札 …………………………187
優越的地位 ………………………209
優越的地位濫用 …………………203
優越的地位濫用ガイドライン ……… 92
輸 入 ……………………………… 55

ら 行

濫 用 ……………………………211
濫用行為 …………………………204
立証責任 …………………………… 19
リニエンシー ……………………124
リベート ………………………146, 185
略奪廉売 …………………………178
流通取引慣行ガイドライン ……… 92
　　──「付」…………………………148
利用して …………………………214
両罰規定 …………………………123
隣接市場 …………………………… 55
累積違反課徴金 …………………135
令和元年改正 ……………………… 25
廉 売
　　不当── ……………………178
　　並行的な── …………………… 78
　　略奪── ……………………178
労働者 ……………………………… 85
ロックイン ………………………202

わ 行

ワイド同等性条件 ………………155
割引総額帰属テスト ……………195

英 字

antitrust law ………………………6
close competitors ………………… 57
competition law ……………………6

counterfactual ……………………… 81
FRAND 条件 ……………………… 68
FTC 法 ……………………………… 90
HHI ………………………………… 61
jurisdiction ………………………… 8
LRA ………………………………… 73
maverick …………………………… 56
merger ……………………………223
MFN 条項 ………………………154
OEM 供給 ………………………127
SEP ………………………………… 68
SSNDQ …………………………… 45
SSNIP ……………………………… 45
theory of harm …………………… 30

独禁法の条文

2条1項 …………………………… 84
2条4項 …………………………35, 39
2条5項 …………………………137
2条6項 …………………………… 93
2条9項 …………………………138
2条9項1号 ……………………173
2条9項2号 ……………………174
2条9項3号 ……………………177
2条9項4号 ……………………156
2条9項5号 ……………………204
2条9項6号 ……………………140
　一般指定1項 …………………173
　一般指定2項 …………………173
　一般指定3項 …………………174
　一般指定4項 …………………174
　一般指定5項 …………………175
　一般指定6項 …………………177
　一般指定7項 …………………177
　一般指定8項 …………………199
　一般指定9項 …………………199
　一般指定10項 …………………191
　一般指定11項 …………………156, 175
　一般指定12項 …………………156, 175
　一般指定13項 …………………204
　一般指定14項 …………………197
　一般指定15項 …………………197
2条の2第13項 …………………117
3条 ………………………………93, 133

256

6条	242	14条	226
7条	18	15条	226
7条の2	114	15条の2	227
7条の2第1項	114	15条の3	227
7条の2第1項1号	114	16条	227
7条の2第1項2号	114	17条	227
7条の2第1項3号	120	18条の2第1項	216
7条の2第1項4号	120	19条	133
7条の2第2項	114	20条	18
7条の2第3項	118	20条の6	215
7条の3	121	21条	69
7条の4	125	22条	222
7条の5	125	23条	158
7条の9	134	24条	22
8条	219	25条	22
9条	240	48条の2～48条の9	17
10条	226	89条	123
11条	240	95条	123
13条	226		

事 例 索 引

《昭　和》

東京高判昭和 26 年 9 月 19 日（昭和 25 年（行ナ）第 21 号）高民集 4 巻 14 号 497 頁、
　審決集 3 巻 166 頁〔東宝／スバル〕 ･･････････････････････････････････････31, 47

東京高判昭和 28 年 3 月 9 日（昭和 26 年（行ナ）第 10 号）高民集 6 巻 9 号 435 頁、
　審決集 4 巻 145 頁〔新聞販路協定〕 ･････････････････････････････････････103

東京高判昭和 28 年 12 月 7 日（昭和 26 年（行ナ）第 17 号）高民集 6 巻 13 号 868 頁、
　審決集 5 巻 118 頁〔東宝／新東宝〕 ･･････････････････････････････････31, 102

東京高決昭和 30 年 11 月 5 日（昭和 30 年（行ウ）第 13 号）審決集 7 巻 169 頁
　〔大阪読売新聞社〕 ･･89

東京高判昭和 32 年 12 月 25 日（昭和 31 年（行ナ）第 1 号）高民集 10 巻 12 号 743 頁、
　審決集 9 巻 57 頁〔野田醤油〕 ･･･145

最大判昭和 33 年 4 月 30 日（昭和 29 年（オ）第 236 号）民集 12 巻 6 号 938 頁
　〔法人税法追徴税〕 ･･113

公取委勧告審決昭和 35 年 2 月 9 日（昭和 35 年（勧）第 1 号）審決集 10 巻 17 頁
　〔熊本魚〕 ･･198

最判昭和 47 年 11 月 16 日（昭和 43 年（行ツ）第 3 号）民集 26 巻 9 号 1573 頁、
　審決集 19 巻 215 頁〔エビス食品企業組合〕 ･････････････････････････････ 17

最判昭和 47 年 11 月 22 日（昭和 44 年（あ）第 734 号）刑集 26 巻 9 号 554 頁
　〔川崎民商〕 ･･ 16

最判昭和 50 年 7 月 10 日（昭和 46 年（行ツ）第 82 号）民集 29 巻 6 号 888 頁、
　審決集 22 巻 173 頁〔和光堂〕 ･･･146

最判昭和 50 年 11 月 28 日（昭和 46 年（行ツ）第 66 号）民集 29 巻 10 号 1592 頁、
　審決集 22 巻 260 頁〔ノボ天野〕 ･･･242

最判昭和 52 年 6 月 20 日（昭和 48 年（オ）第 1113 号）民集 31 巻 4 号 449 頁、
　審決集 24 巻 291 頁〔岐阜商工信用組合〕 ･･･････････････････････････････ 24

公取委勧告審決昭和 57 年 5 月 28 日（昭和 57 年（勧）第 4 号）審決集 29 巻 13 頁
　〔マルエツ〕 ･･ 78

公取委勧告審決昭和 57 年 5 月 28 日（昭和 57 年（勧）第 5 号）審決集 29 巻 18 頁
　〔ハローマート〕 ･･ 78

最判昭和 59 年 2 月 24 日（昭和 55 年（あ）第 2153 号）刑集 38 巻 4 号 1287 頁、
　審決集 30 巻 237 頁〔石油製品価格協定刑事〕 ････････････1, 64, 109, 124

《平成元年〜9年》

最判平成元年12月8日（昭和60年（オ）第933号）民集43巻11号1259頁、
　審決集36巻115頁〔鶴岡灯油〕・・・・・・・・・・・・・・・・・・・・・・・・・・・・・・・・・・・・23

最判平成元年12月14日（昭和61年（オ）第655号）民集43巻12号2078頁、
　審決集36巻570頁〔芝浦屠場〕・・・・・・・・・・・・・・・・・・・・・・・・・・・・・・・71，85

公取委審判審決平成4年2月28日（平成2年（判）第2号）審決集38巻41頁
　〔ドラクエⅣ藤田屋〕・・188

大阪高判平成5年7月30日（平成2年（ネ）第1660号）審決集40巻651頁、
　判時1479号21頁〔東芝昇降機サービス〕・・・・・・・・・・・・47，67，194，202

東京高判平成5年12月14日（平成5年（の）第1号）高刑集46巻3号322頁、
　審決集40巻776頁〔シール談合刑事〕・・・・・・・・・・・・・・・・・・・・・103，120

大阪高判平成6年10月14日（平成4年（ネ）第2131号）審決集41巻490頁、
　判時1548号63頁〔葉書〕・・・・・・・・・・・・・・・・・・・・・・・・・・・・71，85，184

公取委審判審決平成7年7月10日（平成3年（判）第1号）審決集42巻3頁、
　判タ895号56頁〔大阪バス協会〕・・・・・・・・・・・・・66，75，105，221

東京高判平成7年9月25日（平成6年（行ケ）第144号）審決集42巻393頁、
　判タ906号136頁〔東芝ケミカルⅡ〕・・・・・・・・・・・・・・・・・・・・・96，98

公取委審判審決平成8年4月24日（平成7年（判）第1号）審決集43巻3頁
　〔中国塗料〕・・・115

公取委勧告審決平成8年5月8日（平成8年（勧）第14号）審決集43巻209頁
　〔医療食〕・・147

公取委審判審決平成8年6月13日（平成6年（判）第1号）審決集43巻32頁
　〔広島県石油商業組合〕・・・・・・・・・・・・・・・・・・・・・・・・・・・・・・・・・221

東京地判平成9年4月9日（平成5年（ワ）第7544号）審決集44巻635頁、
　判時1629号70頁〔日本遊戯銃協同組合〕・・・・・・・・・・・・・・・・・・・73

公取委勧告審決平成9年8月6日（平成9年（勧）第5号）審決集44巻238頁
　〔パチンコ特許プール〕・・・・・・・・・・・・・・・・・・・・・・・・・・・・・・・・・・68

《平成10年〜14年》

公取委勧告審決平成10年3月31日（平成10年（勧）第3号）審決集44巻362頁
　〔パラマウントベッド〕・・・・・・・・・・・・・・・・・・・・・・・・・・・・・147，150

公取委勧告審決平成10年12月14日（平成10年（勧）第21号）審決集45巻153頁
　〔マイクロソフトエクセル等〕・・・・・・・・・・・・・・・・・・・・・・・・・・・193

最判平成10年12月18日（平成6年（オ）第2415号）民集52巻9号1866頁、
　審決集45巻455頁〔資生堂東京販売〕・・・・・・・・・・・・・・・・・67，153

公取委勧告審決平成12年2月2日（平成11年（勧）第30号）審決集46巻394頁
　〔オートグラス東日本〕・・・・・・・・・・・・・・・・・・・・・・・・・・・・・・・・174

最判平成12年7月7日（平成8年（オ）第270号）民集54巻6号1767頁

〔野村證券損失補塡株主代表訴訟〕‥‥‥‥‥‥‥‥‥‥‥‥‥‥‥‥‥‥199

東京高判平成 13 年 2 月 16 日（平成 11 年（行ケ）第 377 号）審決集 47 巻 545 頁
〔観音寺市三豊郡医師会〕‥‥‥‥‥‥‥‥‥‥‥‥‥‥‥‥‥‥‥220，221

公取委審判審決平成 13 年 8 月 1 日（平成 10 年（判）第 1 号）審決集 48 巻 3 頁
〔SCE〕‥‥‥‥‥‥‥‥‥‥‥‥‥‥‥‥‥‥‥‥‥‥‥‥‥ 47，146，158

公取委審判審決平成 14 年 9 月 25 日（平成 13 年（判）第 14 号）審決集 49 巻 111 頁
〔オーエヌポートリー〕‥‥‥‥‥‥‥‥‥‥‥‥‥‥‥‥‥‥‥‥‥‥110

公取委勧告審決平成 14 年 12 月 4 日（平成 14 年（勧）第 19 号）審決集 49 巻 243 頁
〔四国ロードサービス〕‥‥‥‥‥‥‥‥‥‥‥‥‥‥‥‥‥‥102，120

《平成 15 年》

東京高判平成 15 年 3 月 7 日（平成 14 年（行ケ）第 433 号）審決集 49 巻 624 頁
〔岡崎管工排除措置〕‥‥‥‥‥‥‥‥‥‥‥‥‥‥‥‥‥‥‥‥‥‥111

広島高判平成 15 年 10 月 15 日（平成 15 年（ネ）第 85 号）
〔病院タクシー待機レーン〕‥‥‥‥‥‥‥‥‥‥‥‥‥‥‥‥‥‥‥ 70

公取委勧告審決平成 15 年 11 月 25 日（平成 15 年（勧）第 25 号）審決集 50 巻 389 頁
〔20 世紀 FOX ジャパン〕‥‥‥‥‥‥‥‥‥‥‥‥‥‥‥‥‥‥‥‥157

公取委勧告審決平成 15 年 11 月 27 日（平成 15 年（勧）第 27 号）審決集 50 巻 398 頁
〔ヨネックス〕‥‥‥‥‥‥‥‥‥‥‥‥‥‥‥‥‥‥‥‥‥‥‥‥‥199

《平成 16 年》

東京高判平成 16 年 2 月 20 日（平成 15 年（行ケ）第 308 号）審決集 50 巻 708 頁
〔土屋企業〕‥‥‥‥‥‥‥‥‥‥‥‥‥‥‥‥‥‥‥‥‥‥‥‥‥116

東京高判平成 16 年 3 月 24 日（平成 11 年（の）第 2 号）審決集 50 巻 915 頁、
判タ 1180 号 136 頁〔防衛庁発注石油製品談合刑事〕‥‥‥‥‥‥‥‥‥108

岡山地判平成 16 年 4 月 13 日（平成 8 年（ワ）第 1089 号）（D1-Law 登載）
〔蒜山酪農農業協同組合〕‥‥‥‥‥‥‥‥‥‥‥‥‥‥‥‥‥ 24，175

公取委勧告審決平成 16 年 10 月 13 日（平成 16 年（勧）第 26 号）審決集 51 巻 518 頁
〔有線ブロードネットワークス〕‥‥‥‥‥‥‥‥‥‥‥‥‥‥‥‥‥184

東京高判平成 16 年 10 月 19 日（平成 16 年（ネ）第 3324 号）判時 1904 号 128 頁
〔ヤマダ電機対コジマ〕‥‥‥‥‥‥‥‥‥‥‥‥‥‥‥‥‥‥‥‥‥ 48

公取委公表平成 16 年 10 月 21 日〔キヤノン〕‥‥‥‥‥‥‥‥‥‥‥‥202

公取委公表平成 16 年 12 月 14 日〔松下電器産業安値入札警告等〕‥‥‥‥‥187

《平成 17 年》

公取委勧告審決平成 17 年 1 月 7 日（平成 16 年（勧）第 34 号）審決集 51 巻 543 頁
〔ユニー〕‥‥‥‥‥‥‥‥‥‥‥‥‥‥‥‥‥‥‥‥‥‥‥‥‥‥213

公取委勧告審決平成 17 年 4 月 13 日（平成 17 年（勧）第 1 号）審決集 52 巻 341 頁

〔インテル〕 ……………………………………………………………2, 185
大阪高判平成 17 年 7 月 5 日（平成 16 年（ネ）第 2179 号）審決集 52 巻 856 頁
　〔関西国際空港新聞販売〕 …………………………………………………173
最決平成 17 年 11 月 21 日（平成 16 年（あ）第 1478 号）刑集 59 巻 9 号 1597 頁、
　審決集 52 巻 1135 頁〔防衛庁発注石油製品談合刑事〕 …………………107, 112
公取委勧告審決平成 17 年 12 月 26 日（平成 17 年（勧）第 20 号）審決集 52 巻 436 頁
　〔三井住友銀行〕 ……………………………………………………3, 203, 213

《平成 18 年》
山口地下関支判平成 18 年 1 月 16 日（平成 16 年（ワ）第 112 号）審決集 52 巻 918 頁
　〔豊北町福祉バス〕 ……………………………………………71, 73, 85
知財高判平成 18 年 7 月 20 日（平成 18 年（ネ）第 10015 号）（D1-Law 登載）
　〔日之出水道機器対六寶産業〕 ………………………………………68, 69

《平成 19 年》
公取委命令平成 19 年 6 月 18 日（平成 19 年（措）第 10 号）審決集 54 巻 474 頁
　〔滋賀県薬剤師会〕 ……………………………………………………221
東京高判平成 19 年 9 月 21 日（平成 17 年（の）第 1 号）審決集 54 巻 773 頁
　〔鋼橋上部工事談合刑事宮地鐵工所等〕 …………………………………107
公取委命令平成 19 年 11 月 27 日（平成 19 年（措）第 16 号）審決集 54 巻 502 頁
　〔シンエネコーポレーション〕 ……………………………………………78
公取委命令平成 19 年 11 月 27 日（平成 19 年（措）第 17 号）審決集 54 巻 504 頁
　〔東日本宇佐美〕 ………………………………………………………78

《平成 20 年》
公取委命令平成 20 年 2 月 20 日（平成 20 年（措）第 2 号・平成 20 年（納）第 10 号）
　審決集 54 巻 512 頁・623 頁〔マリンホース〕 ……………………115, 120, 245
東京高判平成 20 年 4 月 4 日（平成 18 年（行ケ）第 18 号）審決集 55 巻 791 頁
　〔元詰種子〕 ……………………………………………………………99
東京高判平成 20 年 7 月 4 日（平成 17 年（の）第 3 号）審決集 55 巻 1057 頁
　〔鋼橋上部工事談合刑事公団副総裁〕 ………………………………112, 123
公取委審判審決平成 20 年 9 月 16 日（平成 16 年（判）第 13 号）審決集 55 巻 380 頁
　〔マイクロソフト非係争条項〕 ……………………………………………155
公取委命令平成 20 年 12 月 18 日（平成 20 年（措）第 20 号）審決集 55 巻 704 頁
　〔ニンテンドー DS Lite 用液晶モジュール〕 ……………………………110
東京高判平成 20 年 12 月 19 日（平成 19 年（行ケ）第 12 号）審決集 55 巻 974 頁
　〔区分機類談合排除措置Ⅱ〕 ………………………………………………99

《平成 21 年》

公取委審判審決平成 21 年 2 月 16 日（平成 15 年（判）第 39 号）審決集 55 巻 500 頁
〔第一興商〕・・200

公取委命令平成 21 年 6 月 22 日（平成 21 年（措）第 8 号）審決集 56 巻第 2 分冊 6 頁
〔セブン - イレブン排除措置〕・・212

公取委命令平成 21 年 12 月 10 日（平成 21 年（措）第 24 号）審決集 56 巻第 2 分冊 79 頁
〔大分大山町農業協同組合〕・・・・・・・・・・・・・・・・・・・・・・・・・・・・・・・・・175，200，222

《平成 22 年》

大阪地判平成 22 年 5 月 25 日（平成 20 年（ワ）第 4464 号）判時 2092 号 106 頁
〔フジオフードシステム〕・・213

公取委命令平成 22 年 12 月 1 日（平成 22 年（措）第 20 号）審決集 57 巻第 2 分冊 50 頁
〔ジョンソン・エンド・ジョンソン〕・・・・・・・・・・・・・・・・・・・・・・・・・・・・・・・・・・・・157

東京高判平成 22 年 12 月 10 日（平成 21 年（行ケ）第 46 号）審決集 57 巻第 2 分冊 222 頁
〔モディファイヤー排除措置〕・・・・・・・・・・・・・・・・・・・・・・・・・・・・・・・・・・・・・105，110

最判平成 22 年 12 月 17 日（平成 21 年（行ヒ）第 348 号）民集 64 巻 8 号 2067 頁、
審決集 57 巻第 2 分冊 215 頁〔NTT 東日本〕・・・・・・・・・・・・33，46，78，160，168，170，197

《平成 23 年》

東京地決平成 23 年 3 月 30 日（平成 22 年（ヨ）第 20125 号）
（WestlawJapan、LEX/DB 登載）〔ドライアイス〕・・・・・・・・・・・・・・・・・・・・・・・・ 24，197

公取委命令平成 23 年 6 月 9 日（平成 23 年（措）第 4 号）審決集 58 巻第 1 分冊 189 頁
〔DeNA〕・・200

東京高判平成 23 年 9 月 6 日（平成 23 年（ネ）第 1761 号）審決集 58 巻第 2 分冊 243 頁
〔ハイン対日立ビルシステム〕・・・201

平成 23 年度企業結合事例 2〔新日本製鐵／住友金属工業〕・・・・・・・・・・・・・・・ 3，54，235

平成 23 年度企業結合事例 6〔HDD 並行的企業結合〕・・・・・・・・・・・・・・・・・・・・・・・・・・ 78

《平成 24 年》

最判平成 24 年 2 月 20 日（平成 22 年（行ヒ）第 278 号）民集 66 巻 2 号 796 頁、
審決集 58 巻第 2 分冊 148 頁〔多摩談合〕・・・・・・・・・・・・ 31，96，102，105，106，116

東京高判平成 24 年 4 月 17 日（平成 23 年（ネ）第 8418 号）審決集 59 巻第 2 分冊 107 頁
〔矢板無料バス〕・・ 24

公取委公表平成 24 年 6 月 14 日〔白干梅警告〕・・・・・・・・・・・・・・・・・・・・・・・・・・・・・・221

大阪地決平成 24 年 6 月 15 日（平成 23 年（モ）第 566 号）判タ 1389 号 352 頁
〔住友電気工業株主光ファイバケーブル製品文書提出命令申立て〕・・・・・・・・・126

東京高判平成 24 年 6 月 20 日（平成 24 年（ネ）第 722 号）審決集 59 巻第 2 分冊 113 頁
〔セブン - イレブン収納代行サービス等〕・・・・・・・・・・・・・・・・・・・・・・・・・・・・・・・・212

平成 24 年度企業結合事例 9〔ヤマダ電機／ベスト電器〕・・・・・・・・・・・・・・・・・・47，72，238

平成 24 年度相談事例 2〔鉄道事業者電子マネー契約義務付け〕・・・・・・・・・・・・・・・・・193

平成 24 年度相談事例 7〔バスターミナル維持管理費〕・・・・・・・・・・・・・・・・・・・・・・・・・・・68

《平成 25 年》

公取委公表平成 25 年 1 月 10 日〔福井県並行的ガソリン廉売警告等〕・・・・・・・・・・・・・78

公取委命令平成 25 年 3 月 22 日（平成 25 年（措）第 1 号・平成 25 年（納）第 1 号）

　審決集 59 巻第 1 分冊 262 頁・346 頁〔日産自動車等発注自動車用ランプ〕・・・・・・・・・111

公取委公表平成 25 年 4 月 24 日

　〔林野庁地方森林管理局発注衛星携帯電話端末安値入札〕・・・・・・・・・・・・・・・・・・・・・・188

公取委審判審決平成 25 年 5 月 22 日（平成 23 年（判）第 1 号）審決集 60 巻第 1 分冊 1 頁

　〔岩手談合課徴金高光建設等〕・・116

《平成 26 年》

公取委公表平成 26 年 2 月 19 日〔志賀高原索道協会警告〕・・・・・・・・・・・・・・・・・・・・・・・70

東京地判平成 26 年 6 月 19 日（平成 23 年（ワ）第 32660 号）審決集 61 巻 243 頁

　〔ソフトバンク対 NTT〕・・・24

大阪高判平成 26 年 10 月 31 日（平成 26 年（ネ）第 471 号）審決集 61 巻 260 頁、

　判タ 1409 号 209 頁〔神鉄タクシー〕・・・・・・・・・・・・・・・・・・・・・24，47，68，198

平成 26 年度企業結合事例 3〔王子ホールディングス／中越パルプ工業〕・・・・・・・・・・56

《平成 27 年》

公取委命令平成 27 年 1 月 14 日（平成 27 年（措）第 1 号・平成 27 年（納）第 1 号）

　審決集 61 巻 138 頁・188 頁〔網走管内コンクリート製品協同組合〕・・・・・・・・・・・222

公取委命令平成 27 年 1 月 16 日（平成 27 年（措）第 2 号）審決集 61 巻 142 頁

　〔福井県経済農業協同組合連合会〕・・・・・・・・・・・・・・・・・・・・・・・・・・・・・147，150

東京地判平成 27 年 2 月 18 日（平成 25 年（ワ）第 21383 号）審決集 61 巻 276 頁、

　判タ 1412 号 265 頁〔イメーション対ワンブルー〕・・・・・・・・・・・・・・・・・・・・・・・・・68

最判平成 27 年 4 月 28 日（平成 26 年（行ヒ）第 75 号）民集 69 巻 3 号 518 頁、

　審決集 62 巻 397 頁〔JASRAC〕・・・・・・・・・・・・・・・・・・・・・160，169〜171

公取委審判審決平成 27 年 6 月 4 日（平成 24 年（判）第 6 号）審決集 62 巻 119 頁

　〔トイザらス〕・・・213

公取委公表平成 27 年 6 月 30 日〔西日本私立小学校連合会等警告等〕・・・・・・・・・85，221

公取委公表平成 27 年 12 月 24 日〔コストコおよびバロン・パーク警告〕・・・・・・・180

平成 27 年度企業結合事例 1〔日本製紙／特種東海製紙〕・・・・・・・・・・・・・・・・・・・・・・・・79

平成 27 年度相談事例 10〔役務提供事業者団体価格情報収集提供〕・・・・・・・・・・・・・・131

平成 27 年度相談事例 11〔貨物運送事業者情報収集提供〕・・・・・・・・・・・・・・・・・・・・・・131

《平成28年》

公取委審判審決平成28年4月15日（平成25年（判）第24号）審決集63巻1頁
〔異性化糖水あめぶどう糖〕‥‥‥‥‥‥‥‥‥‥‥‥‥‥‥‥‥‥‥‥‥‥99

公取委命令平成28年6月15日（平成28年（措）第7号）審決集63巻133頁
〔コールマンジャパン〕‥‥‥‥‥‥‥‥‥‥‥‥‥‥‥‥‥‥‥‥‥‥‥‥150

公取委公表平成28年7月6日〔義務教育諸学校教科書発行者警告等〕‥‥‥‥199

東京高判平成28年9月2日（平成27年（行ケ）第31号）審決集63巻324頁
〔新潟タクシーカルテル〕‥‥‥‥‥‥‥‥‥‥‥‥‥‥‥‥‥‥‥‥‥‥‥74

公取委公表平成28年11月18日〔ワンブルー〕‥‥‥‥‥‥‥‥‥‥‥68, 198

平成28年度企業結合事例3〔石油会社並行的企業結合〕‥‥‥‥‥‥56, 78, 239

平成28年度企業結合事例9〔アボットラボラトリーズ／セントジュードメディカル〕‥‥239

《平成29年》

公取委命令平成29年3月13日（平成29年（措）第6号・平成29年（納）第14号）
審決集63巻176頁・233頁〔壁紙〕‥‥‥‥‥‥‥‥‥‥‥‥‥‥‥‥‥110

公取委公表平成29年6月30日〔北海道電力戻り需要差別的対価警告〕‥‥‥‥167

公取委公表平成29年10月6日〔阿寒農業協同組合注意〕‥‥‥‥‥‥‥‥‥144

最判平成29年12月12日（平成28年（行ヒ）第233号）民集71巻10号1958頁、
審決集64巻401頁〔ブラウン管〕‥‥‥‥‥‥‥‥‥‥88, 242, 243, 246

公取委命令平成29年12月12日（平成29年（措）第8号）審決集64巻247頁
〔東京都平成26年度発注個人防護具〕‥‥‥‥‥‥‥‥‥‥‥‥‥‥‥‥‥104

公取委命令平成29年12月12日（平成29年（措）第9号）審決集64巻253頁
〔東京都平成27年度発注個人防護具〕‥‥‥‥‥‥‥‥‥‥‥‥‥‥‥‥‥104

平成29年度企業結合事例12〔第四銀行／北越銀行〕‥‥‥‥‥‥‥‥‥‥‥47

平成29年度相談事例13〔農業協同組合商標権行使〕‥‥‥‥‥‥‥‥‥‥‥72

《平成30年》

公取委命令平成30年2月9日（平成30年（措）第5号・平成30年（納）第15号）
審決集64巻278頁・337頁〔HDD用サスペンション〕‥‥‥‥‥‥‥‥247

公取委命令平成30年2月23日（平成30年（措）第7号）審決集64巻291頁
〔大分県農業協同組合〕‥‥‥‥‥‥‥‥‥‥‥‥‥‥‥‥‥‥‥‥73, 144

大阪地判平成30年3月23日（平成28年（ワ）第229号）審決集64巻453頁
〔化粧品供給拒絶差止請求〕‥‥‥‥‥‥‥‥‥‥‥‥‥‥‥‥‥‥‥‥‥146

公取委命令平成30年6月14日（平成30年（措）第12号）審決集65巻第2分冊1頁
〔フジタ〕‥‥‥‥‥‥‥‥‥‥‥‥‥‥‥‥‥‥‥‥‥‥‥‥‥‥‥‥‥198

公取委命令平成30年7月12日（平成30年（措）第13号・平成30年（納）第33号）
審決集65巻第2分冊8頁・47頁〔全日本空輸制服〕‥‥‥‥‥‥‥‥‥‥103

平成30年度企業結合事例2〔王子ホールディングス／三菱製紙〕‥‥‥‥‥‥63

平成 30 年度企業結合事例 7〔USEN-NEXT HOLDINGS／キャンシステム〕
　　　　　　　　　　　　　　　　　　　　　　　　　　　　　　　　　　72，80，239
平成 30 年度企業結合事例 10〔ふくおかフィナンシャルグループ／十八銀行〕 …… 80，238
平成 30 年度相談事例 1〔デジタルコンテンツ卸販売拒絶〕……………………………… 69
平成 30 年度相談事例 2〔福祉用具メーカーリベート供与〕………………………………153
平成 30 年度相談事例 7〔電子部品メーカーライセンス条件〕…………………………… 69

《平成 31 年／令和元年》
公取委公表平成 31 年 1 月 24 日〔大阪ガスファンヒーター警告〕……………………………208
公取委審判審決平成 31 年 3 月 13 日（平成 22 年（判）第 1 号）
　審決集 65 巻第 1 分冊 263 頁〔クアルコム非係争条項〕……………………………………155
札幌地判平成 31 年 3 月 14 日（平成 27 年（ワ）第 2407 号）金融・商事判例 1567 号 36 頁
　〔斎川商店対セコマ販促協力金〕………………………………………………………………… 24
東京地判平成 31 年 3 月 28 日（平成 29 年（行ウ）第 196 号）審決集 65 巻第 2 分冊 363 頁
　〔土佐あき農業協同組合〕……………………………………………………………………………144
東京地判令和元年 5 月 9 日（平成 28 年（行ウ）第 453 号）審決集 66 巻 457 頁
　〔奥村組土木興業〕………………………………………………………………………………………100
公取委審判審決令和元年 9 月 30 日（平成 25 年（判）第 30 号）審決集 66 巻 1 頁
　〔段ボール用でん粉〕…………………………………………………………………………………… 99
公取委審判審決令和元年 10 月 2 日（平成 24 年（判）第 40 号）審決集 66 巻 53 頁
　〔エディオン〕……………………………………………………………………………………………210
令和元年度企業結合事例 8〔エムスリー／日本アルトマーク〕……………………… 36，236
令和元年度相談事例 5〔家電メーカー販売価格指示〕……………………………………148

《令和 2 年》
公取委審判審決令和 2 年 3 月 25 日（平成 26 年（判）第 1 号）審決集 66 巻 184 頁
　〔ダイレックス〕…………………………………………………………………………………………210
東京地判令和 2 年 7 月 22 日（平成 29 年（ワ）第 40337 号）裁判所ウェブサイト
　〔リコー対ディエスジャパン〕…………………………………………………………………… 69
公取委公表令和 2 年 11 月 5 日〔日本プロフェッショナル野球組織〕………………… 87，222
令和 2 年度企業結合事例 4〔富士フイルム／日立製作所〕………………………………231
令和 2 年度企業結合事例 10〔Z ホールディングス／LINE〕…………………………… 50
令和 2 年度相談事例 4〔分析機器消耗品関係仕様変更〕……………………………… 194，203
令和 2 年度相談事例 5〔工作機械消耗品〕…………………………………………………………129
令和 2 年度相談事例 6〔事務用機器メーカー共同配送〕……………………………………130

《令和 3 年》
東京高判令和 3 年 1 月 21 日（令和 2 年（行コ）第 122 号）審決集 67 巻 615 頁

〔神奈川県 LP ガス協会〕 ·· 221

東京高判令 3 年 3 月 3 日（平成 31 年（行ケ）第 13 号）審決集 67 巻 444 頁
〔ラルズ〕 ·· 210

東京地決令 3 年 3 月 30 日（令和 2 年（ヨ）第 20135 号）判タ 1499 号 202 頁
〔遊技機保証書作成等〕 ·· 66

名古屋高判令 3 年 9 月 29 日（令和 2 年（ネ）第 74 号）
　消費者被害防止ネットワーク東海ウェブサイト〔ファビウス〕 ·········· 48

東京地判令 3 年 9 月 30 日（令和元年（ワ）第 35167 号）審決命令集 68 巻 243 頁
〔ブラザー工業〕 ·· 24，203

令和 3 年度企業結合事例 1〔日本製鉄／東京製綱〕 ······················ 233

令和 3 年度企業結合事例 3〔神鋼建材工業／日鉄建材〕 ·················· 239

令和 3 年度企業結合事例 8〔東京青果／東一神田青果〕 ··················· 63

令和 3 年度企業結合事例 9〔イオン／フジ〕 ··························· 234

令和 3 年度企業結合事例 10〔GMO-FH ／ワイジェイ FX〕 ·············· 234

令和 3 年度相談事例 2〔窯業製品メーカー相互 OEM 供給〕 ·············· 129

令和 3 年度相談事例 3〔容器メーカー OEM 供給〕 ···················· 129

令和 3 年度相談事例 4〔化学製品メーカー共同配送〕 ·················· 130

令和 3 年度相談事例 7〔消費税インボイス制度対応〕 ·················· 212

《令和 4 年》

公取委確約認定令和 4 年 3 月 16 日〔Booking.com〕 ··················· 155

東京地判令和 4 年 3 月 28 日（令和 2 年（ワ）第 32120 号）〔世紀東急工業株主代表訴訟〕
　資料版商事法務 459 号 131 頁 ······································· 18

知財高判令和 4 年 3 月 29 日（令和 2 年（ネ）第 10057 号）裁判所ウェブサイト
〔リコー対ディエスジャパン〕 ···································· 69，203

公取委確約認定令和 4 年 6 月 2 日〔エクスペディア〕 ················· 155

東京地判令和 4 年 6 月 16 日（令和 2 年（ワ）第 12735 号）（LEX/DB 登載）
〔韓流村対カカクコム食べログ〕 ·································· 214

著者紹介　　白石 忠志（しらいし ただし）
　　　　　　昭和 62 年　東京大学法学部卒業
　　　　　　平成 3 年　　東北大学助教授（法学部・大学院法学研究科）
　　　　　　平成 9 年　　東京大学助教授（法学部・大学院法学政治学研究科）
　　　　　　平成 15 年　東京大学教授（法学部・大学院法学政治学研究科）
　　　　　　　　　　　　現在に至る

　　　　　　〈著書〉
　　　　　　『技術と競争の法的構造』（有斐閣、平成 6 年）
　　　　　　『独占禁止法〔第 4 版〕』（有斐閣、令和 5 年、初版平成 18 年）
　　　　　　『独禁法事例集』（有斐閣、平成 29 年）

独禁法講義〔第 10 版〕

平成 9 年 10 月 5 日 第 1 版第 1 刷発行	平成 26 年 4 月 10 日 第 7 版第 1 刷発行
平成 12 年 9 月 30 日 第 2 版第 1 刷発行	平成 30 年 3 月 30 日 第 8 版第 1 刷発行
平成 17 年 7 月 10 日 第 3 版第 1 刷発行	令和 2 年 3 月 15 日 第 9 版第 1 刷発行
平成 21 年 4 月 15 日 第 4 版第 1 刷発行	令和 5 年 2 月 15 日 第 10 版第 1 刷発行
平成 22 年 3 月 10 日 第 5 版第 1 刷発行	令和 6 年 2 月 25 日 第 10 版第 2 刷発行
平成 24 年 3 月 10 日 第 6 版第 1 刷発行	

著　者　　白石忠志
発行者　　江草貞治
発行所　　株式会社有斐閣
　　　　　〒101-0051 東京都千代田区神田神保町 2-17
　　　　　https://www.yuhikaku.co.jp/
印　刷　　株式会社暁印刷
製　本　　牧製本印刷株式会社
装丁印刷　株式会社亨有堂印刷所

落丁・乱丁本はお取替えいたします。定価はカバーに表示してあります。
©2023, 白石忠志.
Printed in Japan ISBN 978-4-641-24359-0